明治金融风云

横滨
正金银行
的
人治
与法治

迟王明珠 著

社会科学文献出版社
SOCIAL SCIENCES ACADEMIC PRESS (CHINA)

谨送予敬爱的父亲王广富先生
和母亲王马秀珍夫人

第一章 "史无前例"的大时代

1890 年日本驻伦敦领事园田孝吉在英国发表了一篇演说，他介绍日本踏入明治时代后，结束了近三个世纪的幕府统治，舍弃了旧封建制度；日本已进入一个新的纪元，加入了文明国家的行列；日本以英国为榜样建立海军；同时普及教育，国内再也找不到一个文盲青年。

园田孝吉说，日本不但发展电讯、海陆运输，使用电灯、电话、电车等，还根据文明国家的经验编纂民事、刑事法典，日本已具备英国或其他任何一个文明国家拥有的全部文明标志。这样的转变在其他地方发生的话，恐怕需要年复一年的时间，但日本就不同，只需"吹一口气，就完成了。就是这样不可思议的一幕，在世界上史无前例"。[1]

明治维新标志着日本近代化之始、大时代的来临。西风东渐后，日本吹起一片学习欧美先进文化之风，除了向往船坚炮利及模仿衣食住行，非物质文明如民商法典也受到了注意和跟随，公司法便是其中之一。

日本正式名为"公司法"的法典是迟至 2005 年才制定的，但这并不代表以前没有规管公司的法例，此前相关内容都是纳入商法之内的。而早于 1872 年日本已出现了其历史上第一条实质上关于有限责任股份制的条例，是为《国立银行条例》。此条例的主旨原是用来保护银行股东，使其责任局限于投资金额以内，避免变成无限损失的风险。政府藉此推动有限责任股份银行的成立，这个崭新的概念鼓动了不少财经精英热情参与，在新条例法规下探索，他们看到了明文提供的稳定性和可预测的确定性，积极顺势而行，创造发展空间，出现了不少时代先锋。

然而，在明治时期所见，从西洋移植过来的公司法在"上岸"后，经常有点"水土不服"，会左右摇摆改动，造成大时代事物瞬息万变，就像一首即兴的变奏曲，令部分时代先锋一不留神下跟滑了脚步。

---

1 / 园田孝吉 1888 ~ 1889 年的一篇演说内容 "The Progress of Japan"。荻野仲三郎编『園田孝吉傳』（東京：秀英舍、1926 ）、頁 149–156。

天堂滑落地狱，欺诈罪成判囚

"被告欺诈罪成，判处入狱一年半。"

法庭上被告中村道太低头听着，面上没有什么表情，没有人知道他茫然的眼神是否正聚焦到过去一幕幕快闪回忆……就在不久之前，他曾经走在时代前端，兴奋地为筹办银行而到处奔走集资，在零的水平线上缔造了一个新的神话机构，一间超越了时人可以想像的银行，就在他自己手中诞生。还有担任那个惹人注目的行长职位，每天共事交往的官僚财阀，非富则贵，多么风光。如今经历过连串事件后，他心里比檐前滴水更清澄，明白自己难逃入狱的命运，至于是什么罪名已经不再重要。

社会上议论纷纭，有同情的，也有冷眼批评的，说什么但凡运智谋略者，必招失败，不论何等善于用兵，总有败战之时，没有不败之师，颇有机关算尽的讽意。[1]不过，三分钟热度过后，这人与事都会在转瞬间被遗忘，毕竟这是一个重要的时代，人人每天都忙着跟紧政府的脉搏，准备着随时去迎风破浪，如能乘上一趟顺风车的话便能前途似锦，发展无限了。谁又会在意当初是谁打的先锋，最后落得何等的下场？就是中村道太本人，大概也需要很长时间才能去品味消化，斟酌自己在这个大

---

1 / 山寺清二郎编『東京商業會議所會員列傳』（東京：聚玉館、1892）、頁101。

时代里究竟被派演了一个怎样的角色。

中村道太是横滨正金银行创立发起人及首任行长，1836 年出生于藩士家庭，父亲任职三河丰桥藩的会计。道太长大后得到著名思想家及教育家福泽谕吉的知遇，认为他拥有常人少有的敏锐感觉和实践能力。在福泽的影响下，中村进入庆应义塾学习西洋式簿记，34 岁那年在家乡丰桥仿效创设好问社，教授洋学和进行商业贩卖的训练，更有附属女子教育所，为日本女子教育的先驱。[1]

明治维新后，以前从藩主领受家禄的武士纷纷失去收入来源，中村集合一班失业武士，在 1872 年创立中村屋，开展贸易生意。翌年在福泽推荐下，加入著名出版社丸善雄松堂株式会社的始创前身丸屋，成为初代共同社长之一，将西洋复式簿记应用于管理上。1877 年，中村在丰桥发起成立第八国立银行，开业后功成身退，此时中村的为人与处事手腕已在地域中广为人知。1878 年，日本施行郡区町村编制法，重新区划小行政区，在家乡人热切期望下，中村被任命为初代爱知县渥美郡郡长。[2]

被形容为兼具蛇的才智与鸽的温和于一身的中村，[3]

---

1 / 山口昌男「経営者の精神史 3 中村道太（上）栄光と落魄の美学」『週刊ダイヤモンド』卷 90 号 33（2002 年 8 月 31 日）、頁 126–127。

2 / 丸善株式会社編『丸善百年史』（東京：丸善、1980）上卷、頁 97–111。

3 / 山寺清二郎編『東京商業會議所會員列傳』（東京：聚玉館、1892）、頁 99。

受到福泽高度评价和推介，不断兴办崭新事业和担当要职。1879 年秋天，将中村推进为时代先锋的机会来临，福泽邀约他商谈新银行计划，并引见大藏卿（相当于财政部部长。——作者按，下同）大隈重信，最终促成了中村担当新银行的始创发起人及首任行长，这个令中村一跃而起的舞台便是因应大时代诞生的横滨正金银行。

横滨正金银行，背负历史重任

横滨正金银行于 1879 年 11 月 10 日向政府申请创立，由包括中村道太在内的 23 名民间人士发起，资本金 300 万日元，每股面额 100 日元，共 3 万股。创立时股东有 210 人，分布全国，以东京人数最多，占了总人数的四成，其次是横滨，占了两成。[1]

300 万日元资本金的银行在明治前期是什么概念？时任参议员的伊藤博文月薪是 500 日元，公务员的平均月薪是 14.6 日元，而每个月口袋里有 5 日元的话，便能过起码的生活。当时大部分银行的资本金在数万至数十万日元之间，只有很少数能达到一百万日元的单位，领头发起人中村道太曾经在家乡丰桥发起创立第八国立银行，当时的资本金是 10 万日元，所以 300 万日元资本金的横滨正金银行规模是十分庞大的。明治思想家福泽谕吉在

---

1 / 横浜市編『横浜市史』（横浜：横浜市、1963）卷 3 下、頁 518。

中村就任行长时，曾赠诗一首："居然装出一豪商，东道主人谋得良，楮片廿圆之外套，包罗三百万银行。"笑贺衣着普通的中村，竟能成就如此巨额大业。[1]

然而，横滨正金银行的重要性不但在于其创立时的规模，更在于其后意想不到的发展，创立后不到八年，政府为其度身定做了《横滨正金银行条例》，将对外汇兑业务明确地划入正金银行的营业范围，正金银行依据命令负责管理政府在外国的公债和官方资金等事务，[2]成为明治时期日本政府对外的御用外汇银行，占据了全国对外贸易总额四成以上的外汇兑换。[3]

从正金成立的背景上看，自幕府末期进入明治时代开始，中央政府从幕府和地方藩主手上承接的不单是版籍和主权，更多的是本来就紊乱穷困的财政和需要支付为数不少的旧公卿和士卒俸禄。对外方面，与列强各国签订不平等条约导致丧失关税自主权和治外法权，使取消不平等条约成为举国上下一致的目标，利用富国强兵、殖产兴业令国家攀上强国之列便是唯一的途径。

明治初期面对众多难题，归纳起来就是一个"资金"

---

1 / 豊橋市立商業學校編『開校廿周年記念東三河産業功勞者傳』（豊橋：豊橋市立商業學校、1943）、頁130-140。

2 / 明治20年7月7日勅令第29號「橫濱正金銀行條例」、第7及第9條、內閣官報局編『法令全書』冊25。

3 / 橫濱正金銀行編『橫濱正金銀行史』（東京：坂本經濟研究所、1976）、頁515。

问题，所以，改革当前的金融制度，创造社会融资环境成为首要任务。在此沉重的压力下，政府不断地以尝试错误的方式去探索解决方法，包括活跃货币流通、推动雏形银行的成立等，都未能奏效。

在正金银行申请创立前，政府正在为如何改革贸易金融体制而头痛，面对贸易逆差、金银币流失海外以及被外国银行垄断贸易金融的问题，虽然已经有一百多间国立银行相继成立，情况却依然毫无改善。所以，时任大藏卿的大隈重信想用特别条例去成立一间贸易银行，由大藏省（财政部）做主导，计划挑选民间人士为发起人，资本金则以官民各占一半的形式，并会平分董事席位的选任权。[1] 就在这个消息出来后不久，便看到中村发起了创立申请。

1879年横滨正金银行向政府申请创立时，最初申请书上用的名称为"国立东海银行"，不过，经过政府批准后的成立名称已改为横滨正金银行。商号没有跟随当时国内其他银行一样以第一国立银行、第二国立银行等的数字命名，而是冠上创立所在地的贸易港横滨。至于"正金"一词，是本位货币的意思，当时日本在名义上是金本位制，实际上是实行金银复本位制，所以"正金"指的是金银币。单是这个名称便显出横滨正金银行从一

1 ／ 東京銀行編『横濱正金銀行全史』（東京：東京銀行、1980）卷1、頁69。

开始创立已经是与众不同，也透露了背后政府对其寄予极大的期望。

中村道太提出申请创立正金银行，无论在时间和内容上，都与政府方案十分吻合，显得有点过分地偶然，这当然并非中村等发起人单凭己见产生出来的，主要是背后有明治思想家福泽谕吉的参与和策划。福泽是庆应义塾（即现在庆应义塾大学）创设人，他派遣义塾弟子协助创立正金银行及组成初期的行员队伍，又将深谙西洋簿记财务的中村道太推介给大藏卿，使中村成为首任行长。[1] 故而后来正金银行编纂的行史中声称正金银行有三位恩人，分别是背后策划的福泽谕吉、创立时的大藏卿大隈重信及后来改革正金银行的大藏大臣松方正义。[2]

为了急于解决问题，政府设想中的方案没有按部就班地继续加以实现，而是匆匆沿用当时仅有的银行兼公司条例《国立银行条例》批准了正金银行的成立。横滨正金银行是根据 1876 年 8 月 1 日修订的《国立银行条例》成立的。此法于 1872 年公布，虽然名为《国立银行条例》，却是日本实质上第一部公司法。当时明治政府采用了伊藤博文的方案，模仿美国 1864 年施行的《国法银行

---

1 / 高垣寅次郎「福沢諭吉の三つの書翰—中村道太の事蹟とその晩年—」『三田商学研究』卷 4 号 4（1961 年 10 月 31 日）、頁 1-18。
2 / 東京銀行編『横濱正金銀行全史』（東京：東京銀行、1980）卷 6、开首照片页。

条例》内容，将银行经营模式和有限责任的公司制度一起移植进来，是首次出现的有限责任公司法律制度。[1]

条例名为国立，只是当初翻译时出现的误差，将美国《国法银行条例》（National Bank Act）的国法翻译成了国立，实际上，在其规管下所有153间带着国立银行名称的，都是完全民间资本的私立银行。不过，正金银行在申请创业时，并不像其他银行打着营利的旗号，而是亮出了为国家分忧的崇高目标，订下创立目的是"鉴于出入口不平衡，令金银币价格升高，流通额减少，影响到内外贸易，故当务之急是提供金银币的运转，方便开港贸易"。[2]

当时，大藏卿大隈重信拿着正金银行创立申请向太政大臣（明治初期政府最高长官）提交时，更进一步说出政府对正金银行的期望，是要以正金银行作为方便贸易的金融中心点，使其"成为数年后条约修订的纽带"，令内外贸易数字均衡，金银币流通增加，达致发行可兑换纸币的目的。[3] 所以正金银行背负的担子有异于一般银

---

1 / 1864 年美国制定 National Bank Act 的背景是南北战争时发行大量不可兑换纸币，战后利用此条例下的银行成功将其回收。德田敦司「国立銀行条例、第一国立銀行における株主責任」『経営行動研究年報』号 8（1999 年 5 月）、頁 89-92。

2 / 横濱正金銀行編『横濱正金銀行史』（東京：坂本経済研究所、1976）附録甲卷之 1、第 1 號之 1、頁 1-2。

3 / 横濱正金銀行編『横濱正金銀行史』（東京：坂本経済研究所、1976）附録甲卷之 1、第 2 号、頁 8-10。

行的营利目标，要以领导贸易金融为始点解决众多现存的货币体系问题，最终希望在达致国家富强后，有足够条件向欧美列强提出修订不平等条约，取回国家主权。

背负着重大的期望，正金银行按照《国立银行条例》创立公司组织，在 1879 年 12 月 21 日首次股东集会上选举出八名股东代表担任董事，同月 26 日董事互选出中村道太为行长，小泉信吉为副行长。[1]

表 1-1　正金银行创立首届董事会人员

董事姓名	兼任职位	背景
中村道太	行长	丰桥第八国立银行创立发起人
小泉信吉	副行长	大藏省官员
小野光景	本店长	贸易商
堀越角次郎		衣料商
木村利右卫门		贸易商
西脇悌二郎		第四国立银行董事
中村惣兵卫		中国丝及生丝商
水野忠精		华族

---

1 / 明治时期银行的最高领导职位名为"头取"，相当于现代的总行行长，统领全体业务经营。下面的主要营业店称为"本店"，相当于现代的总行，但本店负责人是另设的"本店长"。这是不同之处。本店长从属于总部的头取之下，有时候也会由头取或董事兼任本店长。银行组织内只有一个本店，其他营业店称为"支店"，相当于现代的分行，负责人为"支店长"。本书将总部的"头取"翻译为银行行长，下面本店和支店的"本店长"及"支店长"则沿用原称谓。

注：西脇悌二郎又名悌次郎。

资料来源：高垣寅次郎「福沢諭吉の三つの書翰－中村道太の事蹟とその晩年－」『三田商学研究』巻 4 号 4（1961 年 10 月 31 日）、頁 5；西川俊作編『福沢諭吉著作集』（東京：慶應義塾大学出版社、2002）巻 5、頁 37；横浜開港資料館編『横浜商人とその時代』（横浜：有隣堂、1995）、頁 146；古林亀治郎『現代人名辞典』、収入『明治人名辞典』（東京：日本図書センター、1987）上、頁ホ 13；第四銀行編『第四銀行百年史』（新潟：第四銀行、1974）、頁 134；横浜市編『横浜市史』（横浜：横浜市、1963）巻 3 下、頁 517。

第二章　摸索崭新制度：学习与磨合

政府面对着修订不平等条约的历史性目标，积极寻求改革，收回操控在外国银行手中的贸易金融权，并增加银币储备，以备最终能发行可兑换纸币，令国家在安定的金融体系下，有条件走向富国强兵和殖产兴业。这时候走在时代前沿的精英们适逢其会，推动中村道太领头，积极发起创设正金银行。面对着各种难题，政府与民间股东能依据的只有当时唯一的公司法法规《国立银行条例》，在崭新的西方有限责任公司组织的框架下，官民双方其实都不十分熟悉这种游戏规则，故而正金银行在开业后摸索前行的同时，政府、民间股东及董事管理层各利益相关者都在寻找自己在组织内的定位与权限的掌控。在政府急于求成的心态下，始创期的正金银行在开拓经营路线上受到不少冲击，使前路艰涩难行，也给内部带来混乱和不知所措。

为国不忘为己，官民各留一手

正金银行打着为了国家的崇高目标，理直气壮地请求政府在其 300 万日元资本金中，加入三分之一的股金——100 万日元，理由是正金银行是谋取国家公众利益的机构，非为谋私利，是抱着要渐次"收复外汇商权"的主旨而创立的。[1] 入股建议获得政府批准后，正金银行于 1880 年 2 月 28 日在贸易港横滨开业，营业年期为 20 年。[2]

虽然表面看来，政府和民间双方都抱有相同目标，但事实上正金银行在组成上仍然有三分之二的民间资本在内，股东在崇高口号底下，总不会忘记了投资目的还是营利。这个基本分歧使正金银行长期落入治理的矛盾中，不断出现问题。

正金银行按照条例规定，需要制定公司章程，并经过股东议决和政府认可，作为正金银行必须确守的重要规则。[3] 章程俨然是公司的宪法，不但作为股东与管理人之间委托授权的规限，也对大小股东的权益形成制约。正金银行从政府取得的开业许可证虽然记载着要遵从

---

1 / 横濱正金銀行編『横濱正金銀行史』（東京：坂本経済研究所、1976）附録甲巻之 1、第 3 号、頁 11–12。

2 / 横濱正金銀行編『横濱正金銀行史』（東京：坂本経済研究所、1976）、頁 12–13。

3 / 1876 年『國立銀行條例』第 5·6 條、內閣官報局編『法令全書』冊 11。

《国立银行条例》，但是实际上从一开始正金银行的始创组成及公司章程已经与条例大有不同。

首先，在股东组成和权益方面，正金银行创立资本额300万日元中，政府投入了100万日元，这种直接参股的做法是当时其他153家国立银行所没有的。民间股东投资公司是为了营利，政府参股则抱有不同目的，两组力量搅和在一起组成的正金银行，在各方面定会与其他私营银行不一样。虽然在章程上，公司结构大致与条例相同——日本人不论身份、职业和社会阶层都可以成为股东，但是《国立银行条例》中规定大藏省与此银行事务有关系的政府官员不能成为银行股东这一点，在《横滨正金银行章程》（以下简称《章程》）内却没有看到。

《横滨正金银行章程》第4条：

> 不论任何人（除外国人以外），在遵守本银行规则下取得股票者，皆为本银行之股东。[1]

《国立银行条例》第29条：

> 遵守此条例之银行股东可按各自意愿持有股数，

---

[1] / 1880年『横濱正金銀行定款』、横濱正金銀行編『横濱正金銀行史』（東京：坂本経済研究所、1976）附録甲巻之1、第6號之1、頁18。

而且不论股东之族属与职务，一概按其所持股数拥有相等权利，银行营业之损益亦按其股数分享与承担。但大藏省之官员及其他官员与此银行事务有关系者不得成为股东。[1]

创立时政府直接参股正金银行，占总投资额三分之一的股份就是以大藏省名义持有的，正金银行《章程》悄悄地避开了这个事实，免却了与条例内容直接冲突。更因为没有跟随条例限制相关官员持股，在后来发生的政府对正金银行失控的事件中，能够用上官员直接持股这种方法去解决危机，这项章程条款巧妙地让政府留了一手。

不过，留有一手作为后用的不单是政府，正金银行的董事具备银行业和商业经验，自然也懂得保护自己的权益，在《章程》里也能看到他们对政府并非完全不设防。在体现股东权力上，正金银行设有一年两次的定期股东大会，跟随着 1～6 月及 7～12 月两个财务半年期来举行，大会需要有股东总人数的一半以上出席或代理出席方为有效。议决事项以投票多数者通过，而股东的投票权亦依照条例，随股数的增加而递减，这样做是为了保护小股东的权益。

投票权方面，同一股东名下的股份，首 10 股以一股

第二章　摸索崭新制度：学习与磨合

---

1 / 1876 年 8 月 1 日『國立銀行條例』、內閣官報局編『法令全書』冊 11。

为一票，第 11 股至 100 股以每五股为一票，第 101 股开始以每 10 股为一票，持股量越多，边际投票权越少。但是，与条例不同之处便是正金银行设有上限，持有超过 500 股者，无论超出多少，也只能以 500 股计算票数。[1] 这是条例内没有的，明显是为了抑制大藏省对正金银行的发言权，[2] 这主意是创立时的股东总代表中村道太向政府提出的，认为往往会有不少人持有 500 股以上之数，为免投票权过于集中，日后可能会有不妥情况出现，故而在《章程》中规定了投票权的上限。[3]

话虽如此，从当时持股量看来，超过 500 股的股东实际只有寥寥一二人，受上限影响最大的股东莫如拥有 10000 股的大藏省，经此一限，立竿见影，政府的投票权马上从条例规定的 1018 票被压低至《章程》上限的 68 票。[4] 中

---

1 / 1880 年『横濱正金銀行定款』第 14・18・25 條、横濱正金銀行編『横濱正金銀行史』（東京：坂本経済研究所、1976）附錄甲卷之 1、第 6 號之 1、頁 22-24。1876 年『國立銀行條例』成規第 44 條、內閣官報局編『法令全書』冊 11。

2 / 斉藤寿彦「外国為替銀行の成立」『人間と社会の開発プログラム研究報告』（東京：国際連合大学、1983）、HSDRJE-88J/UNUP-489、頁 18。

3 / 横濱正金銀行編『横濱正金銀行史』（東京：坂本経済研究所、1976）附錄甲卷之 1、第 6 號之 2、頁 31。

4 / 1883 年 1 月至 1885 年 12 月正金「株主姓名表」・第 1 至 6 回正金「半季實際考課狀並諸報告表」、横濱正金銀行『横濱正金銀行史』（東京：坂本経済研究所、1976）資料卷 1。

村道太提出的这一招大大削弱了政府在股东大会表决时的权力，令政府后来想加强对正金银行的控制时，必须想办法先解除这让其动弹不得的紧箍咒。

至于在投资者最关心的利润分配上，正金银行的股息不是像其他银行一样定期交由股东大会议决，而是明确地规定于公司《章程》之内。在其做法当中，与条例规定相符之处是将总收入减除经营费用后得出营业利润，以此为基准，每决算期拨出 10% 充当准备金，直到累计达到资本额的两成为止；而每次准备金被动用后，都必须重新补足，经常要保持有两成。此外，正金银行更定有额外准备金，是条例没有规定的，便是每期加拨 5% 作为建筑物准备金，以应付当期行址的折旧及未来的增修费用，万一遇上事故，准备金不足之时，额外准备金也可以充当来使用。

《章程》订有比条例规定还充裕的准备金之余，并没有忘记照顾管理职层及股东，规定从营业利润中提取 8% 作为董事与职员的花红，剩余便以股息分配给股东。[1] 不过此花红比例并没有实现，因为在第一次提取花红前已遭到股东大会修改，减低到 6%。之后，无论是花红还是

1 / 1880 年『横滨正金银行定款』第 39 条、横滨正金银行编『横滨正金银行史』（东京：坂本经济研究所，1976）附录甲卷之 1、第 6 号之 1、页 27-28。1876 年『国立银行条例』第 79 及 80 条、内阁官报局编『法令全书』册 11。

股息的分配，都多次成为《章程》修订的焦点所在。[1]

监察官驻正金，大小事皆过问

创业时的正金银行投资者有 210 人，包括来自其他国立银行的董事和地方商人，当中只有极少数能成为董事，直接参与经营，按正金银行章程规定持有 30 股或以上的股东才有资格被选为董事。初期的董事会有董事五人，任期是一年，行长则由董事互选产生。中村道太积极发起及推动正金银行的成立，理所当然地被选中为首任行长。[2] 实际上，日本在引进美国公司制度的初期，在公司治理上都是属于这种股份持有人管理的模式，就是管理层必须是股东及持有特定的股数。

行长的位置虽然落在民间股东身上，持有正金银行三分之一股份的大藏省并非放手不管，而是选择近距离监管正金银行，几乎是手执手做出指示，从基本组织、章程、内部规定、营业方针以至内部文书及单据格式，都一一由政府详细指导和厘定，俨然是政府部门的延伸

---

1 / 正金 1881 年第 3 回「半季實際考課狀並諸報告表」、橫濱正金銀行編『橫濱正金銀行史』（東京：坂本経済研究所、1976）資料卷 1。

2 / 1880 年『橫濱正金銀行定款』第 7・8 條、橫濱正金銀行編『橫濱正金銀行史』（東京：坂本経済研究所、1976）附錄甲卷之 1、第 6 號之 1、頁 20–21。1876 年『國立銀行條例』第 15 條、內閣官報局編『法令全書』冊 11。

分支，将正金银行逐步推向国际外汇业务的前线。

首先在监察方面，其他根据《国立银行条例》成立的银行只需要接受大藏省内的纸币寮（即纸币课）监察，银行需要呈交定期的每月报表、每半年期结算表及必要时的临时报告等。纸币寮亦会定期和随时派遣官员检查银行一切业务、账目和视察职员的实务处理。有需要时，其他政府部门及地方官员亦可进行检查并通报纸币寮。[1]而正金银行方面，内部有自我相互监察制，是由董事兼任，每六个月董事会内部会选出两名成员担任监察员，负责检查银行内账目、核实金钱结余及审查业务进行状况，然后在定期董事会上做出报告。[2]除此之外，由于政府是正金银行的直接股东，在公司章程内有特别规定，由大藏省指派专门管理官监察正金银行。

《横滨正金银行章程》第49条特别规定：

> 由于本银行乃受大藏卿之特别监护及获投入一百万日元资本金而创立，行长及众职员乃至股东全体应当特别确守下列各项。
>
> 第一，本银行之行长及众职员于营业上之重要

1 / 1876 年『國立銀行條例』第 73 至 78 條、內閣官報局編『法令全書』冊 11。

2 / 1880 年『橫濱正金銀行定款』第 44 條、橫濱正金銀行編『橫濱正金銀行史』（東京：坂本經濟研究所、1976）附錄甲卷之 1、第 6 號之 1、頁 29。

事项必须接受大藏卿指定之管理官指挥，及未经协议决定之事一概不能施行。

第二，虽然本银行之行长、董事及店长是按照前面……等内容，由全体股东又或根据行长、董事之众议选任，但大藏卿仍可指令改选行长及店长，又或指令做出特别之选定。……[1]

特别规定的条文内容以笼统的用词概括地将正金银行所有活动及人事权收在大藏省的控制之下，并设置管理官制度，通过近距离监管的途径，派出管理官长驻正金银行。表面上，这个制度是正金银行在申请成立时主动向大藏省提出的，让政府派遣若干名管理官到正金银行；但实际上，也是请求政府注资的交换条件之一，因为政府注资能突显正金银行的特殊地位，巩固内外人士的信任。正金银行成立后，大藏省指派书记官吉原重俊为管理长，两名属官森胁简、户次兵吉为管理官，二人需要每日到正金银行上班，长驻银行。[2]

管理官根据大藏省在1880年4月制定的《横滨正金银行管理官手册》开展在正金银行的工作，例如出席所

---

1 / 1880年『横濱正金銀行定款』第49條、橫濱正金銀行編『横濱正金銀行史』（東京：坂本經濟研究所、1976）附錄甲卷之1、第6號之1、頁30。

2 / 橫濱正金銀行編『橫濱正金銀行史』（東京：坂本經濟研究所、1976）、頁14。

有关于银行经营的重要商议，包括定期和临时会议；也需要从银行日常业务管理上确保其按照既定的条例、公司章程及规定来进行；管理官经常（定期及随时）审查账目报表、核对实物结存。除定期每月两次向管理长书面报告外，还要经常将银行经营之实况报告大藏卿，遇有重大事项之时，更需请示大藏卿裁决。[1]

同年9月，大藏省下达《横滨正金银行与驻在管理官之关系》文书，更进一步详细列出范围，指引正金银行需要与长驻管理官商议的内容包括：[2]

- 与其他机构订立代理店或关联银行契约，
- 与政府部门间之申请、报告与往来，
- 关于诉讼或纠纷之往来答辩，
- 一万日元或以上之非抵押贷款，
- 一万日元或以上之贷款与协议式之账面借贷[3]，

1／横濱正金銀行編『横濱正金銀行史』（東京：坂本経済研究所、1976）附録甲卷之1、第4號之1、頁13-14。

2／横濱正金銀行編『横濱正金銀行史』（東京：坂本経済研究所、1976）附録甲卷之1、第4號之2、頁15-16。

3／协议式的账面借贷原称"预合"，有限公司在创立时需要股东将资本金存入银行，然后向政府申请成立，是证明资本到位的程序。但当时可以与银行或信托公司协议，由银行在账面上借出款项，充当资本到位；在该笔借款清还之前，账上的资本金是不能动用的，所以属于协议式的账面借贷。平田和夫「仮裝払込みによる株式発行の効力」『LEC会計大学院紀要』号9（2011年12月30日）、頁83-97。

- 新建或转移金库的场所，

- 任用副店长或以上职级之职员，

- 每宗五百日元或以上的支出费用。

在这种近距离的、事无巨细皆参与的政策下，政府对正金银行的监管设计俨然滴水不漏，已达无微不至的境地。即便如是，不出数载，正金银行不但出现了巨额亏损，还有账目不实、隐瞒经营状况的问题。不管监察制度设计得如何严密，最后问题还是出在人的身上，更何况当时管理官的工作不是去审查银行的做法，找出错处拨乱反正，而是在范围广阔的程序上事事过问，直接参与协议和裁定。管理官不是独立于正金银行日常工作以外的监察者，而是在工作流程中的一员，名义上还是最后的审查者；所以，理论上正金银行所有决策不论是对是错，管理官都曾积极参与其中，对于日后可能出现的经营失误也难逃其责。

政府摸石过河，亏损如何问责

正金银行开业初期的营业方针，主要由政府制定，行长及董事必须紧跟政策行事；然而在如此详细指引及具体监察下，开业后短短两年间竟出现了严重亏损，这与政府政策的失误不无关系。

当时日本市面充斥着大量不可兑换的银行纸币，通货膨胀极其严重，所以在对外贸易支付上卖家只肯接受名为"洋银"的西班牙银元，而洋银的供应与兑换价操纵在贸易港的外国银行手中。动荡的银价更吸引了内外商人的投机活动，结果令纸币的贬值加速。正金银行成立后的重任是发展为外汇兑换银行，期待在贸易结算中付纸币给本土商人并回收出口得来的洋银。先是打破外国银行的操控与垄断；在收复外汇商权后，改革混乱的货币市场，达成发行有信用的纸币的目标。这样外贸赚回的洋银便可用来进口富国强兵、殖产兴业的所需品，从而最终能有条件与欧美列强交涉，修订和取消现存的不平等条约。

在此沉重的历史任务之下，虽说正金银行一举一动都有所依据和指示，在政府监督与规划下进行，但面对着新时代新制度，其实政府也是在摸着石头过河，过程中难免会出错，甚至失误就发生在统领财经的最高决策者身上——大藏卿大隈重信对银币与纸币市场本质的错误解读就给正金银行带来了损失。

当时面对银币兑纸币比价越来越高的情况，大隈认为问题出在银币供应上——因为银币短缺才会使价值飙升，故应采取增加银币供应的措施去平息波动，竟然下令在市场上卖出国库里并不充裕的银币。他并没有意识到是纸币在贬值，不论抛售多少银币，都只会是杯水车薪，满足不了民众想兑换银币的需求，更改变不了市场相信银币而摒弃纸币的现象。果然，经由正金银行及其他银行卖出银币的行动只有一瞬间的效力，市场兑换率下降后又马上因银币供应不继而再度反弹，迫使政府在

1880 年 9 月终止计划，正金银行亦因此役遭受损失。[1]

正金银行受规限只可以专注于横滨港和后来神户支店设立后神户港的贸易金融业务，进行贷款、押汇、洋银兑换等业务，其主要客户是贸易港内的日本出口商人。正金银行将政府纸币贷给出口商周转，待其出口套回外币货款，正金银行回收后上缴政府，作为储备或兑换成银币。政府利用正金银行将当时贸易港内的交易方法改变，以前货物只在国内卖给外国商，而不会直接出口，出口所得的贸易银亦只会依赖外国银行兑换；现在因为有了正金银行贷款，国内商人可以直接出口，回收的贸易银也在还款之际落在正金银行手上，便能汇集到国库作银币储备。由于必须将重心放在可以回收外币或银币的业务上，正金银行需要集中在主要出口货品行业，例如生丝和茶等。[2] 这个规限不但令其无法分散经营风险，而且出口行业在贸易港要直接面对外国商人和海外市场，难以预计众多变化，受到风险冲击的机会比国内交易大得多。

再者，现实往往与政府的预计有所差距，像政府原

---

1 / 吉野俊彦『日本銀行制度改革史』（東京：東京大学出版会、1962）、頁 5–8。

2 / 横濱正金銀行『横濱正金銀行史』（東京：坂本経済研究所、1976）、頁 19–20。菊池道男「日本資本主義の確立過程と横浜正金銀行の對外業務ー銀行制度の再編と横浜正金銀行の対外金融機関化ー」『中央学院大学商経論叢』巻 20 号 2（電子版）、頁 19–38。

意让正金银行专注于可回收贸易洋银的出口业务，而不是一般国内商业贷款，所以一开始便没有给予正金银行发行纸币的功能。正金银行刚开业，即遇上银币兑换价高企，纸币贬值，故而市场向银行借款都倾向于借纸币，等于是借多还少，但正金银行金库里面却只有银币，不能像其他国立银行般发行纸币，眼见商机处处，却未能得益，正金银行的经营者感到十分沮丧和惋惜。

创业期正金银行能经营的只有押汇交易，即商人用即将出口的货物来担保借款，然后以出口所得外汇来归还银行。此业务上，政府不但详细规定贷款的利息、期限与程序，甚至连抵押品估值一职也是由大藏卿指定人员来担任，可惜现实上，规定条文虽然详尽，却不代表一定可以落实到执行的环节。[1] 如果说贷款对象只是正金银行所在贸易港的出口商，近在眼皮底下也许还能严密点监督，但为了开发更多出口货物制造商的渠道，这政策还扩大至贸易港以外的内地商人，问题是正金银行除了在贸易港的横滨本店和神户支店外，当时并没有其他内地支店，所以押汇贷款的地方工作是通过其他内地银行来进行的，变成了"国内内地押汇"业务。这一间接下来，经过别的银行去贷款和回收，不只是难以落实担

---

1 ／ 1880 年 9 月 9 日「預入金規則」、10 月 19 日「別段預金運轉規程」、横濱正金銀行編『横濱正金銀行史』（東京：坂本経済研究所、1976）附錄甲卷之 1、第 13 號之 4、14 號之 1・2・3、頁 61–70。

保货物的管理，更增添一重风险，这便是其他内地银行本身也可能出现信贷危机。[1]

如果说高风险高回报的话也就算了，可偏偏在这主要业务上正金银行充当的只是中间代理的角色，本身不能发行纸币的正金银行将政府手上的纸币转贷出去，兑换率变动的风险虽然由政府来承担，但正金银行在中间只能获取 2% 的利差收入。作为聚集股东资本的初创发起人，中村道太自然明白众人投资的目的，现在看到与政府合作并没有为大家带来预期的巨大利益，在第二次定期股东大会上，他不得不解释利润微薄的原因。报告之时，身为行长的中村也忍不住慨叹"每每现实状况与当初的预想有所出入，颇为失望之至"；又表示"对于管理层竟然连半年后之今日事都未能预计得到，实在感到十分惭愧"。[2]

行长口出怨言，闻者心知肚明，这个遗憾声明是冲着政府而来的。因为这个政府主导的"国内内地押汇"

---

1 / 明治 13 年 10 月 21 日「御預ケ金貸出方心得」横濱正金銀行編『横濱正金銀行史』（東京：坂本経済研究所、1976）附錄甲卷之 1、第 15 號、頁 75–89。

2 /「1881 年 1 月 9 日株主定式總會演説」横濱正金銀行編『横濱正金銀行史』（東京：坂本経済研究所、1976）乙卷、頁 9–10・24。亦有另一说法，中村行长当时并没有在股东大会上发表此演说，而是预先印刷好，与该半年度报告一起派发给股东，且草稿乃出自福泽谕吉之手。

业务在 1880 年 10 月开始推行时已有详尽的手册，指示营运时的申请、抵押、担保、保险、支付等程序，所有贷款处理在向大藏省申请资金和对外贷出之前，都必须先与长驻正金银行的管理官协议后方可进行。[1] 管理官不但在所有重要程序的关口把守着，而且当初向太政大臣（明治初期政府最高长官）申请拨款开展押汇业务时，管理官所属的大藏省亦曾为正金银行背书，认为当时的商机好景不容错失，"已经过管理官亲眼证明，正金银行所言半点不差"。[2]

然而，这个"国内内地押汇"业务实施不久后却带来众多坏账，上下一致推荐的绝好商机竟演变成严重亏损，原因是在执行时出现了多个实务上的管理问题。例如，在出口押汇业务上，本来按规则应该是以货款来提取货物，却有一线人员在未收到外币货款前，容许先交出提货单与借款人，后再收货款，变相成了无担保的赊债；也有对借款抵押的货物检查不足；甚至有流弊是大藏省会做出特别指定，要正金银行例外地贷款与某些特定商户。在通过内地银行的间接押汇业务方面，并没有照规定以出

---

1 / 1880 年 10 月 19 日「別段預金運転規程」第 1 款第 2 节、横濱正金銀行編『横濱正金銀行史』（東京：坂本経済研究所、1976）附錄甲卷之 1、第 14 號之 1、頁 63。

2 / 横濱正金銀行編『横濱正金銀行史』（東京：坂本経済研究所、1976）附錄甲卷之 1、第 13 號之 3、頁 59。

口货物来抵押贷款，而是先将贷款资金分配与各内地银行，再由他们转贷给制造商。这样一来，根本无法规管内地银行有否全面采取出口实物担保抵押的手续。[1]

出现这些问题，正金银行管理方法固然有问题，但政府的监察制度也难辞其咎。这点政府也承认，继大隈重信后的新任大藏卿松方正义上任后，基本上否定了前任的管理官制度，认为即使指派管理官长驻正金银行，也只会流为表面管理，根本不可能详尽掌握实务运作。于是，松方在 1882 年 2 月推出改革正金银行方案，要求严格落实以出口货物作抵押担保；又将原来政府承担的汇率风险改为由借款人承担；更取消管理官制度，改为指派官委董事进入正金银行董事会。不过此举为时已晚，未能使正金银行逃过严重亏损的厄运。

隐瞒坏账派息，行长被逼辞职

政府一方虽然承认监察制度不够实际，却亦同时将责任推向正金银行，指摘其执行实务时管理不足；可是，正金银行管理层对于此点并没有同感。1881 年底，亏损问题开始浮面，押汇业务引致大量拖延还款及坏账的出

1 / 1883 年 5 月 25 日大藏卿松方正義致太政大臣三條實美「橫濱正金銀行ノ影響景況太政官ヘ内申」橫濱正金銀行編『橫濱正金銀行史』（東京：坂本經濟研究所、1976）附錄甲卷之 1、第 33 號之 4、頁 171–174。

现，市场上开始对正金银行景况议论纷纷。此时，正金银行董事会似乎并未感到问责的压力，因为正金银行是在大藏省直接监管和详细规限之下经营，交易过程中每个环节都有程序指引，自己只不过是政策的执行者，经营问责应该指向政府而非自己，更加没有理由要为经营失误赔上应得到的投资回报。抱此想法的大有其人，尤其是对所有过程和细节最清楚的中村行长。

创立初期的董事会成员中，四分之三是创业发起人，作为积极领头的中村道太，拉拢了不少关系人士大力支持投资，董事都是在股东大会上被民间股东选出来的代表，投资者交出了经营管理权，盼的当然是实实在在的回报。这些董事处于政府与民间股东之间，在考虑利益时，不会脱离民间股东的关注所在，何况董事本身也是民间股东之一。董事会内三分之一成员都位于十大股东之内，更是双重利益所在，又如何能期待他们会罔顾自己的利益。偏偏此时横滨市场上的放款利息高企，由最低的年率 15% 至超过 30% 的都有，给正金银行股息分配案带来重大压力，[1] 如果拿不出相当的股息回报，实在不知如何向股东交代。

正金银行的公司章程对股息派发有明文规定，将收入减去经费、董事与职员花红、建筑物准备金、坏账准

---

1 ／ 横濱市編『横濱市史』（横濱：横濱市、1963）卷 3 上、頁 795。

备金等之后的余款作为纯利，再从纯利中减去一成作为准备金，剩余全部作为股息派给股东。[1]《章程》中虽然没有记载有关坏账的会计处理，但是规管着正金银行的《国立银行条例》上有明确规定，所有遵奉本条例的银行从收入中将费用、补偿金及坏账额减除后的金额，方为纯利，从纯利中减去最少一成作为准备金后，悉数分配与股东。条例更对坏账下定义，在贷出款项中，除了有确实的抵押物品或担保人以外，所有超过还款期限 6 个月或以上者，全部作为坏账处理。[2]

中村行长在明治初年《国立银行条例》制定后，曾

---

1 / 1880 年 2 月『横濱正金銀行定款』第 39 条、横滨正金银行编『横濱正金銀行史』（東京：坂本経済研究所、1976）附錄甲卷之 1、第 6 號之 1、頁 27—28。

2 / 1876 年『國立銀行條例』第 79 条："遵奉此条例之银行，其行长及董事等需要每半年度进行银行财务账总结算，从总收入内减去诸杂费及费用、补偿金及坏账额（如有此者）后为纯利，再由此减去次项条文规定之准备金，余额应全部分配与股东。于分配与股东前之十日以内（除却邮递所需之日数），将上述利润计算呈交纸币头，在取得认可后，通知全体股东，并在报章上刊登公告，分配与全体股东。但贷出款项中，除具备确实之抵押物品或确实之担保人以外，超过还款期限六个月或以上者，应一概视为坏账处理。"

第 80 条："遵奉此条例之银行，在累积准备金达至其资本金额十分之二前，每半年度在其纯利中最少提取十分之一作为准备金，供非常情况下之预备用。上述累积准备金一旦达至十分之二金额后，如遇有损耗或其他事故，使上述比率之金额降低时，随后每半年度纯利中，最少提取十分之一作为贮备，务必回复上述十分之二金额。"内阁官报局编『法令全書』、冊 11。

在大藏省纸币寮教授银行簿记，是西式簿记最早的讲授先驱。[1]他当然熟悉财务报表的游戏，只要不触动悬挂着的呆账，便没有核销坏账的需要，利润便会保留在账面上，有利润就可以继续派出股息。结果，中村行长领头的董事会隐瞒有关坏账，制造了很亮丽的报表，上面记载过期未回收的贷款额并不多，分别是1881年底的1655日元及1882年6月的3320日元，使第四及第五期结算的纯利额保持稳定，所以依照章程规定将利润余额分配与股东，足以派发年率9%的股息。[2]

中村虽守望住股东利益，却因此惹祸上身。这个时候，大藏省已经取消了管理官制度，并在1882年2月直接派出官委董事进入了正金银行董事会。外面市场上已遍布正金银行债务回收有问题的传言，如斯情况下第四期决算仍照常派息，现在马上又到第五期，对于中村同情股东的立场和保护股东回报的行动，政府不可能继续坐视不理。就在正金银行即将开董事会通过第五期派息方案之前，新任大藏卿松方正义先是鼓动部分民间董事

---

1 / 小山伝三「中村道太と福沢諭吉―特にその友交関係に就いて―」『商経法論叢』卷13号4（1963年2月）、頁95-128。高垣寅次郎「福沢諭吉の三つの書翰―中村道太の事蹟とその晩年―」『三田商学研究』卷4号4（1961年10月31日）、頁5。

2 / 1881年下半季及1882年上半季「橫濱正金銀行實際報告表」橫濱正金銀行編『橫濱正金銀行史』（東京：坂本経済研究所、1976）資料卷4。

"改良"正金银行，方案当然是要将中村行长拉下马，结果可以想像得到，此鼓动得不到积极响应。[1]

松方继续在 1882 年 6 月 29 日召集其中三名董事木村利右卫门、堀越角次郎和中村惣兵卫到私邸，再度要求三人尽快回答"改良"正金银行之策，并出言恐吓，不照办的话可能会影响业务，导致"外汇兑换等事宜被搁置亦未可知"。目的是向中村行长施压，令其辞职，翌日该三名董事便马上召开临时董事会报告此事。[2]

中村知道后并没有乖乖地退下来，相反还企图挣扎。

1 / 松方正义改革正金银行一事，也有学者从当时政治上的派阀斗争角度来看，认为是政治迫害。小山伝三「横浜正金銀行創設者中村道太と茶道有楽流」、収入芦屋大学創立十周年記念論文集編集委員会編『芦屋大学創立十周年記念論文集』（東京：文雅堂銀行研究者、1973）、頁 189–243。当时的政治事件中，正金银行创立时的大藏卿大隈重信在转任参议后，与伊藤博文成为政府内掌握实权的两个最重要人物，当时伊藤联合政府内部的萨摩派和长州派系，大隈则与政府外部的势力结合，对抗萨长两派系。后来因为萨摩派的开拓使黑田清隆将政府在北海道的 1410 万元投资以 30 万元售与政商五代友厚，引起大隈与民间反对，使攻击政府的舆论沸腾，伊藤藉此事件，将大隈放逐，逼其下台，是"明治 14 年政变"，当时政府内属于大隈派和庆应义塾出身的人员不少遭到免职。明治思想家福泽谕吉向大隈推荐以中村道太为首，发起创立正金银行。新上台的大藏卿松方正义是长州藩派系，改革正金银行是针对大隈一派做出的斗争行动。長谷川ゎ『明治維新における藩閥政治の研究』（東京：評論社、1966）、頁 210–219。
2 /「1882 年 6 月 30 日取締役會」横濱正金銀行編『横濱正金銀行史』（東京：坂本経済研究所、1976）附錄甲卷之 1、第 29 號之 1、頁 152–153。

在 7 月 1 日董事例会上，中村行长发话响应，表示大藏卿对正金银行近况的不安虽说是因为外面议论纷纭所引起，但如果要结论为行长失策的话，明白其剑指之意，所以决定辞职。不过，中村接着又说辞职不是实时行动，坚持要等到 7 月 10 日的股东大会上，对有失策之处，想直接向股东谢罪后才请辞。以这番话对大藏卿的施压做出响应后，中村行长随即表示在开股东大会前会继续出席董事会，商议"改良"正金银行的方案。

中村没有在大藏卿施压下应声去职，不免增添了大藏省的疑虑：究竟他有何计划要搬到全体股东大会去？大藏省的担心不是没有道理，因为中村行长身上背着民间股东代表的正统身份，是在公司最高权力组织的股东大会上被正式选出来的董事，并挟高票数在董事会互选中连任两次行长，[1] 如果他藉着大会推动股东民意去抵挡政府施压，的确会给政府添加不少麻烦，故此政府绝不可能让他去股东大会呈辞。

这时候的政府已对公司制度有更深入的认识。新安插进董事会的官委董事村田一郎搬出了正金银行章程来，洋洋洒洒地指出根据规定，行长乃董事成员间互选出来

---

1 ／ 1881 年 1 月 9 日「呈管理官關與董事選舉之報告」武田晴人編『橫濱正金銀行マイクロフィルム版』（東京：丸善、2003）第 1 期、卷 G-001、頁 271。1882 年 1 月 8 日正金「呈管理官關與董事選舉之報告」、同上、頁 435。

的，董事才是由股东选出的，所以行长辞职一事拿到股东大会中进行有不妥之处，应该是向董事会请辞方为合适；如果是辞任董事的话，才该向股东大会提出。村田以程序规定来反驳中村，力求中村即席辞任行长，结果中村虽然支撑着没有在该会议上请辞，但也没能坚持到股东大会召开，就迫不得已地辞任行长。[1]

解决了中村后的 7 月 8 日董事例会，距离定期股东大会只剩下两天，已到了必须议决股息分配案的时刻，出席的七名董事中，[2] 六名民间董事一致赞成照前期一样派发年率 9% 的股息，只有官委的村田一郎投反对票，结果政府不愿意看到的分配案在六对一之下通过。[3]

在大藏卿出言恐吓之下，虽然民间董事顾虑到正金银行业务的前景，弃车保帅，使创业行长最后还是受压辞职；但在面临派息方案时，却无半点动摇，作为股东代表，他们利用章程赋予的权力，在董事会决议中以六比一通过分配案，在维护投资利益的立场上行动一致，

---

1 /「1882 年 7 月 1 日（土曜）取締役會」横濱正金銀行編『横濱正金銀行史』（東京：坂本経済研究所、1976）附録甲卷之 1、頁 153-154。

2 / 正金在半年前原本已通过修订公司章程，增加三个政府派出的官委董事名额，不过当时只派遣村田一郎和河濑秀治两人，其中河濑又在 6 月辞任，所以此次董事例会上只剩下一名官委董事出席。

3 /「1882 年 7 月 8 日取締役會決議録」横濱正金銀行編『横濱正金銀行史』（東京：坂本経済研究所、1976）附録甲卷之 1、頁 152。

不惜与政府对立。

中村行长在 1882 年 7 月无声无息地卸任了行长一职，他未能如愿在股东大会上有所动作，只能在发给各股东的最后一个结算报告中，力图为自己洗脱失策之罪。报告指出横滨港内经济不景气，尤其是政策上必须支持的生丝与制茶业未有复苏，然而横滨本店的情况"一步未进，也一步未退，实乃不幸中之侥幸"，且神户支店的贷出款额与金银币出入减少的原因"虽然单单说成是源于神户港贸易的不景气也可，但本期内的贷款资金薄弱也是一个不可少看的因由"。[1]

中村对政府的控诉是基于正金银行跟从政府政策经营，利用政府资金转贷予出口商，从中赚取利息差额，[2] 有如收取定例的事务手续费一样，资金越多，收入越高，自然理所当然地归咎于政府资金支持不足，限制了收入。而且，政府规定正金银行必须针对指定行业和对象来经营，过分集中于出口的生丝、茶叶等行业和围绕着贸易商会的商户进行贷款，使其不能分散风险。加上部分出

1 / 正金 1882 年 6 月第 5 回「半季實際考課狀並諸報告表」横濱正金銀行編『横濱正金銀行史』（東京：坂本経済研究所、1976）資料卷 1、頁 26-27・33-34。
2 / 基本上正金是受政府委托来处理外汇交易，尤其是在 1882 年 3 月至 1888 年 5 月期间，正金得到 2% 的手续费收入，显出其中介机关的性质。斉藤寿彦「横浜正金銀行の本来の外国為替銀行化過程」『三田商学研究』卷 28 号 5（1985 年 12 月）、頁 66-83。

口商品在海外市场变动的影响下，有时未免会出现资金一时困难的情况，政府非但没有审时度势，做出适当支持，反而要求正金银行强行回收贷款，这些做法对产业造成打击，雪上加霜，也是产生不良债务的原因。[1]

在这种环境下，不难明白为何管理层会隐瞒坏账，继续派发股息，守望着投资者期待的应得回报。此次事件将正金银行组织的本质矛盾呈现出来，打着为国家的目标经营、协助施行国策的正金银行实质上仍是拥有三分之二民间股份的公司，不能抹杀其商业牟利的本质。在持有三分之一股权的大藏省监控下，正金银行内部出现分裂，为公为私，为国为商，展开了长期的官民对弈。此时，公司制度已引入日本七年，在中村下台及议决派息的董事会议上，不论是官委董事还是民间董事，都学会利用公司制度内的章程规定来支持己方达到目的，出现了相互利用游戏规则来操控的局面。

政府全力扶持，让利换取操控

正金银行是一间有限责任股份公司，股东投资的目的是牟取回报，对于正金银行组织的本质，政府并非无知无觉。正金银行跟随政府政策，在贸易金融上做出种

---

1 / 白鳥圭志「創業期の横浜正金銀行：貿易業務と経営管理体制の構築」『社会経済史学』巻 78 号 2（2012 年 8 月）、頁 53-75。

种业务新尝试，在可能的机遇背后，确实充斥着难以预测的风险。在对外贸易冲击下的市场变化固然在过去国内经验里从未有过见闻，就是政府的政策指引是否真正可行也不容易掌握得到。对于这些，政府其实比谁都要清楚，所以在经营导向的同时，一直配有实惠的资金支持与利益退让，希望藉此换取安宁，得到对正金银行的操控权。但是对投资者而言，多少利益才算合理和满意，是没有标准答案的。在不同立场上自然有不同想法。

打从银行还没有开始营业之前，民间股东在出资股本上已经率先赚取了不少实惠利益。由于正金银行是打着以银币经营的理念，所以发起时的 300 万日元资本金也是以当时市面流通上最缺乏的银币来募集，以便充实开业后贸易金融对银币需求的准备。但是实际上，除了政府股本的 100 万日元是全部以银币出资以外，民间股东只是在开业前注入的第一次两成股本是银币，之后股东代表便向大藏卿申请，其余八成股本要改以纸币支付。

原本《国立银行条例》规定银行需要在一半股金到位后才可申请开业，然后翌月开始每月收集一成股金，半年之内股本全部集齐。[1] 正金银行不但取得特权，只在

---

1 ／ 1876 年「國立銀行條例」第 30 條、內閣官報局編『法令全書』、冊 11。1880 年 1 月「資本月賦入金順序ノ件ニ付願」橫濱正金銀行編『橫濱正金銀行史』（東京：坂本經濟研究所、1976）附錄甲卷之 1、第 8 號、頁 32-34。

20% 股本金到位的情况下便获准开业，余款分四次，开业后每隔一个月付两成；而且民间股东更有实际的额外得益。因为当时银价高、纸币值低，1 日元银币兑纸币率已达到 1.462，[1] 也就是民间股东原来需要拿出 100 日元银币购入一股正金银行股权，其市场兑换价格是相当于 146.2 日元纸币，现在股东代表却申请将八成股金改为纸币单位支付，而且是与银币等值充当，那么正金银行一股的成本便变成 109.24 日元纸币，股东们先稳赚了 33.83%。[2]

与此同时，大藏省的股本部分则丝毫不改，仍然全数收取银币。有趣的是，同年 5 月到了第四和第五次收取政府股金之际，正金银行忽然又有新意，向政府提出将该收的银币股金转用来向政府抵押，借出纸币给正金银行，用来解决当时交易上纸币短缺的困难。但这次正金银行却不是用一对一的等值计算，而是要以 40 万日元银币抵押出 50 万日元纸币，比率是以 1.25 计算，[3] 而且在同时期与政府的纸币往来计价中，都是以市场价——约

---

1 / 此为 1880 年银币兑纸币之平均价。藤村通监修『松方正義関係文書』（東京：東洋研究所、1981）卷 3、頁 5–6。

2 / 146.20 × 20% + 100.00 × 80% = 109.24。

3 / 横濱正金銀行編『横濱正金銀行史』（東京：坂本経済研究所、1976）附録甲卷之 1、第 11 號之 1、頁 49。

1.5 的比率计算。[1] 总之，在与政府的金钱往来账中，正金银行的民间股东和管理层怀里都揣着一个两面的铁算盘，能找到对自己有利的计价标准，占得便宜。

其次，政府在利润分配上，不但没有优先分配权或固定回报，相反还让利出来。正金银行章程为政府的股息设定上限，每年最多只会收取 6%，超过的部分拨入特别准备金，用来巩固银行，应付不时之需，但民间股东部分则没有上限。[2]

在日常营运资金这个最大的实际问题上，中村行长在辞任前最后一份报告中解释利润低落之时，曾经控诉政府资金支持不足是一个不可少看的因由。这反映了民间股东的普遍看法，因为这段时期正金银行的营业收入是从贷款利息中提取定额的息差，就是说政府资金出得越多，正金银行贷出款项便越多，收取的定额息差也会越多。在正金银行的立场上，当然希望政府无限度扩大资金来源，在利润不理想时也会归咎到政府头上，但从

1 / 在大藏省 1880 年 5 月 18 日的计算中，政府贷出银币 353225 日元，换算为纸币 514545.5 日元，平均兑换率是 1∶1.4565；正金银行归还银币 306400 日元，换算为纸币 448385.5 日元，平均是 1∶1.4633。武田晴人编『横濱正金銀行マイクロフィルム版』（東京：丸善、2003）第 1 期、卷 G-001、頁 65。

2 / 1880 年『横濱正金銀行定款』第 49 條、横濱正金銀行編『横濱正金銀行史』（東京：坂本経済研究所、1976）附錄甲卷之 1、第 6 號之 1、頁 30-31。

事实上看，政府的资金支持一点也不薄弱。

表 2-1　正金银行创业初期主要经营资金来源

年 / 月	来自政府（直接或以批准形式）	来自民间股东
1880/2	大藏省投入股本 100 万日元，全部是银币	股本 200 万日元，其中 20% 是银币，80% 是纸币
1880/2	正金银行发出"即兑银币票据"，面额为 100 日元、500 日元、1000 日元，最多时，流通量达 50 万～60 万日元	
1880/5	政府股本中 40 万日元银币抵押给大藏省，借入 50 万日元纸币	
1880/9	大藏省临时存入 50 万日元纸币	
1880/10	大藏省临时存入 30 万日元纸币	
1880/10	大藏省拨出 300 万日元纸币借款额度，供正金银行贷予直接和间接出口商，正金银行可赚取 2% 利息差额	
1881/7	大藏省增拨 100 万日元纸币借款	

资料来源：横濱正金银行编『横濱正金銀行史』（東京：坂本経済研究所，1976）、頁 18-20・23-24・31；附錄甲卷之 1、第 13 號之 2、第 13 號之 4、第 14 號之 1、頁 57-58・61・64-65。

背着改革贸易港金融这沉重责任的正金银行，除了创业时投入的资本金 300 万日元以外，并没有随着营业额增加而相应地提高自有资本率。从开业到行长下台这段时间，不足两年，政府投入的营运资金已超过正金银

行总资本额。[1] 其后，即使其外汇兑换的经营金额节节跳
升，由 1880 年的 67 万日元跳到 1886 年的 2513 万日元，
民间股东也没有再拿过一分钱出来，都是依靠政府的资
金或政策来支持，正金银行董事会也是到 1887 年 3 月才
有第一次增资决定。[2]

其实，除了注入资金以外，政府还有不少重要的实质
支持，像正金银行向海外探头发展之初，政府提供了不少
有力的人脉关系，帮助其打下基础。1881 年 1 月，正金银
行派出副行长小泉信吉到欧美各地视察，准备开设事务所
事宜，就获得了政府各部门协助。在小泉到达英国之前，
时任参议大隈重信的信函已早一步到达，交到曾在日本任
职大藏省纸币寮官员的英国人 A. Allan Shand 手里，嘱咐
他对小泉要多加照应，为日后与联合银行（Alliance Bank）
的代办银行合约先行铺路。小泉在美国旧金山之行是由当
地日本领事柳谷谦太郎带领着到处活动，在纽约也是由
日本领事颖川君平安排与著名的 Parr's Bank 商谈开户事
宜。在国内和海外都尽显正金银行的独特身份及与政府
的密切关系。[3]

---

1 / 横濱正金銀行編『横濱正金銀行史』（東京：坂本経済研究所、
1976）、頁 94。

2 / 参考本书附录 1："明治时期横滨正金银行外汇交易额及日本贸易
数字"。

3 / 横濱正金銀行編『横濱正金銀行史』（東京：坂本経済研究所、
1976）附錄甲卷之 1、第 18 號之 2 及 5、頁 100-101·109。

正金银行的海外工作开展后，外务省（即外交部）更是正金银行的密切伙伴与后盾，驻海外的外务省人员需要仔细监管正金银行的海外活动，核对账目和金钱的回收，故而在工作实务上等于是正金银行外汇业务中的海外管理人、事务员，甚至有时候会流为跑腿。

当时出口商品都是由贩卖商在国内卖给贸易港的外商，收取纸币，政府为了改变这种习惯做法，积极促进制造商将制品直接出口，以便收取外汇或银币作为国家的储备，于是在1880年10月拨出300万日元资金额度，作为鼓励直接出口之用。流程先由正金银行借出纸币给制造商，待货物出口后，正金银行驻外人员在海外收取外币货款，并实时上缴当地日本驻外公使或领事，换取一张收据后寄回日本；正金银行凭此收据向国债局领取对等金额的纸币，用来结算当初借出债务的还款及利息。当时就是以此循环方式，由正金银行代理，为政府回收出口贸易的银币。[1]

由于国家迫不及待需要正金银行达成其寄望，所以正金银行最初并非按部就班先设置好海外分支机构，然后再开展海外业务。在开业首年，正金银行的押汇业务就已经紧跟着丝织品、生丝、陶器和茶叶等出口货物到美国、英国、法国，以及俄国的符拉迪沃斯托克（海参崴）。当时正金银行在海外根本还没有分支机构，只在纽

1 / 横濱正金銀行編『横濱正金銀行史』（東京：坂本经济研究所、1976）附録甲卷之1、第14號之1·2·3、頁63-70。

约一地有派驻人员而已，所以在海外部分的银行事务便落在日本公使领事馆和贸易事务官厅身上，有时外交人员还需要代管正金银行的驻外人员。[1]

对于出口货款的回收，大藏省更不断增强管理，规定向正金银行借款的出口商在货物出口时，必须将船运提单及保险单正本交予正金银行，再由正金银行寄给船运目的地的驻外日本领事，驻外领事受大藏省训示保管该等单据，等待外国收货人以货款来交换提货单。遇上以远期票据来担保提货的话，更要监察票据到期时是否能兑现，不能的话，领事需要发送电报回日本通知国债局及正金银行；万一出现坏账无法回收货款时，领事还需要在当地做出指示，追回货物，并安排转售或拍卖，然后将有关套现抵债的结果及时通知在日本的国债局和正金银行。所以，在正金银行初期的海外实务工作中，外务省驻外人员承担了非常重要的部分。[2]

政府为了尽快扶持起正金银行，不但投入巨额资本和营运资金，且动员相关部门支持其海外工作，目标当然不是为了单纯的商业投资回报，而是利用正金银行去

1 / 正金 1880 年第 2 回「半季實際考課狀並諸報告表」橫濱正金銀行編『橫濱正金銀行史』（東京：坂本經濟研究所、1976）資料卷 1。
2 / 1882 年 2 月「外國兌換金之處理規定」第 3 條、3 月 17 日「外國爲換取扱ニ付駐外領事ヘ訓條」第 2・7・8・9 條、橫濱正金銀行編『橫濱正金銀行史』（東京：坂本經濟研究所、1976）附錄甲卷之 1、頁 141–142・144–146。

打破外国银行在贸易港的独占现状，取得宝贵的外汇来达成一系列国家计划。故此，不难明白其监管制度的焦点主要不在一般股东权益和投资回报上，而是落在政府资金的运用和对正金银行业务的操控之上。

长驻监管失败，特权董事出台

正金银行开业以后，大藏省派出管理官长驻正金银行，事无大小皆参与的监管方法在执行不到两年中遭到连串打击，管理官制度不但未能如愿监督到正金银行日常大小事宜，更使官员难以从业务失误的责任漩涡中洗脱出来。既然以"官"的垂直监管效果不佳，政府开始动脑筋，揣摩如果卸下官样，"民"一点又是否可行？虽则自古官民有别，深入人心，但是在明治这样的大时代，很多既定规条都有可能被冲击至模糊化或受到重新界定。事实上，政府在正金银行的身份与定位是创业初期两者关系中的一个灰色地带，政府以大藏省名义持有三分之一的股份，究竟是否就相等于正金银行的合法股东？

根据正金银行成立所依据的《国立银行条例》第29条："……大藏省官员、其他官员及与此银行事务有关者皆不可成为股东。"[1] 于正金银行而言，与其银行事务最有

---

1 / 1876 年「國立銀行條例」第 29 條、內閣官報局編「法令全書」册 11。

关者莫过于大藏省也，既然大藏省官员不可成为股东，那么大藏省又是否可以？当时法例指的只是"自然人"，因为 1872 年《国立银行条例》原案才首次将"有限责任股份公司"这种制度导入日本，政府只想匆匆利用此制度来成立银行，以应急用。当时的法例下，在日本的有限公司组织便只有银行，甚至还未开始将制度推广至银行以外的公司组织，更遑论考虑自然人以外的"法人"股东，故而在法例上究竟持股的大藏省能否成为正金银行的合法股东，这是一个未明确的模糊地带。

撇开法律定位，政府在创业初期，选择了作为"官"的超然地位，无形中自动放弃了股东身份以及作为股东的权利，包括没有派出人员竞逐董事和行长的管理人职位，每次股东大会只会派出管理官出席监督，而不是以股东身份名正言顺地投票。业务监察上，政府选用官僚式的管理官制度，进驻正金银行，直接参与；有需要时甚至利用影响力和直接指令的方式，像大藏卿与正金银行管理人之间的直接文书往来，又经常与正金银行行长及董事面谈，直接谈论经营上的利害与实际操作上的问题等。[1]

不但政府没有当自己是股东，正金银行的管理人大

---

1 /「1882 年 1 月 8 日株主臨時總會決議錄—頭取中村道太氏演說」橫濱正金銀行編『橫濱正金銀行史』（東京：坂本経済研究所、1976）附錄甲卷之 1、第 23 號、頁 136。

概亦不敢将政府作为股东看待。在正金银行成立初期，一些数据反映政府在正金银行的暧昧地位，例如《国立银行条例》规定所有银行必须将总资本的八成金额用来购买政府金元券公债，此举是为了维持政府公债价格。[1]正金银行创立时的总资本额是 300 万日元，政府占三分之一，民间占三分之二，按例应购买 240 万日元的公债，但正金银行当时只购入了 160 万日元公债，相当于民间股东资本金 200 万日元的八成，而并非以包括政府在内的总资本额 300 万日元来计算。

另外，正金银行也对大藏省的身份采取含糊态度，在最初三期结算报告内记载的股东名录中，大藏省的一万股虽然排在第一位，是最大股东，但是却不计算入股东总人数中，名录的总股东数就是少了大藏省一份。这情况直至大藏卿特意向正金银行提出"政府也是股东"后，第四期结算报告才开始将政府计算入股东人数之内。[2]

这句"政府也是股东"来自新大藏卿松方正义，他在 1881 年 10 月上台后随即进行著名的"松方财政"政

---

1 / 1878 年 10 月 1 日『國立銀行條例』修訂第 18 條、內閣官報局編『法令全書』冊 13。

2 / 结算报告中的总股东人数：第一期 282 名、第二期 637 名、第三期 701 名，政府都不在内。第四期 704 名开始计入，之后亦同样。1880 年 6 月至 1881 年 12 月第 1 至第 4 回正金「株主姓名表」横滨正金银行编『横濱正金銀行史』（東京：坂本経済研究所、1976）資料卷 1。

策，[1] 加快吸收海外银币作为货币改革的储备；为配合改革步伐，松方有感需要对正金银行加强管控，开始插手正金银行管理层。首先从基本组织上着手，密令正金银行修改公司章程。

中村道太行长在 1881 年底正式将大藏省计算入股东名册总人数后，翌年 1 月召开临时股东大会报告："大藏卿召集我等董事做出当面指示：诸如本行贷借交易，全部委托予董事们适当地处理亦无妨，但是于政府而言，到底已托付出资金参与其中，总不能置诸不问。因此，谋今之计，宜以政府为本行股东之主义，废除以前的管理官，另置三名特选员于董事成员之内。"[2]

大藏卿的一句话，亲自确立政府在正金银行的股东定

---

1 / "松方财政"是指松方正义任大藏卿时的财政政策。松方之前任为大隈重信，大隈在任时对于当时纸币兑换银币不断贬值的通货膨胀情况，认为是市场上银币的供应量不足所造成的，于是采取增加银币供应政策，结果情况更坏。1881 年大隈下台后，接任的松方正义对大隈的方针严加批判，并推行经济紧缩政策及整顿纸币制度，计划逐步回收和注销以前发行的各种不可兑换纸币、增强金银贮备，以至最后达成发行可兑换纸币的目标。松方利用正金银行去吸收贸易交易中的银币，充实贮备，并在 1882 年创立中央银行——日本银行，1884 年 5 月颁布《兑换银行券条例》，发行可兑换纸币。参见：山本有造《明治维新时期的财政和通货》，梅村又次、山本有造编，历以平监译，《日本经济史 3 一开港与维新》（北京：三联书店，1997），第 169—173 页。
2 / 「1882 年 1 月 8 日株主临時總會決議錄一頭取中村道太氏演說」横濱正金銀行編『横濱正金銀行史』（東京：坂本経済研究所、1976）附錄甲卷之 1、第 23 號、頁 136。

位，其治理地位表面上从"官"的居高临下姿态"降格"至"民"的角度，目的当然是想取回作为股东应有的权利。正金银行行长向股东们传达大藏卿的当面指令，在官命底下，议案顺利在民间的临时股东大会上通过，对管理组织做出重大改动，为使政府能以股东身份派出代表，直接参与经营管理，议案修订公司章程，做出如下主要改动。

第 49 条特别规定：

- 董事人数从"五名以上"变为"固定为九名"，其中三分之一由大藏卿选任，成为官委董事，代表政府行使其股东权利。

- 旧章程中没有记载政府投票权一项，新章程规定政府可以一如其他股东，按其持股数拥有 68 票权，三名官委董事各分配得 22、22、24 票权。

- 官委董事与其他民间董事拥有同等权利，可被选为行长、副行长或店长之职。

- 官委董事无须受到其他民间董事般的限制，本身持股与否并无关系，打破了《国立银行条例》中管理人必须是股东的规律。

- 大藏卿可随时改选及调动官委董事人选。[1]

1／「1882 年 1 月 8 日株主臨時總會決議錄」横濱正金銀行編『横濱正金銀行史』（東京：坂本経済研究所、1976）附録甲卷之 1、第 23・24 號、頁 133–135・138。

大藏省任命的官委董事在正金银行执行权责包括代表大藏卿评议银行一切要务；对于行长、副行长和店长职位有选任和当选的权利；参与定期及临时会议时，拥有大藏省持股部分的发言投票权；董事会议内要按一名董事一票的规则议决，并定期向政府报告议决内容与银行营业实况等。[1]

政府吸收以前管理官制度的漏洞教训，不再以"官"的形式坐守正金银行，等待董事们提请批准；官委董事的权责将会与民间董事一样，积极参与议决银行事项及决策业务方针，且为了保障政府权益，特别指定董事会内的表决权基准，是以一人一票，而非股东大会上政府票权递减的机制。

此外，官委董事人选方面，不一定需要委派政府官员，今后也可以从民间人士中选任。这个改变间接承认政府官员对银行事务认识不足，难以胜任监管之职，必须在民间广纳人才，委派合适人士担任官委董事。

表 2-2　正金银行历任官委董事

任期（年／月）	姓名	前职
1882/1 ~ 1882/6	河濑秀治	劝业博览会事务官
1882/1 ~ 1885/7	村田一郎	三田制纸所副社长
1882/8 ~ 1883/3	白洲退藏	入口商社

1 /「大藏卿ヨリ選任セシ取締役ニ付與スル命令狀」横濱正金銀行編『横濱正金銀行史』（東京：坂本経済研究所、1976）附錄甲卷之1、第24號、頁138-139。

任期（年／月）	姓名	前职
1882/10 ～ 1887/7	相马永胤	东京初审法院法官
1883/3 ～ 1883/4	原六郎	第百国立银行行长

注：1887 年 7 月官委董事制度取消，相马永胤及原六郎分别于 1887 年 7 月及 1883 年 4 月被改选为民间董事。

资料来源：斉藤一曉『河瀬秀治先生傳』（東京：大空社、1994）、頁 226；筒井正夫「富士紡績株式会社設立に至る企業家ネットワークの形成」『彦根論叢』号 384（2010 年）、頁 44-58；專修大学相馬永胤伝刊行会編『相馬永胤伝』（東京：專修大学出版局、1982）、頁 182；板澤武雄、米林富男編『原六郎翁傳』（東京：原邦造、1937）下卷、附錄年譜。

这次章程修订不只是替政府取回股东"应有"的投票权，更进一步将政府的股东地位特权化，并明确制定在章程内。修订后"也是股东"的政府处处享有特权，原本董事是经过股东大会选举，由票高者当选，如果政府行使股东权利，也只能是派出代表到股东大会上竞逐董事席位，现在政府表面上取回其应有的股东权利，占三分之一股份，获得董事会内三分之一席位，似是对等，但实际法定上，政府只有 68 票权，却跳过了正金银行最高权力组织的股东大会和拥有 7568 票的民间股东，没有经过股东选举而直接取得三名官委董事席位。[1]

---

1 / 根据 1881 年 12 月 31 日正金《株主姓名表》计算，连大藏省在内，股东共有 704 名，总投票权为 7636 股。横濱正金银行编『横濱正金銀行史』（東京：坂本経済研究所、1976）資料卷 1。

正金银行本该依从《国立银行条例》组织经营，但政府不但将正金银行与条例间的距离拉开得越来越远，更领头破坏此条例的有限公司制度精神，漠视公司章程对股东的契约意义，跳过股东大会选举过程强占了董事席位，安插特权董事进入董事会。当初一手推动正金银行创立和引荐中村行长等创业元老的明治思想家福泽谕吉就此事狠批政府的做法，说正金银行一开始是以私立银行形式成立的，依据条例设定公司章程，按规定股东的股数与票权比例要成反比，股数越大，票权比例越小，这是为了均衡股数之权与人数之权而得出来的做法，乃当时银行通法，政府不该违反公司章程的精神。[1]

政府取回以前放弃的 68 票权，却在董事会上强占了三分之一席位，表面上是取回相当于其三分之一股份比例的席位，实际上违反了法例规定和公司章程的精神。政府下命令修订的内容将法例与章程中的投票权、董事选任程序以至股东大会都置诸不顾，名为提出"政府也是股东"，实为特权霸占，超出了法例规定股东应有的权益。

获得地位特权化的不只是作为股东的政府，更惠及官委董事，他们除了不需要具备股东资格外，也不受条例管制。《国立银行条例》规定所有银行行长和董事在上

1 / 福沢諭吉『福沢諭吉全集』（東京：岩波書店、1963）卷 20、頁259。

任时必须提交誓约书，在所属地方长官面前宣誓会忠诚执掌银行职务及决不违反条例规定，将银行管理人置于条例的罚则之下，包括违反条例而引致股东或其他人损失时，需要负上赔偿之责；在发生亏空挪用、伪造账目、欺诈等事件或假借银行名义谋私利者须依国法处分等。[1]

这些银行通法的罚则都不能约束到正金银行的官委董事，为了豁免他们不受条例管辖，解决修订章程与现成银行条例冲突的部分，政府以下达命令的形式，由大藏省发出特别通知正金银行所在地的神奈川县政府，着令正金银行官委董事无须同其他正金银行董事一样递交誓约书。[2]

新行长算旧账，添摩擦增分歧

政府在增加特权之时，亦开始对正金银行业务决策施行问责制，责令今后押汇业务上的损失将由银行承

---

1 / 1876 年《国立银行条例》的《国立银行成文规则》第 56 条规定银行行长和董事提交的誓约书内容，宣誓决不违反条例内容。而条例第 10 章注明行长及董事在职务上的禁制事宜与罚则，其中第 84 条，在违反条例而引致股东或其他人损失之时，需要负上赔偿之责；第 85 条，在发生亏空或挪用、伪造账目或报告书、欺诈等事件时，依国法处分；第 87 条，假借银行名义谋私利者依国法处分。『國立銀行條例』之『國立銀行成文規則』內閣官報局編『法令全書』冊 11。

2 / 1882 年 6 月第 5 回「半季實際考課狀並諸報告表」、橫濱正金銀行編『橫濱正金銀行史』（東京：坂本経済研究所、1976）資料卷 1、頁 5-6。

担。[1]1882 年 7 月中村道太被逼辞职后，董事成员互选出总行原任副行长兼本店长的小野光景为第二代行长，不过，民间股东与政府间的摩擦并没有因为撤换行长而有所改变，反而愈演愈烈。

第二代行长小野对经营责任上的看法其实与前任行长没有多大分别，认为之前出现的坏账是紧跟政府政策经营产生的，即使政府下令改变政策，也不可能以一刀切的方式处理，必须容许一个过渡时期。小野光景曾任职地方行政人员，负责贸易商人事务，后来自己也成为横滨生丝贸易商，商贸经验丰富。[2]

小野眼见新政策罔顾市场困境，他提醒政府当初政策原是鼓励商人往外发展，属奖励之意，现在如突然改变方向，执行过严，只会逼使商人断然将抵押中的货物在市场上抛售来抵债，恐怕冲击到整体市场价格，带来

---

1 / 1882 年 2 月政府下令在正金银行基本外汇业务上，改用新的《外汇用资金处理规定》，取代以前的《特别存款运用规定》，新规定第 6 条："凡决定押汇业务时需经过银行董事之会议，尤其在此会议上注意借款申请人的营业情况及内外市场之景况等来进行诠议，并将决议经过申报大藏省，但是，此兑换业务若发生损失时，赔偿之责任在银行。"「外國為替金取扱規程」第 6 條、横濱正金銀行編『横濱正金銀行史』（東京：坂本経済研究所、1976）附錄甲卷之 1、第 25 號、頁 143。

2 / 横浜開港資料館編『横浜商人とその時代』（横浜：有隣堂、1995）、頁 147–148。

难以估计的损失。[1]他建议应逐步执行，待旧制下的债务偿还完毕后再施行新制，且新债业务方面也需要宽松处理，在货物出口到外国后，容许部分货主和直接出口商先交货，后收货款，给予一定的赊账期限。[2]

政府虽然下令于1882年3月1日开始施行新制，但实际上到了11月，正金银行仍就延续旧制和施行新制的处理方式与大藏省不断讨价还价。与此同时，改制一事引起正金银行经营状况停滞不前，小野行长上任后当期的营业收入比上期跌了21.5%，比上年同期更是下降了25.2%。由中村行长被逼辞职到业绩顿挫，原本指望在政府庇护下多有得益的民间股东，在风闻正金银行与官方关系有变后，产生混乱与慌张。小野继任半年之内，正金银行股价持续下挫，已跌破100日元的面值，最低曾见79.17日元，对正金银行失去信心的股东纷纷选择卖股离场。[3]

本来一心以为跟随政府指令经营，倚仗其庞大资金

---

1 / 1882年7月28日「小野行長致署理國債局長大藏少書記官橋本安治之信件」、武田晴人編『橫濱正金銀行マイクロフィルム版』（東京：丸善、2003）第1期、卷G-001、頁564-566。

2 / 1882年12月26日「小野行長致松方正義大藏卿之信件」、武田晴人編『橫濱正金銀行マイクロフィルム版』（東京：丸善、2003）第1期、卷G-001、頁614-616。

3 / 1882年6月至12月「株式賣買讓與ノ事」、在橫濱正金銀行第6回「半季實際考課狀並諸報告表」、頁60。橫濱正金銀行編『橫濱正金銀行史』（東京：坂本經濟研究所、1976）資料卷1。

支持，正金银行可以安稳地收取无甚风险的息差，现在一下子变制，使一众股东尤其是身处管理位的头领对继续依赖政府的前景感到不安，计划谋取自主经营，不想再受到政府规限，于是先从资金入手，开始与政府"算旧账"。

正金银行是根据《国立银行条例》批准成立的，按条例规定所有银行都需要将八成资本金用来购入政府公债，此举是为了维持政府公债的市场价格；银行将购入的公债抵押给政府，换取发行银行纸币的权利，发行金额相等于抵押公债的金额，再加上剩下的两成资本金，便是银行基本的经营资金。[1] 正金银行成立时，也依例购入 160 万日元金元券公债抵押予政府，但是政府并没有依例批出纸币发行权，而只是加入了 100 万日元银币的资本金。

如果撇开其他政府提供的方便与特权，单纯从资本

---

1 / 1876 年《国立银行条例》第 22 条：

遵奉本条例之银行在完成集合资本金手续后，可取得上缴公债同额之银行纸币，此交换准备金之比例如下。

以十万元资本金创立之银行为例，其中之八万元部分，以购入价八万元等值之四厘或以上附息公债上交出纳寮（出纳课），便可从纸币寮领取八万元之银行纸币。其中之二万元部分，应以货币形式存放在银行，作为交换银行纸币之准备。

但需要按本条例第 30 条记载之规定，在集合资本金时根据上述之比例进行公债与银行纸币之交收手续。

『國立銀行條例』內閣官報局編『法令全書』冊 11。

金数字来计算，其他国立银行以八成资本金的公债换取同额的纸币发行权，等于有 100% 资本金在自己手中可以运用；但是正金银行民间股东的 200 万日元股本，在抵押了 160 万日元公债后，只剩下 40 万日元在手，即使加上政府加入的 100 万日元股本，也不过是 140 万日元的可运用资金，连总资本金 300 万日元的一半也不到。所以，正金银行的经营一直依赖政府额外资金支持一事，在股东眼里看成是理所当然，更何况背负执行国策的任务，政府提供资金简直是责无旁贷。

正金银行开业以后，政府以低息提供资金，最多之时达到 400 万日元的额度，超过了资本金总额，更远远超过正金银行在抵押公债上"吃亏"的 160 万日元，股东方面当然不会有异议。但是，现在情况有所改变，政府提供的额外资金既严格限制又多，使正金银行眼看商机临门也不能行动，还比不上其他银行，可以全额利用自己的资本金去自由经营。所以，股东之中开始异议丛生，有提出不如官民分离，恢复纯粹民间的商业机构，也有提出不如平稳地解散正金银行，取回投资本钱。这些倡议是盯着起码可以取回无偿抵押中的 160 万日元巨款而来的。

在股东们闹得沸沸扬扬下，1882 年 11 月，小野行长率领全体董事携请愿书向大藏卿面陈，请求将正金银行押在政府的 160 万日元公债抵成同等金额银币，"借回给正金"。请愿书内容直指当初招股时，是以银币来募集股本，但是为怕一时间募集银币的金额过大，会影响市场兑换价，才将八成股本改为以纸币支付；而为了配合国策需要减少市面上纸币数量，这八成纸币股本悉数用来购入政府金元券公债，抵押给政府。

董事们更搬出当年前任大藏卿曾有言，他日正金银行在营业上遇到银币供应困难时，可以利用该批公债抵押，向大藏省借出同额银币；现今正是出现了当初所言的困难时刻，银币短缺使正金银行未能应对一众交易的需求，不得已要将面额 160 万日元公债抵押予政府，借取同额银币，不但方便众客户，亦达致正金银行全体人员的要求。[1]

正金银行民间股东出动全体董事重提往事算旧账，取态强硬，但请愿结果落空，大藏卿并没有批准其请求，而正金银行也随即对政府指令采取不合作态度。当时正值需要对朝鲜政府进行一笔 17 万日元的长期贷款，正金银行向政府表示"因为现在金融紧逼，本行当前亦困乏余资"。最后只好由大藏省出资，以年息 4% 借出该笔款项予正金银行，再由正金银行出面以年息 8% 转借予朝鲜政府，正金银行在中间除了收取 1% 息差以外，其余 3% 息差亦存放于正金银行，作为此次的差旅费及政府指派用途上。这笔交易掀开了政府密令正金银行向外国政府

1 ／ 1882 年 11 月 16 日小野光景行長致大藏卿松方正義之「銀貨御貸下願」、横濱正金銀行編『横濱正金銀行史』（東京：坂本経済研究所、1976）附録甲巻之 1、第 30 號、頁 154-156。

贷款的序幕，也成为后来正金银行负起的国策任务之一。不过正金银行只是出面，并没有实际出资，背后都是政府出的钱。[1]

是年年底，正金银行在处理第六期结算中，只是记载了过期未回收贷款 76792 日元。小野承接前任行长的做法，也没有做出任何撇账处理，只是不断向政府申请延长客户还款期限，使该期账目结算出来纯利 140608 日元，足以向民间股东派发年率 8% 的股息，比前两期只稍降 1 个百分点。[2] 结果在定期股东大会前的董事会上，利润分配议案再次引发官民两方代表对抗。

在第一代行长中村道太任期的最后一个财务期，政府安插了三个官委董事席位，但当时只来得及委任出村田一郎一人，另外两席仍悬空。在中村行长主持离任前最后一次董事会内，董事们对经营前景不佳和隐蔽呆账下的利润分配案发生争议，结果会议上，官委董事以一票反对去抵抗民间董事的六票赞成，孤掌难鸣之下，通过了派发和前期一样年率 9% 的股息的议案。

---

1 / 1882 年 12 月「朝鮮政府ニ貸付ニ付願」及「朝鮮國政府ヘ貸付金取扱方内規約」横濱正金銀行編『横濱正金銀行史』(東京：坂本经济研究所、1976)附錄甲卷之 1、第 27 號之 1・2、頁 149–152。

2 / 1882 年 6 月 30 日「横濱正金銀行實際報告表」横濱正金銀行編『横濱正金銀行史』(東京：坂本经济研究所、1976)資料卷 4。1882 年 12 月第 6 回「半季實際考課狀並諸報告表」横濱正金銀行編『横濱正金銀行史』(東京：坂本经济研究所、1976)資料卷 1。

到了第二代行长小野光景上任后，政府马上派出白洲退藏、相马永胤填补两名官委董事的空缺，赶上小野任内第一次派息的董事会议。当时，三名官委董事异口同声地认为账目处理不妥，应将不能预期回收的部分转入坏账项目内，并减少利润分配和增加拨充准备金，不能再次于严重坏账危机下派发股息。不过，即使三名官委董事出席，以集体行动去阻止，民间董事却没有人同意，在"民"六票对"官"三票之下，仍然通过原案，派发年率 8% 的股息。[1]

事情至此，政府已清楚知道在现制度的管理层构成下，根本操控不了正金银行，由中村到小野，政府尝试过不少方法，从管理官监察、官委董事直接参与决策到大藏卿的密令、当面训示等，种种方式都不能使正金银行完全依照政府意愿行事。正金银行根据《国立银行条例》成立，内容纵然有很多不适用之处，但条例赋予公司组织的基本结构在明文规定下受到保护，足以支持民间管理人利用章程提供的权力和程序，去对抗来自政府的压力。

为了实现取消不平等条约的国家目标，政府寄望藉着正金银行回收流向海外的银币，解决面前的金融难题，

---

1 /「1883 年 1 月 6 日取締役會決議錄」横濱正金銀行編『横濱正金銀行史』（東京：坂本経済研究所、1976）附錄甲卷之 1、第 31 號、頁 156。

故而在正金银行创立初期，政府将学习西方有限公司制度上所需要的工具一一导入正金银行内，包括《国立银行条例》下的公司章程和规则；然而在实践中，这些条文工具有时反而成为政府施政的障碍，逼使政府为了达致目的，开始偏离自己制定的法规。

第三章 试练游戏规则：对弈与调适

　　日本学习西方文明，是以实业经济为先，政治上却迟疑未决，引发自由民权运动，推动政治改革。[1]1881 年 10 月，参议大隈重信一派被撤，他是当初促成正金银行创立的重要人物，同时明治天皇下诏 10 年后开设国会，实行立宪制，为了整备好法治国家的法制体系，开始着手宪法、民法和商法的草拟工作。

　　外交上，为修订不平等条约谈判制造环境条件，外务卿井上馨努力提倡欧化政策，劝民食肉穿洋装，推广

---

1 / 自由民权运动是明治初年围绕着制定宪法、开设国会、言论自由等的政治运动，有学者按主要支持的参与者将其分为争取士族民权、豪农民权和农民民权的阶段。堀江英一「自由民権運動の展望」、收入歴史學研究会編『歴史與民衆：歴史学研究会大会報告 1955 年度』（東京：岩波書店、1955）、頁 253–265。

学习罗马字，导入西洋音乐教育和鼓励创作合乎新文明国家的艺术，更对贸易开港里外国人眼中的"未开化"风俗习惯加以行政罚则取缔。而最为闻名的便是挪用本来属于法庭建筑费的预算去建造了鹿鸣馆，作为接待国宾及外交官的宴会场所，在使用西餐餐具、享用牛排、穿着西服和举行西洋舞会中展示近代化的外交手法。可惜，鹿鸣馆时代的欧化政策只持续了短短四年便以失败告终，与列强就不平等条例修订的商议却仍在讨价还价中，未有成果。[1]

大藏卿松方正义上台后的新财政政策是紧缩经济，增加针对农民的税收，减少政府开支，将市面过量流通的纸币回收，目标是充实纸币发行的准备金比例，实现银本位货币制，并于 1882 年创立日本银行，准备将其作为发行纸币的中央银行。这一系列政策背后关联到正金银行的外汇业务，因为需要吸收大量银币，在增强储备后，始能实现可兑换纸币的发行。

正金银行工作的成败是松方财政计划中一个重要环节，甫开业三年便被坏账拖累到破产边缘的正金银行，在集中发展业务和辅助政府前，必须先安顿好内部，尤其是解决各利益相关者间的矛盾与冲突。

正金银行经过三年摸索期，政府、股东与管理人对于

---

1 / 犬塚孝明「鹿鳴館外交と歐化政策」明治聖德記念学会編『明治聖德記念學會紀要（復刊第 48 號）』（東京：明治聖德記念学会、2011 年 11 月）、頁 33-51。

《国立银行条例》下的有限公司制度在实际营运时产生的问题开始有所认识。此有限公司制度的主要利益相关者是出资股东、作为股东代表的管理人及提供法律环境与执行监察的政府。拥有三分之二民间资本的正金银行，在本质上是商业机构，依据的条例内容亦是将谋取股东营利作为成立目的。[1] 成立时募集到超额的民间出资也侧面证明投资者对正金银行的意愿——正金银行拥有追求营利的性质。[2]

另外，政府投入资金和人力去培养正金银行是希望其成为对外金融国策的试行者，民间股东的权益及投资回报方面并非其关注焦点所在。在绵密的表面监管下，政府期待股东们会承担始创期的坏账损失，不想派发股息，使本身也是股东的管理人成了投资回报的"守护者"，与政府对抗。政府为达成国家目标，扶持正金银行成为面对国际的外汇银行，需要动用国库资金去支持其营运，必须确保正金银行受制于政府操控，于是政府开始部署取得正金银行的管理权。

明治政府一手移植进来的《国立银行条例》在当时是日本唯一的公司法，正金银行依法设立公司章程，以

1 / 1876 年改訂的『國立銀行條例』第 2 條記載「銀行事業經營的主旨是為一衆股東謀利益」。內閣官報局編『法令全書』冊 11。
2 / 斉藤寿彦「外国為替銀行の成立」、在『人間と社会の開発プログラム研究報告』（東京：国際連合大学、1983）、HSDRJE-88J/UNUP-489、頁 17。

契约形式规限了各方利益相关者的行为和权利，这是受到法律明文保障的，政府想进一步控制正金银行管理层，首先必须克服这重"障碍"。于此，政府自己动手摧毁条例及公司章程的规定，取缔了当时银行通法上从股东中选出代表来担任最高层管理的"股东管理人"方式，换上从其他途径招纳回来的"专业管理人"，以便更直接地操控正金银行；而对手的股东与管理人亦开始懂得游戏规则，也企图在条文容许的空间底下，找出与政府对抗的方法。

钻漏洞拆细股，增票权酿分离

在政府对正金银行日益积极的干预下，小野光景只当了半年行长，便决定不再参选连任董事，经过上次章程修订后，政府更不用避嫌，直接插手行长的选任。大藏卿原属意于正金银行神户支店长兼董事的深泽胜兴，准备将其提拔为副行长，予以实权改革正金银行。可惜的是，在一个多月前的 1882 年 11 月，为了向大藏卿讨回抵押公债的 160 万日元，小野行长将深泽从神户急召至东京，以示全体董事齐心施压。此行动完结后，深泽又要长途跋涉回去，谁料刚返抵神户后不久，在大藏卿知遇之恩下，深泽又带病匆匆赶返东京，结果连一次董事会也未能出席便病逝，打乱了大藏卿的部署。[1]1883 年 1 月小野行长退

---

1 / 横濱正金銀行編『横濱正金銀行史』（東京：坂本経済研究所、1976）、頁 44-45。

任，由官委董事白洲退藏接任为第三代行长，不过他只在任两个多月，是过渡时期的行长而已。

在当时正金银行官民对抗之际，白洲之所以能当上过渡期行长是因为在第六期定期股东大会上，宣布民间董事们坚持得来的 8% 股息后，小野光景、堀越角次郎和中村惣兵卫三名民间董事都不愿再参选连任，间接将行长一职拱手相让，但这并不代表股东们已放弃与政府抗争。

身为官委董事的白洲退藏上任第三代行长后不久，便受压向大藏卿发信，内容称"股东们一致协议，将本行抵押中的所有金元券公债卖给政府"。原来股东就目前的过期呆账打过算盘，除了现存累积准备金以外，如拿出政府股息部分和今后三年的准备金，金额已足以应付现有危机，即使上述呆账最后全部变成坏账，需要全额核销，也不会损耗到银行本身的营运资金。所以，股东们继续向政府施压，要取回成立时因配合国策而购入政府公债的资金，且语气更强硬，上次是以借款形式，继续抵押公债但以同额借款给正金银行，这次是卖断形式，要求政府回购全部公债。[1]

正金银行管理层内官民对抗的情况已经浮面，对正金银行前景的不同意见令股东间的分化加深，其中一派

1 / 1883 年 1 月 31 日白洲退藏行长致大藏卿松方正義書信、武田晴人編『横濱正金銀行マイクロフィルム版』（東京：丸善、2003）第 1 期、卷 G-001、頁 729。

安于现状，愿意继续跟随政府方针，以国际贸易金融为主；另一派多为大股东，富经验，有胆识，宁愿与政府割席，放弃其资金支持，做回一间普通银行，专攻国内借贷业务。这派主张官民分离的股东开始钻研公司章程，准备在股东大会上发难，投票议决夺回公司经营的自主权。

正金银行章程第 18 条及 22 条规定股东大会上需要评议和决定的事务，必须有全体股东的半数亲自或委托代理人出席方可启动，对决议事项进行投票时，则以多数者通过。[1] 任何一派想在大会上成功赢得议决的话，必须要稳握过半票数，包括出席者及委托代理出席者的票权。法例为了兼顾小股东权利，采取了递减制，持股量越多，投票权比例越少。正金银行的公司章程依照此原则，并且无论持股多少，单一股东的投票权皆设有上限，主张官民分离的一派既然主要为大股东，纵然持股数量多，但计算下来，手上票权却不足以过半数，所以部署计划要以智取。[2]

---

1 正金银行《章程》第 18 条：凡需要于股东大会上评议和决定之事务，如非在全体股东（本人或委托代理人）十分之五或以上出席的情况下，一切皆不可启动。第 22 条：凡于股东大会决议之事项，对其决议可否或同意、不同意之发言和投票时，以多数者通过。1880 年 2 月『横濱正金銀行定款』第 18、22 条、横濱正金銀行編『橫濱正金銀行史』（東京：坂本経済研究所，1976）附録甲卷之 1、第 6 號之 1、頁 22-23。

2 / 1880 年 2 月『橫濱正金銀行定款』第 25 條、橫濱正金銀行編『橫濱正金銀行史』（東京：坂本経済研究所、1976）附録甲卷之 1、第 6 號之 1、頁 23-24。

正金银行章程第 25 条：

> 各股东持有的股数在十股以内者，每一股有一个发言投票权，自十一股至一百股按每五股再增加一个，一百零一股以上每十股增加一个，至五百股为止，在此之上不再增加。[1]

在递减比例下，股数越多，其边际票权便会按比例缩小，所以最大的边际票权是十股以内的小股东，每一股便有一个投票权。分离派利用这个特点，部署持有较大股数者将手上股份分割，分开登记到其他人名下，变成多个小股东。例如原来一个大股东持有 500 股，只能得到上限的 68 票，如果分拆在 50 个小股东的名义下，各持 10 股的话，每人会有 10 票，总共有 500 票权。在同样的总股数下，能使原来的投票权扩大到七倍多。

在第一代行长中村道太被逼辞职和小野光景接任后的半年内，正金银行股票转让突然活跃起来，单是年底一个月的成交量已超过了上年全年的成交量。而且，正金银行的股票持有数出现了结构性转变，到了 1882 年 12 月底总股东人数增长了 49%，集中增加在持有十股以

---

1 / 1880 年 2 月『横濱正金銀行定款』第 25 条、横濱正金銀行編『横濱正金銀行史』（東京：坂本経済研究所、1976）附錄甲卷之 1、第 6 號之 1、頁 23-24。

067

第三章　試练游戏规则：对弈与调适

内的小股东，由上期的 428 名几乎倍增至 807 名，这部分小股东原来只占全体总投票权的 32%，现在却增长至 57%，成为投票时举足轻重的角色。

表 3-1　1880 ~ 1882 年正金银行股份转让记录

单位：股，日元

年月		成交股数		平均价
		月成交	总计	
1880 年	1 ~ 6 月		4415	100.00
	7 ~ 12 月		5765	101.10
1881 年	1 ~ 6 月		2218	122.51
	7 ~ 12 月		1793	127.61
1882 年	1 月	265		123.65
	2 月	194		119.87
	3 月	122		119.97
	4 月	181	2631	118.67
	5 月	896		125.19
	6 月	973		114.11
	7 月	43		112.63
	8 月	149		104.65
	9 月	234		105.65
	10 月	344	5947	94.65
	11 月	439		98.84
	12 月	4738		98.01

注：1880 年 6 月至 1882 年 12 月第 1 至第 6 回「半季實際考課狀並諸報告表」横濱正金銀行編『横濱正金銀行史』（東京：坂本経済研究所、1976）資料卷 1。

表 3-2　正金银行的股东人数及投票权结构——第五至七期结算

年／月	1882/6			1882/12			1883/6		
持股数	股东		投票权	股东		投票权	股东		投票权
	人数	比例	比例	人数	比例	比例	人数	比例	比例
1～10	428	59	32	807	74	57	335	63	27
11～100	262	36	50	252	23	33	175	33	36
100以上	39	5	18	29	3	10	21	4	37
合计	729	100	100	1088	100	100	531	100	100

注：从1882年6月至1883年6月第5至7期正金《株主姓名表》分析所得。横滨正金银行编『横滨正金银行史』（東京：坂本经济研究所、1976）资料卷1。

正金银行章程规定在股东大会上，一般议决是以过半数便可通过，如果达到三分之二赞成的话，甚至可以通过将正金银行结束营业。[1] 虽然《章程》亦规定大会通过结束营业的决议后仍需得到大藏卿的最后认可，但收到风声的政府总不会坐视不理，等这种乱局出现后，才

---

1 / 正金银行章程第47条：经本银行三分之二或以上股东协议，取得大藏卿之承认下，可平稳解散。解散手续应全部遵奉国立银行条例而行。1880年2月『横滨正金银行定款』第47条、横滨正金银行编『横滨正金银行史』（東京：坂本经济研究所、1976）附录甲卷之1、第6號之1、頁29。

在群情汹涌下再出来加以否决，收拾残局。面对民间股东处心积虑部署的计划，政府必须尽快采取对策救亡。

《国立银行条例》下的股东投票权随持股数增加而递减的规定，原意是为了平衡股东的持股数与人数的权利，使决定权不会侧重于大股东的少数人一方，以免损害到人数多但占股少的小股东权益。但是部分大股东却利用股份分割的漏洞，假装成小股东，变相增加了大股东的话语权，以图操控决议的通过。

迅雷回购股份，违章空降行长

在民间股东积极部署的同时，政府也是马不停蹄，希望赶在股东发难前瓦解其行动。在派遣管理官及官委董事等方法都未能奏效后，政府意识到要能操控正金银行，最直接无误的方法便是再加一招——由政府指派行长。大藏卿原意从现成董事中提拔神户支店长深泽胜兴，授以实权改革正金银行，可惜深泽未能履任便病逝，不得已委任官委董事白洲退藏做了两个多月过渡期的第三代行长。

在扩大人选范围后，政府终于物色到曾留学英美攻读银行与金融学的第百国立银行行长原六郎，并于1883年3月22日委以重任，空降入正金银行，成为第四代行长。为了实现金融改革，利用正金银行回收出口贸易中的银币，政府必须确保正金银行不会被民间股东解散，否则过去几年的悉心培养便白费了，于是开始着手为新行长做出种种部署。

首先，正金银行自成立后一直由股东代表担任行长之职，无论是法例或章程都有此规定，如何能使新行长顺利空降，掌控正金银行，必须先扫除异见股东的障碍，政府不得已动用最后一招——出手回购股份。在连番拒绝股东的声请和胁迫后，政府展示的强硬态度令正金银行股票遭到大量抛售，大藏省随即以其属下国债局局长石渡贞夫名义全部回购，每股作价 109.8 日元，比当时一度跌破一百日元股票面值的市场价格稍高。

回购股份行动是在安插原六郎入正金银行的同时进行的，并于 1883 年 4 月 9 日一天之内全部登记过户，总共 6414 股，达民间股份 20000 股的 32.07%，再加上大藏省原有的 10000 股，已稳握正金银行过半数股份，足以对抗持有异见的股东。[1]

政府这次迅雷不及掩耳的回购行动，再次触动灰色地带。创业时，正金银行章程没有跟从《国立银行条例》加上"大藏省之官员及其他官员与此银行事务有关系者不得成为股东"一项，当时政府以"大藏省"官厅名义持股，今回则用"国债局局长石渡贞夫"名义回购，国债局是大藏省的部门，与正金银行事务有紧密关系，政府与正金银行间的贷借款管理便是由国债局负责的，如

1 / 横濱正金銀行編『横濱正金銀行史』（東京：坂本経済研究所、1976）、頁 48。

此密切的关系者竟然成为股东。值得注意的是持股名义不是"石渡贞夫"，而是加有职衔在前，以示政府代表与个人身份之别。即便如此，银行条例的禁则没有落实到正金银行章程中。章程中虽然没有，但管辖条例内是明确记载着的，故而政府回购是否属于违反法例的行为，又是一项疑问。[1]

在回购股份和扫除异见的障碍后，政府可以无所顾忌，对正金银行管理层大刀阔斧地改动，包括违反章程规定去确保原六郎接任行长。原六郎是在1883年3月22日辞任第百国立银行行长之职，并于同日获得大藏卿任命为正金银行官委董事。当时正金银行董事会成员有现任的三名官委董事和五名民间董事，另加上深泽胜兴去世后遗缺的一名民间董事席位，总共九席。由于民间董事必须经由股东大会投票选出，所以只能腾出一个官委席位予原六郎，3月22日大藏省免去白洲行长的官委董事职位，让位予原六郎出任。

按《章程》第8条，行长是从董事成员中互选出来的，所以行长必然是董事成员之一。身为官委董事的白

---

1 / 1876年『国立银行条例』第29条：遵守此条例之银行股东可按各自意愿持有股数，而且不论股东之族属与职务，一概按其所持股数拥有相等权利，银行营业之损益亦按其股数分享与承担。但大藏省之官员及其他官员与此银行事务有关系者不得成为股东。内閣官報局编『法令全書』册11。

洲行长在 3 月 22 日辞任董事之时，实已丧失担任行长的资格，理应同时辞任行长。但由于程序上原六郎又必须先上任董事，后才能召开董事会，再以董事互选方式出任行长，所以不能同时接任董事与行长两职。为免这个行长之位在接任空档期中骤生变故，白洲辞任董事后继续霸占行长之位，直到四日后 3 月 26 日的董事会议上才辞任行长，也实时在同一个董事会议中选出原六郎接任，并没有出现空档期，确保了政府旨意的落实，但程序上安排违反了正金银行的公司章程。[1]

如果将此情况与九个月前中村道太行长辞职事件相对照，更能显出政府偏颇的官僚态度。此一时彼一时也。九个月前中村不甘被政府逼令辞去行长一职，曾坚持要等到股东大会上请辞，当时官委董事村田一郎便以章程内容加以驳斥。村田从程序的角度指出行长乃董事互选出来的，所以该向董事会辞任，不必等到股东大会；而董事是由股东选任，方可拿到股东大会上请辞。可见官委董事对章程中的程序和细节十分了解，且懂得如何在合适时候为己所用；只不过在九个月后，立场倒转过来，是政府违反程序处理，官委董事当然噤声，不会提出质疑。这次不合程序的处理，后来在 1887 年修订新章程时被加以禁止，明确规定"即使是行长或副行长在职期间，

1 ／ 1883 年 6 月第 7 回「半季實際考課狀並諸報告表」橫濱正金銀行編『橫濱正金銀行史』（東京：坂本经济研究所、1976）资料卷 1。

如辞任董事或被除名董事之位时，也必须退任行长或副行长之职"，但这是后话了。[1]

至此，原六郎已成为官委董事的行长，但政府的目标只达成一半，下一步是使政府指派的行长成为"民间董事"的行长，去代表民间股东。

无奈投捆绑案，股东失管理权

原六郎在政府指派下于 1883 年 3 月 22 日空降入正金银行，四天后成为官委董事及行长，随即展开下一步，积极整理正金银行账目。4 月 25 日原六郎行长召开上任后首次临时股东大会，目的是公开呆账情况，大会上宣布可预见的坏账金额已达 107 万余日元之巨。出席的股东们对三个月前的大会记忆犹新，当时的结算账上才记录了未回收贷款 76792 日元和纯利 140608 日元，现在听到新行长宣布的数字，当然震惊不已。混乱中，新行长率先发言，谓明白此巨额损失要是请求股东再出资去填补的话，相信颇为困难，继而乘势推出早已准备好的解

---

1 / 1880 年旧章程第 8 条中，对行长退任的限制只是在"行长不能胜任或有三分之二的董事协议让其退任"的情况下。1887 年新章程第 37 条中，则加上"即使是行长或副行长的在职期间，如辞任董事或被除名董事之位时，也必须退任行长或副行长之职"。1880 年及 1887 年『横濱正金銀行定款』、横濱正金銀行編『横濱正金銀行史』（東京：坂本経済研究所、1976）附錄甲卷之 1、第 6 號之 1 · 第 70 號之 2，頁 20-21 · 323。

决方案。

方案提出将资本金从原来的银币单位改为纸币单位，由于当时银币兑换价高于纸币，只要将正金银行持有的银币资产兑换为纸币资产，便可在账面上利用兑换中赚到的差额来填补损失。"如此不用各位股东再出一分一毫的方案，相信一定不会不满足了吧。"原六郎更表示这次改正议案大体重点就是此项内容，"其他尽皆枝叶而已"，演说中并没有解释其他议案内容，只是将冗长的改正议案匆匆朗读出来后便进行表决。在巨额亏损带来的震惊下，股东们还没回过神来，一心只侥幸自己不需要再掏腰包，结果一致通过所有议案。[1]

从来魔鬼是在细节里。与这个"主要解决方案"一起捆绑的"其他枝叶"中，其实有重要的章程修订案在内，且一次修订了九条。议案通过后，董事成员从六名民间董事及三名官委董事减至四名民间董事及两名官委董事，总数由九名减至六名。[2]按理在缩减人数的变动下，应该会出现僧多粥少的现象，但结果正好相反，原来存

---

1 /「1883 年 4 月 25 日株主臨時總會ニ於ケル原會長演説」、橫濱正金銀行編『橫濱正金銀行史』（東京：坂本経済研究所、1976）附錄甲卷之 1、第 33 號之 2、頁 167–169。

2 / 章程修订第 7 条及第 49 条，董事人数由原来的"五人以上"（当时实际上有九人）改为六人，其中四人于定期股东大会中选举，其余两人为官委董事。橫濱正金銀行編『橫濱正金銀行史』（東京：坂本経済研究所、1976）、頁 52–54。及附錄甲卷之 1、第 33 號之 1、頁 162·165–166。

在的六名民间董事席位，在缩减为四名后，竟然还可以腾出一个空缺，等待原六郎填补上去。

是期现存董事是在刚过去的 1883 年 1 月定期股东大会上选举出来，六名民间董事成员是：小泉信吉副行长、木村利右卫门、神户支店长深泽胜兴、樱井恒次郎、村松彦七、鬼塚通理。按记录显示各人均已上任，并于 1 月 25 日依例向大藏省呈上董事誓词，总共六份。其后记录显示 2 月 1 日深泽胜兴病逝及 3 月 26 日小泉信吉辞职后，应该还剩下四名。[1] 但是，到了 4 月 23 日董事会议记录突然显示鬼塚通理辞任，[2] 正好能够赶及两天后的临时股东大会，让出一个民间董事的空缺，而在当期股东报告文件上却一反常态，完全没有记载这一名民间董事鬼塚通理的离职或动向。查实鬼塚在股份分割一役中，曾将手上 360 股转让出 200 股予 20 人，每笔交易都整好是 10 股，同样是单价 100 日元，说明在拆细股份来对抗政府一役中，他曾积极参与，可能因此招致如斯下场。[3]

1 ／ 1883 年 6 月第 7 回「半季實際考課狀並諸報告表」、橫濱正金銀行編『橫濱正金銀行史』（東京：坂本經濟研究所、1976）資料卷 1、頁 6・7・10。

2 ／ 1883 年 4 月 23 日董事会记录摘要、武田晴人編『橫濱正金銀行マイクロフィルム版』（東京：丸善、2003）第 1 期、卷 A-001、頁 264。

3 ／ 1882 年 6 月至 12 月「株式賣買讓與ノ事」、1882 年 12 月及 1883 年 6 月第 6・7 回「半季實際考課狀並諸報告表」橫濱正金銀行編『橫濱正金銀行史』（東京：坂本經濟研究所、1976）資料卷 1。

现在，一方面，鬼塚的董事席位有待补上；另一方面，将三名现任官委董事原六郎、相马永胤和村田一郎填进修订后两个官委名额的话，又会多出一人。于是修订完章程后即刻在股东大会上从三名官委董事中"选举"一人出来补缺民间董事席位，结果由原六郎当选。就在同一大会上他摇身一变，由官委董事变成了"民间董事"。[1]

正金银行的章程和规则都分别对民间董事的资格设有最低门槛，章程第7条规定民间董事的被选资格是必须持有正金银行股份50股或以上的股东；[2]而《横滨正金银行内部规则》（以下称《内部规则》）第46条规定董事是从持有100股或以上的股东中选举出来。[3]按当时的股东名录记载，三名官委董事中其实只有原六郎持有正金银行股份，其余两人都没有持股。[4]所以，如果说从三

1 ／ 1883 年 6 月第 7 回「半季實際考課狀並諸報告表」頁 4・15、橫濱正金銀行編『橫濱正金銀行史』（東京：坂本経済研究所、1976）資料卷 1。橫濱正金銀行編『橫濱正金銀行史』（東京：坂本経済研究所、1976）、頁 54—55。

2 ／ 橫濱正金銀行編『橫濱正金銀行史』（東京：坂本経済研究所、1976）附錄甲卷之一、第 33 號之 1、頁 162。

3 ／ 1881 年 8 月『橫濱正金銀行內部規則』第 46 条、橫濱正金銀行編『橫濱正金銀行史』（東京：坂本経済研究所、1976）附錄甲卷之 1、第 10 號、頁 45。

4 ／ 1882 年 12 月 31 日正金「株主姓名表」、1883 年 6 月「株式賣買讓與姓名表」橫濱正金銀行編『橫濱正金銀行史』（東京：坂本経済研究所、1976）資料卷 1。

名官委董事中"选举"的话，实际上符合民间董事资格的也只有原六郎一人，当时他已持有254股，不过是在空降入正金银行后才购足数量，显示出计划的刻意安排。

表3-3 原六郎当选民间董事前所持正金银行股数之变动

单位：股

年/月/日	购入	卖出	净持股数
1880/2/28	50		50
1880/3/10	20		70
1881/2/3		10	60
1881/6/6		8	52
1882/7/10	中村行长辞任		52
1883/1/10	小野行长辞任		52
1883/1/22		32	20
1883/2/22	15		35
1883/3/22	原六郎上任官委董事		35
1883/3/24	85		120
1883/3/26	原六郎上任行长		120
1883/3/27	20		140
1883/3/30	64		204
1883/4/19	50		254
1883/4/25	原六郎当选民间董事		254

注：1880年6月至1883年6月第1至第7回「半季實際考課狀並諸報告表」、橫濱正金銀行編『橫濱正金銀行史』（東京：坂本经济研究所、1976）資料卷1。

正金银行创立时规定先在股东大会上选举出董事，

作为股东代表去管理正金银行，但经过数次政府策划的章程修订和刻意安排后，现在由政府指派的原六郎终于成为代表民间股东的董事，而且当选时他已经是在任行长。

另外，从一开始就没有重视过手上投票权的大藏省，一直以从上而下的官僚身份，利用指令、密令、审批、面谕等手法去操控和影响正金银行管理层活动。这次发生有股东密谋分割股份来增加投票权之事件，敲响了警钟，使其明白即使身为政府部门，也不能轻视法例赋予公司组织上最高权力的股东大会，更不应轻易让出法定的投票权。有鉴于此，临时股东大会捆绑的"枝叶"章程修订还包括了取消 500 股投票权的上限。这原来是创业时由股东代表中村道太向政府提出的，当时的理由是为了避免将来大股东票权过多，会引起问题。现在作为最大股东的政府终于出来"引起问题"，取消限制，恢复《国立银行条例》原来的规定，不设上限。[1]

正金银行成立以后，政府持有 10000 股的投票权不断变化，开业初期只派出管理官到场监督，在不参与投票情况下等于是零票；到 1882 年 1 月大藏卿提出"政府也是股东"后，取回投票权，但当时仍然受制于章程规定上限的 68 票；1883 年 4 月取消上限后，变成 1018 票，

---

1 / 1876 年『國立銀行條例』『國立銀行正規』第 44 條、內閣官報局編『法令全書』冊 11。

占总票权 14%，呈几何级数飙升。[1]

此次原六郎口中的"枝叶"议案捆绑了重要的章程修订，将原来正金银行与股东间的契约精神破坏，正金银行不再依照条例和银行通法，从股东中选出管理人去代表全体股东经营，而是将政府指派的"民间董事"身份合法化。虽然表面上，持有三分之一股份的政府在定员六名的董事成员中只占对等的两名官委席位，但四名民间席位中的原六郎实际上也是官委入局，这样可以确保不会再像在第一代行长中村和第二代行长小野时，在议决派息的董事会上，官委董事对抗民间董事，两度出现大比数的一面倒败局。

在回购异见者的股份后，政府放手大举改动章程。原来选任行长的条文是"董事会中互选出来"及在"董事成员三分之二或以上的协议下可令其退任"，在此基础上，再增加"尤其大藏卿认为必要时可令其改选，又或特别指定人选也可"。这为日后指派行长开了绿灯，政府今后可以随时名正言顺地直接干预行长的人选问题，不需要再像安插原六郎时大费周章。[2]

1 / 章程修订之第 25 条及第 49 条、横滨正金银行编『横濱正金銀行史』（東京：坂本経済研究所、1976）、頁 52-54。及附錄甲卷之 1、第 33 號之 1、頁 163-164・166。「1882 年 1 月 8 日株主臨時總會決議錄」、章程修订之第 49 条第 5、横滨正金银行编『横濱正金銀行史』（東京：坂本経済研究所、1976）附錄甲卷之 1、第 23 號、頁 134-135。

2 / 章程修订之第 8 条、横滨正金银行编『横濱正金銀行史』（東京：坂本経済研究所、1976）附錄甲卷之 1、第 33 號之 1、頁 162-163。

此外，对于行长与董事权限中"新起的事项及其修订与废止、处理非常规出纳等事情"需经股东大会的决议方可施行一项，也予以取消，改为只是"事业的新办或废止等事情"才需要提交决议。这将以前需要股东大会通过的事项大幅减少，让管理人从股东手中取得更多更大和更自由的权力，并配套地增加对董事与职员的花红比例，从以前提取营业利润的 6% 增至 10%，使管理人的花红与利润间的关系扣得更密切。[1] 这一切准备都是为了调整正金银行的治理方向，在政府强势干预下，正金银行从股东中选出代表来管理的"股东管理人"时代被画上了句号，继而进入新的"专业管理人"时代。

开启专业管理，背弃股东权益

随着原六郎的空降，正金银行进入了专业管理人的新时代，与之前从现有股东中选出的代表相比较，从背景开始便大不相同。原六郎青年期崇尚尊王攘夷思想，参军成为勤王志士；明治初年留学美国和英国，修读银行及金融学；回国后，参与创立第百国立银行及东京储蓄银行，并出任行长。[2] 加入正金银行后，他不但处事手

---

1 / 章程修订第 30 及 39 条、横滨正金银行编『横滨正金银行史』（東京：坂本経済研究所、1976）附錄甲卷之 1、第 33 號之 1、頁 164-165。

2 / 内閣記録保存部局、国立公文書館藏『大禮叙位叙勲書類・原六郎略歷』、本館 -2A-042-00・昭 46 總 00511100。

腕不同，在利益考虑上也与以前的股东管理人相异。作为专业管理人，原六郎既需要政府在政策上支持，为正金银行开路护航；更重要的是，他空降入正金银行，孤身一人，乃无兵之帅，必须董事成员及职员相配合，才能施展抱负。故而想在正金银行站稳行长之位，首先要设法笼络人心。

在第一代行长中村在任之时，即使始创章程规定提取营业利润 8% 为董事及职员花红，但在第一次发放前，在定期股东大会上被认为过高，已将比率降低至 6%。[1] 原六郎行长上任后，为了避免当时大量呆账可能会出现巨额赤字，在股东大会上将职员的每月固定工资减低，改为增大花红的提取比率，从 6% 增长到 10%。雷厉风行改革的背后，原六郎并非只偏向股东而漠视自己与同僚的利益，相反地，新行长为董事与职员们准备了意想不到的见面礼。

政府为了排除股东中的反对声音，在 1883 年 4 月 9 日大手笔回购反对者的 6414 股，杜绝异见，并在两周后举行临时股东大会，顺利地通过了加强操控正金银行的章程条款，但这些只是政府一时的权宜之计，下一步是要找机会将股份卖出，抽回资金。[2]

---

1 / 1881 年 6 月第 3 回「半季實際考課狀並諸報告表」橫濱正金銀行編『橫濱正金銀行史』（東京：坂本経済研究所、1976）資料卷 1、頁 2。

2 / 藤村通監修『松方正義関係文書』（東京：東洋研究所、1981）卷 2、頁 190–191。

当初原六郎向大藏卿松方正义请求以国债局局长石渡贞夫名义回购股份时，曾预订条件，将来可用原价承接购回。[1] 结果，6414 股分四次在同年的 11 月 15 日，翌年的 1 月 11 日、12 日和 14 日，以原价每股 109.8 日元转到原六郎个人名下，随后便开始分批处理。[2]

原六郎首先处理第一批赎回的 1414 股，在完全没有征询股东意见之情况下，董事会决定将 570 股按职级配售予董事及职员，余数 844 股的处置方法则交由行长及本店长自行决定。[3] 从正金银行的股份买卖及转让记录中，可重组当时分配的大概情形，对银行内部人员的股份，除了少数零散售出外，主要是分开三次配售：第一次是基于国债局局长名义购入时的原价，在 1883 年 11 月 15 日开始以每股 109.8 日元售出 799 股；第二次是以每股 125 日元售出 313 股，主要集中在 1884 年 3 月 16 日；第三次是在 1887 年 5 月 30 日同一天内以 306.5 日元售出 240 股。

配售定价比同期售予他人的股价为低，例如第二次

1 / 横滨正金银行编『横滨正金银行史』（东京：坂本经济研究所、1976），页 48。

2 / 1883 年 7 至 12 月及 1884 年 1 至 6 月「株式卖买让舆ノ事」、在横滨正金银行第 8 回「半季实际考课状并诸报告表」、页 85—100。同第 9 回、页 78—98。横滨正金银行编『横滨正金银行史』（东京：坂本经济研究所、1976）资料卷 1。

3 / 板泽武雄・米林富男编『原六郎翁传』（东京：原邦造、1937）中卷、页 53—54。

以 125 日元配售之同一期间，原六郎曾于 4 月 11 日以 147.5 日元售出个人持股予行外人士；[1]第三次售出的价格是在 1887 年 5 月 3 日的董事会中决定的，当时出席的有原六郎行长及两名民间董事，会议决定以一股 306.5 日元售予行员。[2]但实际上会议前的 4 月 15 日原六郎才刚以 380 日元的单价售出了个人持有的 188 股予行外人士。由此得知，配售价格折让不少。

表 3-4　原六郎配售 1414 股之内容重组

转让日期 （年／月／日）	单价 （日元）	股数 （股）	承让人次	可核实之正金银行人员
1883/11/15	109.33	15	1	行员 1 人
1883/11/15	109.80	278	34	行员 11 人
1883/12/25	109.80	396	5	董事 4 人
1884/1/11	109.80	95	5	行员 4 人、董事 1 人
1884/2/6	109.80	30	1	
1884/3/16	125.00	295	48	董事 5 人、行员 15 人
1884/4/5	125.00	12	2	行员 2 人
1884/11/28	106.67	15	1	行员 1 人

---

1 / 1884 年 1 月至 6 月「株式賣買讓與ノ事」、在横濱正金銀行第 9 回「半季實際考課狀並諸報告表」、頁 86。1887 年上半季「株式賣買讓與姓名表」、横濱正金銀行編『横濱正金銀行史』（東京：坂本経済研究所、1976）資料卷 1、資料卷 4。

2 / 1887 年 5 月 3 日董事會議記録、武田晴人編『横濱正金銀行マイクロフィルム版』（東京：丸善、2003）第 1 期、卷 L-001、頁 146。

转让日期 （年／月／日）	单价 （日元）	股数 （股）	承让 人次	可核实之正金银行人员
1885/1/26	125.00	6	1	行员 1 人
1886/11/27	286.00	8	2	行员 2 人
1887/5/30	306.50	240	43	行员 19 人
合计		1390		

注：根据以下资料整理而成。1883 年 7 月至 1887 年 6 月「株式賣買讓奥ノ事」、在橫濱正金銀行第 8 至第 15 回「半季實際考課狀並諸報告表」橫濱正金銀行編『橫濱正金銀行史』（東京：坂本経済研究所、1976）资料卷 1。可核实之正金行员有：池田清、池田浩平、伊澤信三郎、伊藤銓一郎、大坪文次郎、角堅吉、川島忠之助、菊名芳治、草鄉清四郎、杉山藤三郎、高木貞作、巽孝之丞、德田利彦、戶次兵吉、豐間根繁吉、中井芳楠、長尾倉三、長鋒郎、中村錠太郎、鍋倉直、西卷豐佐久、日原昌造、平尾東三、松尾吉士、山川勇木、山根五十五郎。部分人员重复购股。有 19 股的交易记录未找到。

按当时原六郎的日记所记载，他从国债局取回股票后，马上回到正金银行总部召见职员代表，宣布这次幸运地得到低价股票，将会按各职员等级来配售，手上有余款的人可以马上付款，没有余款的人也可以写委任书委托亲属作为借款人，用该股票向正金银行抵押借款便可。原六郎并保证五年之内填补正金银行的巨额损失，期待众职员齐心合力，结果职员们听到消息后，皆喜出望外。[1]

---

1 ／ 板澤武雄·米林富男編『原六郎翁傳』（東京：原邦造、1937）中卷、頁 58-59。

原六郎不但绕过股东大会去处置股份，还指点职员如何回避正金银行的规则，以便取得融资。按正金银行的《内部规则》所订，职级在本店长或以下的职员一律不准从本行借入任何款项，本行职员不准在本行作为他人的保证人，亦不可以利用其职位在外负债或作为债务保证人。[1] 新行长指点如何绕开规则，利用亲属出面代替自己借款购股，无视《内部规则》的存在。诚然，说到底，执行规则的都是人，融资的批核实权掌握在行长与本店长手上，只要他们同意，一切规则都可以等同废纸。现在新行长亲自指示如何取巧借款，而且行内人皆有份，众人岂能不对新行长感激有加。

低级的职员如是，高层管理人当然不会少于此，董事们在第一次配售时按 109.8 日元各购得 50 股，第二次是以 125 日元各购得 25 股。[2] 其中民间董事木村利右卫门获配售最多数量。木村是正金银行创业的 23 名发起人之一，从第一期开始便一直连任董事，是股东管理人，也

---

1 /『申合規則』第 30 至 32 條、横濱正金銀行編『横濱正金銀行史』（東京：坂本経済研究所、1976）附錄甲卷之 1、第 10 號、頁 42。

2 / 第一次配售 50 股是 1883 年 12 月 25 日至 1884 年 1 月 11 日、第二次的 25 股是 1884 年 3 月 16 日，購股董事為櫻井恒次郎、相馬永胤、村松彦七及村田一郎。1883 年 7 月至 1884 年 6 月「株式賣買讓與ノ事」、在横濱正金銀行第 8 至第 9 回「半季實際考課狀並諸報告表」横濱正金銀行編『横濱正金銀行史』（東京：坂本経済研究所、1976）資料卷 1。

是政府插手董事会后唯一遗留下来的连任董事。原六郎上任后马上任命木村为本店长，先行稳定局面。[1] 在正金银行股东及管理层全面混乱之秋，木村对原六郎而言作用重大，一个外面空降进来的行长，如果没有熟悉内部的管理人员支持，定会令其改革大计事倍功半。更何况就算管理人当中，也有对正金银行前景失去信心的。像现役董事中的樱井恒次郎，本身虽然也是创业发起人之一，但在原六郎宣布改革方案后仍以面值100日元的低价减持手上的正金银行股份，可想而知当时人心惶惶的情势。[2]

木村董事被委兼任本店长后，与原六郎一起处置配售股份，结果他在第一次分配时购入226股，第二次购入25股。[3] 经过这次卖股潮及配售后，其持股量增加到450股，一跃成为大藏省、原六郎及前行长中村道太之后

---

1 ／ 1882 年 6 月第 5 回「半季實際考課狀並諸報告表」横濱正金銀行編『横濱正金銀行史』（東京：坂本経済研究所、1976）資料卷 1、頁 5-6。

2 ／ 1883 年 6 月第 7 回「株式賣買讓與姓名表」横濱正金銀行編『横濱正金銀行史』（東京：坂本経済研究所、1976）資料卷 1。

3 ／ 木村利右卫门获配售股份是 1883 年 12 月 25 日以 109.8 日元单价的 226 股及 1884 年 3 月 16 日以 125 日元单价的 25 股。1883 年 7 月至 1884 年 6 月「株式賣買讓與ノ事」、在横濱正金銀行第 8 至第 9 回「半季實際考課狀並諸報告表」横濱正金銀行編『横濱正金銀行史』（東京：坂本経済研究所、1976）資料卷 1。

的第四大股东。[1]

除了民间董事以外，两名官委董事也同时获得配售股份，闯入利益冲突的灰色地带。按例处理银行事务的官员不可持有正金银行股份，但今次获配售的官委董事不但持股，还收受股价折让的利益，毫不避嫌。

政府撤销管理官制度，改为派遣官委董事进入正金银行，人选并不限于官员，亦可以从民间人士中委任，然而官委董事却不受法例上对一般民间董事的规限。法例要求所有银行董事都必须在就职时向大藏省呈交誓词，内容包括忠诚对待银行职务、接受法例制约与罚则规管，并要依例抵押个人股份给银行作为担保。[2]但正金银行的官委董事被大藏省豁免此程序，使其不受《国立银行条例》管辖，可以推想到，在面对忠于银行与忠于大藏省之间，政府期待官委董事要知所抉择。

官委董事与正金银行在金钱上不存在直接往来，大藏省对官委董事的任命书上，注明其本人不可从正金银

1 / 木村利右卫门在 1880 年 6 月第一期结算时持有 217 股，当时发起人将筹办时各自支持买人的股份陆续出售予后来招募的新股东，除此以外，木村持股在 125 至 130 股之间。1884 年 6 月木村增持至 450 股。1880 年 6 月至 1884 年 6 月第 1 至第 9 回正金「株主姓名表」横濱正金銀行編『横濱正金銀行史』（東京：坂本経済研究所、1976）資料卷 1。

2 / 1876 年『國立銀行條例』之『國立銀行成文規則』第 56 條、內閣官報局編『法令全書』冊 11。

行借款或为他人担保，而且本人上任后，个人有其他新商业计划也需要先向大藏省申请认可，才能进行；就是工资、花红、交通费与基本出差津贴都是由大藏省发放，只有往来东京横滨以外的个别出差旅费才由正金银行直接支付。[1] 正金银行账上虽记载有官委董事的工资及花红，但并不是直接发给其本人，而是每半年一次集中起来上缴国债局局长。

官委董事每月的工资与每半年一次的花红由大藏省直接发放，其金额与正金银行记账金额既不相同，也毫无关联。例如 1883 年 2 月至 1884 年 7 月，官委董事相马永胤从大藏省得到的每月工资是 180 日元，但 1884 年 7 月时正金银行账上只支付每名董事 10 日元月薪。[2] 所以就算这些官委董事不是来自现役官员，其身份定位也是代表大藏省，并不等同于民间董事。

《国立银行条例》规定管辖银行的大藏省官员以及有关系的政府官员不能成为银行股东，固然是为了保持公正独立和防止利益冲突，正金银行官委董事一职是在管理官制度失败下的对策，此种性质的职位并无前例，所

---

1 /「大藏卿ヨリ選任セシ取締役ニ付與スル命令狀」第 7 條、橫濱正金銀行編『橫濱正金銀行史』(東京：坂本経済研究所、1976) 附録甲巻之 1、第 24 號、頁 138–139。

2 / 専修大学相馬永胤伝刊行会編『相馬永胤伝』(東京：専修大学出版局、1982)、頁 229–230。武田晴人編『橫濱正金銀行マイクロフィルム版』(東京：丸善、2003) 第 1 期、巻 G–002、頁 352。

以难以清楚界定其属性是官是民，或是两者之间。在原六郎入主正金银行前的三名官委董事村田一郎、白洲退藏和相马永胤都没持有正金银行股份，实际状况与条例禁则吻合。但在 4 月 25 日临时股东大会中，政府取得管理层的操控权后，村田一郎个人开始购入正金银行股票，连同获得配售的 75 股，共持有 133 股，进入 20 大股东的行列。

表 3-5　官委董事村田一郎购入正金银行股份

日期（年 / 月 / 日）	购入股数（股）	净持股数（股）
1883/5/10	50	50
1883/6/14	8	58
1884/1/11 （配售）	50	108
1884/3/16 （配售）	25	133

注：根据 1883 年 6 月至 1884 年 6 月第 7 回至第 9 回『株式賣買讓與姓名表』资料整理。横濱正金银行编『横濱正金銀行史』（東京：坂本経済研究所、1976）资料卷 1。

表 3-6　官委董事相马永胤购入正金银行股份

日期（年 / 月 / 日）	购入股数（股）	净持股数（股）
1883/12/25（配售）	50	50
1884/3/16 （配售）	25	75

注：根据 1883 年 6 月至 1884 年 6 月第 7 回至第 9 回『株式賣買讓與姓名表』资料整理。横濱正金银行编『横濱正金銀行史』（東京：坂本経済研究所、1976）资料卷 1。

另一名官委董事相马永胤在美国取得哥伦比亚法律学院的法律学士学位，回国后开设法律事务所和讲授法律课程，曾任职法官。他认为董事会决定将回购的股份自行配售一事不妥，特意私下提醒原六郎行长，此事在处理上一不小心的话，可能令其陷入进退维谷的境地。[1]相马的劝告未能阻止配售进行，且劝告归劝告，相马并没有贯彻其道德高位，去拒绝配售得到的 75 股。

在进行购股时，相马遇到资金问题，配售股份的金额相当于他四年的工资，所以需要借款。但是大藏卿在委任官委董事时曾给各人下达命令状，除了明确记载在正金银行的职权责任外，还有关系到利益冲突一项。

命令状第 6 条：

> 本人不可向该银行借款或作为他人的保证人，又本人新经营的商业需要预先申请并经认可。[2]

按照此规定，官委董事一如正金银行的低层职员，是不可以向正金银行借款的。不过，新行长不但指导低层职员曲线向正金银行借款购股，也协助官委董事回避规则制约，最后相马的购股资金是向第百国立银行借取

---

1 / 1883 年 12 月 13 日原六郎日记。板澤武雄・米林富男編『原六郎翁傳』（東京：原邦造、1937）中卷、頁 57-58。

2 /「大藏卿ヨリ選任セシ取締役ニ付與スル命令状」第 6 條、横濱正金銀行編『横濱正金銀行史』（東京：坂本経済研究所、1976）附録甲卷之 1、第 24 號、頁 139。

得来的，即原六郎加入正金银行前任职行长之处。[1]

对于新行长私下处置股份的计划，政府是一清二楚的，原六郎在整个过程中都有向大藏卿松方正义报告，甚至在官委董事相马做出提示警告时，原六郎也曾向大藏卿松方请示，但松方不但没有站在相马的一方，拨乱反正，反而全力支持原六郎的做法，着其放手进行，不必担心，自己会去"开解"相马的想法。

在当时而言，银行股份的交易市场并不活跃，不是经常有卖股供应，东京股票交易所在 1878 年 6 月已正式开业，但初期交易只限于政府公债，后来才开始有公司股票交易，数量仍然不多，[2] 即使后来到了 1887 年时，挂牌上市的银行也只有正金银行、日本银行、第一国立银行、第二国立银行及第三国立银行五间。[3] 所以，作为一个银行低层职员，无论是投资正金银行股份还是向正金银行借款，都是遥遥不可想像的事情，更何况现在购入价格只是最低潮时政府回购的原价或是经过大幅折让的优待价，在购入那一刻，便已获利甚丰。故此，虽然表面上看来，原六郎行长没有直接牵涉金钱利益，但实际

---

1 / 専修大学相馬永胤伝刊行会編『相馬永胤伝』（東京：専修大学出版局、1982）、頁 229。

2 / 小沢福三郎『株界五十年史』日本証券経済研究所編『日本証券史資料』（東京：日本証券経済研究所、2010）卷 7、頁 574。

3 /『朝日新聞・大阪朝刊』、1887 年 1 月 13 日、版 2。

上，正金银行内部从董事到各职级人员，都变成了股东，配售股份一事令新行长于短时间内尽获人心。开启专业管理时代的原六郎真的为正金银行治理带来前所未有过的"新景象"，就是除了原有股东以外，正金银行内部人人得到利益。[1]

从政府原价赎回的 6414 股，经过私下配售后，还剩下 5000 股，为了巩固现在的操控局面，不想股份流入异见派系手里导致日后再生变数，原六郎以个人名义将 5000 股留下，巨额股款则从正金银行借入。由于银行《内部规则》限制每名董事的最高借款额为 10 万日元，所以董事层齐心合力，除了利用四位民间董事的个人名义，还出动银行外人士木村东作，此人乃董事兼本店长木村利右卫门的岳丈。[2]五人各借入 99709 日元，都在规定的 10 万日元以内，借款附有 10% 年息，计划将未来股息及股份卖出时的利润悉数用来支付利息及还款，余额亦会尽归正金银行所有，后来所有股份在两年半内全部售出。[3]

原六郎行长上任后的章程修订案，大大放宽了原来

1 / 板澤武雄・米林富男編『原六郎翁傳』（東京：原邦造、1937）中卷、頁 58。

2 /「1884 年 5 月 23 日取締役會決議」武田晴人編『橫濱正金銀行マイクロフィルム版』（東京：丸善、2003）第 1 期、卷 L-001、頁 143。

3 / 板澤武雄・米林富男編『原六郎翁傳』（東京：原邦造、1937）中卷、頁 55-57。

对行长与董事的权限，使整个股份赎回和处置一事，得以私下处理。在前章程之下，这本来是属于"处理非常规的出纳"和"新兴一事"的内容，需要经由股东大会的决议方可施行。[1]但是，新修订后需要提请股东大会决裁的事项只剩下"事业的新办或废止等事情"，大幅度收窄了股东事前裁决事项的范围。[2]在管理人手上的权力与自由度日渐加大的同时，股东与正金银行营运内容也日渐疏离，可控度越来越低。

高息变相承包，终破外银独占

1883 年 4 月的临时股东大会上，正金银行股东得悉会出现惊人数字的严重亏损，未有机会深思熟虑，便无奈地通过了捆绑议案。修订的章程，除增大管理人权限以外，更交出了对行长的间接选任权，现在大藏省认为有必要时可要求改选行长，甚至指定人选。股东交出了代表管理权，可以对正金银行裁决的事项越来越少，剩下的焦点所在便只有股息回报。

---

1 / 1880 年『横濱正金銀行定款』第 30 条、横濱正金銀行編『横濱正金銀行史』（東京：坂本経済研究所、1976）附録甲卷之 1、第 6 號之 1、頁 25-26。
2 / 1883 年 4 月 25 日『横濱正金銀行定款』修訂第 30 条、横濱正金銀行編『横濱正金銀行史』（東京：坂本経済研究所、1976）附録甲卷之 1、第 33 號之 1、頁 164。

作为专业管理人的原六郎行长深谙此道，故而即使是在刚上任三个月的第七期结算，自己刚宣布有大量呆账后不久，兼且在拨充准备金的目标额还未达成之际，仍然决定派息安抚股东。董事会照前期一样准备了年率8%的股息分配案，大概以为刚刚将异见者的股份回购完毕，议案应能顺利在股东大会上通过，但董事会还是估计错误。

对于民间股东来说，以前股东管理人时代的第一代行长中村与第二代行长小野，都曾在议决利润分配时，站在他们的利益立场上不惜与政府对抗，但现在由政府空降的新任行长是否还会代表他们的利益，实在难以掌握；更何况董事会内政府派系占了一半席位，民间董事就算是有心也未必能有力通过主张。所以，股东们只能利用维护权益的最后基地，自己在股东大会上提出异议，结果成功逼使8%的分配议案做出调整，争取到9%的股息。[1]

对比之下，其实过去几期的股息都是在隐蔽的大量呆账底下派发出来，并因此令中村被逼辞职和小野放弃连任。原六郎在政府任命下成为行长，呆账金额已被整理出来。107万日元的潜在坏账刚报告予股东后还不到两个月，竟然又可以照常派发股息，甚至与前任行长中村的9%和小野的8%相比，并没有大幅减少。这说明此

---

1 / 横濱正金銀行『横濱正金銀行史』（東京：坂本経済研究所、1976）、頁60。

时的利润分配案根本不是反映经营实况，而是履行对股东投资回报的一种责任和手段，只能说是在政府支持下，向股东变相承包了正金银行。

原六郎曾任第百国立银行行长，留学英美，修读银行及金融学，是明治时代的实业家精英。他以专业管理人身份出任行长，一方面受薪于正金银行，另一方面受大藏卿松方青睐，在其强势支持下改革正金银行，所以决策时的利益考虑与以前的股东管理人不可能会一样，但是在基本经营方针上，则仍然是以倚仗政府保护下的特权为主。政府期待利用正金银行去成就国家大事，所以加快扶持正金银行扩展，以便早日充实银币储备，发行可兑换纸币。

在国策面前，原六郎的价值不是替政府节省股息，而是要节省时间和免却麻烦，只要原六郎能辅助政府扫除施行国策时可能遇到的障碍，早日达成目标，政府并不介意让利出来，相互配合，在股东满足之余，也间接造就原六郎一个成功行长的地位。所以，即使现在正金银行换了一个专业管理人，新行长想从政府方面取得的优惠、特权和利益等，其实与一众前任行长基本上并无太大分别，如果一定说有，只会是更广泛和更深入而已。

政府成功安插属意的行长掌管正金银行，并修订章程确保可取得管理上的人事权后，对正金银行大为放心。很多前任行长时代被大藏省拒绝过的事项，都一一在原六郎上任后得到批准，像前三任行长申请对呆账的延期归还，现在原六郎基本上亦是提出差不多的延期申请。

又像政府之前突然叫停的"国内内地押汇"业务，[1] 这是中村行长任内形成呆账的主要部分。接任的小野行长也曾与大藏省就改订后的严格规定拉锯，要求缓期逐步执行，亦未获同意。现在原六郎上任行长后不到三个月，便获准重开此业务，只是在程序上多加审查和担保；以前押汇业务的对象只限日本商人，现在可以扩展至贸易港的外国商人，使正金银行营业额大为增加。[2] 原六郎上任行长后，正金银行面对的待遇可谓此一时也，彼一时也。

政府乐意在不受干扰的情况下将正金银行作为官僚部门的延伸，为国策服务，所以对股东的回报也十分慷

---

1 / 国内内地押汇（外汇票兑）业务从 1880 年 10 月开始，是鼓励直接输出的政策，由于贸易港以外的内地制造商品往往因资金周转问题，会以国内贩卖形式售予贸易港的外国商人，使这部分的出口货物未能为国家带来外汇（洋银）收入，所以政策针对这方面，提供融资与内地制造商，由正金银行经过内地的国立银行借出，因为不是直接借出，在所需的抵押保证上未能落实严格管理，引致后来出现不少坏账。横濱正金銀行編『横濱正金銀行史』（東京：坂本経済研究所、1976）附錄甲卷之 1、第 13 號之 3、頁 58-60。

2 / 横浜市編『横浜市史』（横浜：横浜市、1963）卷 3 上、頁 624。横濱正金銀行編『横濱正金銀行史』（東京：坂本経済研究所、1976）附錄甲卷之 1、第 37 號、頁 183-193。横濱正金銀行編『横浜正金銀行沿革史』、收入渋谷隆一・麻島昭一監修『近代日本金融史文献資料集成』（東京：日本図書、2005）卷 31、第 2 編、頁 115-126。横濱正金銀行編『横濱正金銀行史』（東京：坂本経済研究所、1976）、頁 58-59・62。

慨。随着业务扩张，政府在政策上不断让利予正金银行，使其利润不断攀升。例如，在鼓励生丝及茶叶的直接出口上，以前同样是由政府提供资金，经正金银行转贷出去，并在中间赚取 2% 的息差；从 1883 年 5 月开始，新政策指令正金银行针对这些行业提供 4% 的低息贷款，但是这些贷款背后由政府提供的资金则免除利息，变成利息收入尽归正金银行所有。与以前相比，这部分的收入等于是翻倍，堪称是无本生意。[1]

此外，政府还大手笔增加资金的支持，原六郎甫上任的第七期结算与半年前小野光景行长的结算报告相比，政府支持的各项资金从 295 万余日元一跃至 507 万余日元。之后更节节上升，到后来大藏省更密令日本银行加入支持，存入 150 万日元资金，只收取 2% 低息。[2]

表 3-7　1880～1888 年政府对正金银行提供的资金额

单位：日元

结算期	时间 （年／月）	营业收入	营业利润	政府提供资金
1	1880/6	23132	17324	—
2	1880/12	184141	163469	2590349

---

1 ／ 横濱正金銀行編『横濱正金銀行史』（東京：坂本経済研究所、1976）附錄甲巻之 1、第 36 號之 2、頁 181-183。

2 ／ 横濱正金銀行編『横濱正金銀行史』（東京：坂本経済研究所、1976）、頁 73。

结算期	时间 （年／月）	营业收入	营业利润	政府提供资金
3	1881/6	194777	151265	2544674
4	1881/12	273288	156332	3994407
5	1882/6	260535	176227	3156259
6	1882/12	204487	136566	2957122
7	1883/6	247109	188961	5078373
8	1883/12	384360	330470	11977900
9	1884/6	473470	419762	11643939
10	1884/12	491963	432313	16825582
11	1885/6	531822	460526	16929734
12	1885/12	606629	533779	15516989
13	1886/6	605963	520281	13390318
14	1886/12	591945	488184	16696447
15	1887/6	747160	651597	11871040
16	1887/12	730659	565118	10891166
17	1888/6	1149590	961557	7513582
18	1888/12	820654	510537	13675587

注：政府提供资金包括存入款项、借款及批准正金银行发行的票据等。

资料来源：根据各期财务「實際報告表」整理而成，横濱正金银行编『横濱正金银行史』（東京：坂本経済研究所、1976）资料卷 4。

正金银行的收益在政府实惠政策下，节节上升，比起其他银行的回报高得多。政府以此犹如承包的手法，在取得正金银行管理权后，操控其按着国家寄望的路线发展和经营。而原六郎也不会忘记在每个定期股东大会上，交出令民间股东满意的回报，交换他们不过问、不插手的态度，以便彼此安稳地继续合作，各得其所。

在民间股东收取高股息的同时，政府股份仍然只是收取创业期章程规定的上限 6%，在看到正金银行持续派发高息后，1885 年 1 月政府也要求修订章程，调整大藏省名下一万股的股息上限。新规定今后当股息年率在 6% 以下时，会与民间股东做同样的分配；股息率在 6% 至 15% 时，仍只会收取上限 6%；股息率在 15% 至 17% 时，政府会收取 8%；在股息率超过 17% 后，每增加 1%，政府部分便同步增加 1%。至于政府少收取的部分仍然照旧安排，拨入正金银行的"特别准备金"项目内。虽然政府股份增加了息率，但还是让出相当部分来巩固正金银行的后备基础。[1] 此情况直到 1887 年《横滨正金银行条例》制定前夕才改变，转为不分官股民股，皆划一股息率。

在政府强力的支持与保护下，正金银行没有让其失望，其贸易金融的占有率及银币回收数字皆节节上升，的确做到当初要"收复商权"的创业宏志，打破了外国银行独占外汇金融的局面。随着正金银行回收外汇，国家银币储备日渐增长，大藏卿终于可以实现下一步计划，

---

1 /「1885 年 1 月 10 日株主臨時總會議案」及「1885 年 7 月 10 日株主臨時總會議案」橫濱正金銀行編『橫濱正金銀行史』（東京：坂本經濟研究所、1976）附錄甲卷之 1、第 47・59 號、頁 230・280。

启动其货币改革日程，让日本银行在 1885 年发行可兑换纸币。

表 3-8　正金银行与其他银行的股息率比较

单位：%

结算期	时间（年/月）	正金银行		日本银行	第一国立银行	第四国立银行
		政府	民间股东			
1	1880/6	–	–		8	8.5
2	1880/12	6	9		8	7
3	1881/6	6	8	未开业	8	8
4	1881/12	6	9		9	8.5
5	1882/6	6	9		9	8.5
6	1882/12	6	8	–	9	9
7	1883/6	6	9	10	9	8
8	1883/12	6	14	10	9	7.5
9	1884/6	6	15	10	9	7.5
10	1884/12	8	16	10	9	7.5
11	1885/6	8	16	10	9	7.5
12	1885/12	8	16	10	9	7.5
13	1886/6	8	16	10	9	7.5
14	1886/12	8	16	10	9	7
15	1887/6	8	16	11	9	7
16	1887/12	18	18	12	9	7.5
17	1888/6	20	20	13	8	7
18	1888/12	20	20	13	8	7

注：以年息率计算。

续表

资料来源：正金「配当金推移明細表」東京銀行編『橫濱正金銀行全史』（東京：東京銀行、1980）卷6、頁406-407。日本銀行「利益金分配表」日本銀行沿革史編纂委員會編『日本銀行沿革史』（東京：日本経済評論社、1976年複刻1913年版）第1集、第1卷、頁761。第一國立銀行「純益金處分」第一銀行八十年史編纂室編『第一銀行史』（東京：第一銀行、1957）附錄。第四國立銀行「純益金處分」株式会社第四銀行行史編集室編『第四銀行百年史』附表。

表 3-9　正金银行外汇交易额与日本进出口贸易额对比

（1880～1888 年）

单位：万日元，%

时间（年）	进出口贸易额（A）	正金银行外汇交易额（B）	比率（B/A）
1880	6502	67	1.0
1881	6225	378	6.1
1882	6717	249	3.7
1883	6471	533	8.2
1884	6354	919	14.5
1885	6650	1525	22.9
1886	8104	2513	31.0
1887	9671	4937	51.1
1888	13116	5433	41.4

资料来源：「全國貿易對照表」朝日新聞社編『日本經濟統計總觀』複刻版（東京：並木書房、1999）上卷、頁238-239。橫濱正金銀行編『橫濱正金銀行史』（東京：坂本経済研究所、1976）、頁214-215。

在当时迫切的国家目标底下，有限公司制度在正金银行治理的实践上不断受到挑战和冲击。股东为了对抗政府，努力钻营游戏规则的漏洞；大藏卿急于操控正金银行，不惜践踏作为与股东契约的公司章程；而专业管理人为了能顺利执掌正金银行，将管理人原来应该代表股东利益的立场抛诸脑后。各利益相关者因应需要而绕着法规行事，都未能守护公司章程的契约精神，保护股东原有的权益。

争独揽成御用，既生瑜何生亮

1884 年是正金银行业务的转折点，英国东藩汇理银行的破产给予正金银行一个发展的机遇。东藩汇理银行一直是日本政府在外国的代理，负责处理政府的海外收支和交易，因为受到斯里兰卡咖啡业务的拖累而破产。正金银行通过其伦敦事务所接收到消息后，立时采取行动，一方面准备将事务所升格为伦敦支店，另一方面向大藏省申请接手以前政府委托东藩汇理银行办理的在外金融事务，结果成功获批。正金银行取得独家办理政府外汇金融的特权，包括处理外国债务和各政府部门进口货物时的付款等事宜，全部委托于同年 12 月开业的正金银行伦敦支店。正金银行成为日本对外的御用外汇银行，奠定了其在日本对外金融业上的垄断地位。[1]

---

1 ／横濱正金銀行編『横濱正金銀行史』（東京：坂本経済研究所、1976 ）、頁 66・68。

正金银行的发展招来社会上不少批评，认为其一介商业银行，处处受到政府保护与优惠特权，其中最不满的自然是业界中人。眼见正金银行可以独揽新兴的贸易外汇金融，又有政府为其护航，提供巨额资金，股东每年坐收高息，外人见此，自然感到不公平，尤其是与其背景十分相似的日本银行。

在日本，通过特定条例规定经营目的与性质的银行被称为"特殊银行"，在正金银行开业后两年才成立的日本银行，是日本第一家法定的特殊银行。[1] 在经历过 10 年的国立银行政策后，政府明白了以前催生的国立银行以至正金银行都只是一时之策，为长远计，必须设立中央银行作为全国理财枢机。[2] 在松方正义的提议下，1882 年 6 月先公布《日本银行条例》，然后由大藏省任命委员组成"日本银行创立事务处理所"，依此条例内容来筹办。同年 10 月，[3] 简称为"日银"的日本银行开业，一半资本金由政府出资；另一半向民间募集。组织与人事权开宗

---

1 / 松崎寿「特殊銀行論」、収入渋谷隆一・麻島昭一編『近代日本金融史文献資料集成』（東京：日本図書センター、2005）巻 28、頁 1–15。

2 / 吉野俊彦『日本銀行史』（東京：春秋社、1975）巻 1、頁 89。

3 / 大藏省当时派遣三名同省官员吉原重俊、富田铁之助、加藤济及另外任命第三国立银行行长安田善次郎和三井银行副长三野村利助为创立委员。日本銀行百年史編纂委員會編『日本銀行百年史』（東京：日本銀行、1982–1986）巻 1、頁 217。

明义便是由政府所掌，政府作为名正言顺的大股东，理所当然地指派总裁，直截了当地决定政策方针，可说是与正金银行走的路迥异。

大藏卿知道创立当时的情势不可能马上实现中央银行目的，但以日银作为中央银行的方针是明确的，问题只是时间而已。所以，《日本银行条例》内先记载上日银两个重要任务，便是依照政府的指令管理国库及拥有可兑换纸币的发行权，但是何时才发行则有待另行颁布，条文确立日银朝着日本的中央银行方向发展。[1]

日银的成立背景与正金银行不同，但两行堪比瑜亮，像是注定的天敌一样，自开始就明争暗斗，矛盾冲突未有停止过。正金银行虽然与其他 153 间国立银行一样依据《国立银行条例》成立，但政府一开始便采取与别不同的对待，从投入股本到大量资金支持、派驻官委董事、让出股息来充实其准备金、以政策协助填补其亏损和给予御用外汇银行的专营特权等，都显出了正金银行才是日本第一家实质上的特殊银行，即使其没有像日银般的法例背书；然而，也就是因为没有了"正统"的地位，正金银行渐次招来批评，备受压力。

日银的成立于正金银行而言，意味着将会带来竞争和威胁，令其坐立不安，只能企图在日银未站稳脚跟之

---

1 / 1882 年 6 月 27 日『日本銀行條例』第 13 及 14 條、內閣官報局編『法令全書』冊 17。

前，抢滩占据有利的业务基地。1882 年在日银正式开业
8 天前的 10 月 2 日，正金银行向日银"宣示"自己占有
的势力范围，时任行长小野光景书面向负责筹办日银的
创立事务处理所提出："贵行将开业之际，在贵规定内的
本业上，当然希望能与一般国立银行同样地与贵方交易；
而特别在本银行现专营的外国贸易业务方面，希望能将
横滨及海外事务一切嘱托本银行处理，此事请贵行格外
深议并接纳。"[1]

此信清楚地指出一点，就是日银的规定本业内并没
有包括正金银行"专营"的外国贸易金融，尤其是贸易
港横滨及海外部分，所以正金银行在招揽日银外汇生意
的同时，颇有宣示领土主权的意味，而正金银行这个专
营的外汇业务其后确实受到日银觊觎，造成两行间矛盾。

从客观条件来与正金银行对比，日银似乎只是亏在
成立时间迟了两年，论资本组成上，日银成立时的注册
资本金 1000 万日元中，政府占了一半股份；[2]而在正金银
行的 300 万日元资本中，政府只占三分之一，政府理应
更支持将会背负中央银行任务的日银。但是，在日银开
业后，大藏省对正金银行的种种厚待，并没有回流到日

---

1 / 横濱正金銀行編『横濱正金銀行史』（東京：坂本経済研究所、
1976）附録甲巻之 1、第 42 號之 1、頁 207–208。

2 / 日本銀行沿革史編纂委員会編『日本銀行沿革史』（東京：日本
経済評論社、1976 年複刻 1913 年版）第 1 集、第 1 巻、頁 3。

银去，且就在其开业后翌年，大藏省将一直提供予正金银行的外汇票据兑换资金再度续期 3 年，使正金银行能够继续利用政府资金进行其专营的外汇业务，令日银大失所望。[1]

虽然，正金银行自称与"一般国立银行同样"，日银又岂能真正将其一视同仁。日银曾与正金银行签署代办行契约，将海外及横滨的事务委托予正金银行，不过，条件是在正金银行提供 15 万日元抵押品的前提下，只予以 20 万日元的短期融通额度。如此契约条件，在正金银行眼里实在是毫无吸引力，难入法眼，且不需多久，日银便会知道这个数字和条件与正金银行的胃口差距有多大。[2]

日银开业后等了三年，终于在 1885 年 5 月发行可兑换纸币，需要将横滨的纸币交换事务交给正金银行做代理。表面上正金银行不收取任何手续费，免费代劳，实际上日银不但要存放 50 万日元纸币在正金银行作为等待交换的准备金，还要以 2% 的低息另外借出 150 万日元给正金银行，尽管当时日银对其他银行公债抵押贷款的公

1 / 板澤武雄・米林富男編『原六郎翁傳』中卷（東京：原邦造、1937）、頁 95-96。横濱正金銀行編『横濱正金銀行史』（東京：坂本経済研究所、1976）附錄甲卷之 1、第 62 號之 1、頁 286。

2 / 1883 年 7 月締結。横濱正金銀行編『横濱正金銀行史』（東京：坂本経済研究所、1976）、頁 73。附錄甲卷之 1、第 42 號之 2、頁 209-210。

定利率已达到 8.4%。[1] 这一切对正金银行的优惠当然不是日银自愿的，而是在政府压力下促成的。在经营业务上，与政府关系最密切的日银和正金银行时刻在明争暗斗，无论是正金银行想发行银元券还是日银想插手外汇业务，都会遭到对方猛烈反对。[2]

正金银行的业务面向海外，需要应对当时日本既崇且惧的欧美各国，颇能挟洋自重，得到大藏省的偏爱。在形势上，正金银行经常处于上风，有时令堂堂中央银行总裁的脸上实在挂不住，被逼至与原六郎行长展开谈判，着正金银行"稍为自制，让出一部分利益与日银"，甚至出言恐吓"正金银行如继续旁若无人地招摇的话，作为（日银）这方也不能不多做思量了"[3]。

说出这番话的是首任日银总裁吉原重俊，他在任时的日银被认为无条件地听命于政府。吉原以前是大藏省官僚，曾任监管正金银行的管理长，官至大藏少辅。连他也落得如此软硬兼施的无奈境地，可见当时正金银行

1 ／ 日本銀行史料調査室編『日本銀行八十年史』（東京：日本銀行、1962）、頁 399。横濱正金銀行編『横濱正金銀行史』（東京：坂本経済研究所、1976）、頁 72–73。

2 ／ 板澤武雄・米林富男編『原六郎翁傳』（東京：原邦造、1937）中巻、頁 61–62。吉野俊彦『日本銀行史』（東京：春秋社、1975）、頁 288。

3 ／ 板澤武雄・米林富男編『原六郎翁傳』（東京：原邦造、1937）中巻、頁 95–96。

地位的巩固及行长的威风，乃属一时无二。[1]

日银并非言过其实，有时正金银行的做法的确是有点旁若无人。自从 1885 年在政府密令下两行签订协议书，日银以 2% 的低息给予正金银行 150 万日元融资额，而正金银行需要就此抵押市值 100 万日元的公债，存放在日银保管，以备万一正金银行不能偿还借款时，日银可以用来抵债。[2]

除此以外，由于日银管理国库，政府将预金局款项借予正金时也是通过日银来进行，这部分借款也经常超过了抵押值的 100 万日元，在 1886 年底更达 230 多万日元之巨。翌年，正金银行就这笔经过日银的借款，向大藏卿投诉处理程序上多有不妥，因为在上缴抵押品时需要考虑到避免往来搬运的不便，甚受局限，且日银也有诸多规定。故而正金银行建议政府做出特别处理，今后在借款额达到 200 万日元时，这些抵押品不必上缴，而是存放在正金银行行内特别保管，然后"由正金自己发出"保管抵押证明书，以后只需要上缴此自我证明文件，便可代替呈交实物抵押。难得的是大藏卿居然会同意，

---

1 / 吉野俊彦『歴代日本銀行総裁論』（東京：毎日新聞社、1976）、頁 25。

2 / 1885 年 6 月 20 日「兌換券取扱方代理之件約定書」第 10 條、横濱正金銀行編『横濱正金銀行史』（東京：坂本経済研究所、1976）附録甲卷之 1、第 53 號、頁 255–256。

只在复函加上可随时派员检查及有需要时着令交由日银保管而已。[1] 这种安排下，日银被架空为中间递款员，连基本程序上的监督角色也欠奉。

表 3-10 日银提供给正金银行的资金（1884～1888 年）

单位：日元

结算期	结算时间 （年／月）	为交换纸币的 准备资金	国库借款	合计
第 10 期	1884/12	-	25081	25081
第 11 期	1885/6	1000000	1029073	2029073
第 12 期	1885/12	652520	1029234	1681754
第 13 期	1886/6	532343	1431261	1963604
第 14 期	1886/6	748600	2339821	3088421
第 15 期	1887/6	541686	1300000	1841686
第 16 期	1887/12	655500	0	655500
第 17 期	1888/6	1334993	0	1334993
第 18 期	1888/12	629693	0	629693

资料来源：1884 年 12 月至 1886 年 12 月第 10 至 14 回「半季實際報告表」、橫濱正金銀行編『橫濱正金銀行史』（東京：坂本経済研究所、1976）資料卷 4。

正金银行虽然处事有点骄横，但同时也承受着不少压力，令正金银行双重受压的是当时政治和社会形势。

---

1 / 1887 年 2 月 10 日原六郎行长致大藏卿松方正义书及 2 月 16 日的复函、武田晴人編『橫濱正金銀行マイクロフィルム版』（東京：丸善、2003）第 1 期、卷 G-002、頁 887-888。

因为正金银行受到政府特权保护，官方色彩浓厚，每当出现政情不稳，政府受到攻击时往往会连累正金银行成为狙击对象。在大隈重信的自由民权一派被逼下台时，松方正义的萨摩长州藩阀一派对大隈时代的正金银行政策加以否定批判。到松方上任大藏卿，施行紧缩经济激发起反政府民众活动，尤其针对当时为修订不平等条约而做准备的欧化政策，在政府强硬手段压制下，民权运动更火上加油。故而，在松方操控正金银行时，又反过来遭到自由民权人士攻击，令正金银行受到牵连，被夹在中间成为政治斗争的工具。[1]正金银行在民权人士面前因为靠着"官"边，所以备受攻击；但面对日银时却又因为是"民"间商业机构，为其所拥有的特权而备受批判，两面都不讨好。

由于正金银行的资金来源完全依赖政府支持，正金银行管理人的危机感日益加重。时任行长原六郎认为需要为正金银行重新定位，使其可以名正言顺地接受政府的保护及特权，要对抗日银的觊觎及舆论攻击，最佳方法莫如利用法例将正金银行地位正统化。1885 年 6 月与

---

1 / 支持正金创立的大隈重信在 1881 年 10 月"政变"被逼下台，换上由伊藤博文、井上馨、松方正义为中心的萨摩长州藩阀派。古沢紘造「横浜正金银行条例の制定と為替政策」，收入渋谷隆一編著『明治期日本特殊金融立法史』（東京：早稲田大学出版部、1977）、頁 93–94。

日银缔结了两年期借款合约后不久，原六郎已开始在大藏省活动，向银行局长加藤及大藏卿松方提出制定条例的想法。[1]

正金银行在资金及经营上面对来自日银的压力日益沉重，1886 年是政府提供正金银行的外汇票据兑换资金 3 年期满之时，外汇票据兑换是令正金银行迅速发展的主要业务，也是日银一直想染指之处。原六郎行长谨慎地提前半年申请，要求延期 5 年，但政府顾虑到日银，只批出两年零 9 个月，且随即令原六郎往欧美视察业务，避开与失落的日银总裁正面冲突。[2]

这次欧美之行中，正金银行不但与伦敦股份银行 (London Joint Stock Bank) 和联合银行 (Alliance Bank) 缔结了业务联系合约，更开设了旧金山事务所。正金银行积极的海外活动进一步巩固其竞争条件，将日银远远抛离。[3] 同年 7 月归国后，原六郎准备好条例草案呈上大藏大臣（即改为内阁制前的大藏卿），政府也认为有必要将正金银行作为特许银行的性质明确化，故在原来的草案

---

1 / 板澤武雄・米林富男編『原六郎翁傳』（東京：原邦造、1937）中卷、頁 112-113。

2 / 横濱正金銀行編『横濱正金銀行史』（東京：坂本経済研究所、1976）附録甲卷之 1、第 62 號之 1 及 2、頁 286-288。板澤武雄・米林富男編『原六郎翁傳』（東京：原邦造、1937）中卷、頁 101-103・105。

3 / 横濱正金銀行編『横濱正金銀行史』（東京：坂本経済研究所、1976）附録甲卷之 1、第 63 號、頁 290-291。

基础上草拟条例。

在正金银行开业后七年多，政府终于要面对现实，解决这个一开始便存在的问题。大藏大臣向总理大臣提请立法时，指出正金银行无论在营业性质、经营难度方面都与其他国立银行截然不同，当初政府为了巩固正金银行在国内外的信心，投入三分之一资本金及提供外汇业务用资金，以便集中处理进出口贸易银币的回收。政府对正金银行的保护与管理都超过所有其他国立银行，是因为要扶持正金银行伫立在日本国际贸易的中心处，成为对外金融事务方面的特许银行。创立时将其姑且置于《国立银行条例》下，与其他国立银行一样，毕竟只是一时权宜之策，最多也不过是用得上条例里面的管理标准而已，早晚也需要另定条例使其名实相符。为永久巩固正金银行作为国家理财机关的地位，有必要以另一法例将其特许银行的性质明确化。[1]

过去7年多，正金银行依据的《国立银行条例》正如大藏大臣指出，不过是姑且权宜之计，实际条例里可适用于正金银行的范围并不多。[2]这次特别为正金银行度

---

1 / 1887 年 5 月 4 日大藏大臣松方正义致内阁总理大臣伯爵伊藤博文「横濱正金銀行條例制定之議」藤村通监修『松方正義関係文書』（東京：東洋研究所、1981）卷 3、頁 99-101。

2 / 大藏省財政金融研究所財政史室編『大藏省史—明治・大正・昭和—』（東京：大藏財務協会、1998）卷 1、頁 246。

身定做的条例，目的是确保正金银行能继续为国家目标服务，故而可以想像到在草拟法例内容时，股东利益这一项并不会在考虑之列。

专为正金银行而设的《横滨正金银行条例》在1887年7月7日颁布，内容大致上与原六郎的草案重点相同，而且是模仿作为自由主义经济英国系银行代表的香港上海汇丰银行条例而成，不过，正金银行条例第五条禁止外国人成为股东这一项又突显出日本的独特性质，是后进资本主义国家企图排除在经济上从属于外国资本的表现。[1]

新条例主要是将一直独占的国内外外汇、票据兑换，处理政府的外国公债与官金等业务写进条文内，为正金银行既得的专属权正式背书。另外，备受日银和正金两行冲突所困扰的政府，也在条例内加入行长人事权——在大藏大臣认为有需要时，可指定日银副总裁兼任正金银行行长，或指定正金银行行长兼任日银理事，意图从人事安排上加强两行的亲和力。[2] 虽然日银与正金银行一先一后同样

---

1 / 古泽纮造对照了原六郎草案与「横濱正金銀行條例」，认为基本重点相同，并从当时的政局尤其是派系斗争的角度分析条例产生前的形势。古沢紘造「横濱正金銀行條例の制定と為替政策」、收入渋谷隆一編著『明治期日本特殊金融立法史』（東京：早稲田大学出版部、1977）、頁91—92。

2 / 1887年7月7日《横滨正金银行条例》第16条：行长由董事间互选并经大藏大臣认可，但大藏大臣认为有必要时，也可特别指令日本银行副总裁兼任横滨正金银行行长，又或横滨正金银行行长兼任日本银行理事。『横濱正金銀行條例』內閣官報局編『法令全書』冊25。

成为法例保护下的特殊银行，但从人事等级上已划分出两行地位的高低，日银的副头领对等于正金银行的正头领，所以政府已明确地将日银的级别置于正金银行之上。

《横滨正金银行条例》的制定并非出于政府需要加强监管的出发点，而是正金银行管理人在面对资金和经营压力时，从实惠角度着眼，请求立法将正金银行重新定位，希望藉此改变其商业牟利组织的形象，成为与国策密切关联的正统机构。正金银行更在条例公布前主动提出废除以前对政府股息的特别安排，从 1888 年下半年度开始，政府持股部分的利润分配将会与民间股份一样，不会再让出部分股息作为正金银行拨备之用，力求减少外界的批评和冲击。[1]

政府在有限的资金资源下，处于日银与正金银行的利益矛盾间，也乐于配合正金银行的要求，希望条例能使两行更亲和，便于管理。所以当时此条例充其量只是正金银行管理人手上一个适时合用的工具而已。由于条例没有针对保护股东利益加以特别关注，在两年后引发了股东要求修改条例。

专业管理失控，股东修例制衡

正金银行始创时，唯一的有限公司法是《国立银行条

---

1 /「1887 年 3 月 30 日臨時總會決議案」、横濱正金銀行編『横濱正金銀行史』（東京：坂本経済研究所、1976）附錄甲卷之 1、第 68 號、頁 303-304。

例》，经过一段时间的磨合，各利益相关者在对这个从西方移植进来的"工具"加深认识之余，更学会如何因应目的去开拓出新用途。管理人为延续经营上的特权，提请政府制订《横滨正金银行条例》，为商业组织机构冠上国家事业的正统身份，使既成事实的专属权变成明文规定；另外，随着正金银行在业务与地位上不断攀升，股东们感到自己的权益并无相应提高，反而看到专业管理人权力在日益增大，为保障自身权益，他们学会在复杂的章程条文中，钻研行使股东权力的方法，利用临时股东大会去制约管理人，在发现有侵害股东利益的行为后，也加入了利用法例的行列，向政府提出修订条例，希望借助法例来监察管理人。

1887 年《横滨正金银行条例》表面上将正金银行纳入专门法例的规管下，但实际上，在紧握管理层人事权的安心底下，政府反而放松了对正金银行的监察。原六郎的条例草案中本来是有一至两名董事由大藏大臣选任，但条例并没有采用，更取消了原来的官委董事，改为全部由 50 股或以上的股东中选出。[1]

在条例颁布后，正金银行召开临时股东大会，根据条例重新拟定章程，其内容使管理人的权力大幅扩张。虽然董事在正金银行进行全面管理时，仍然要受到条例、

---

1 / 古沢紘造「横濱正金銀行條例の制定と為替政策」、收入渋谷隆一編著『明治期日本特殊金融立法史』（東京：早稻田大学出版部、1977）、頁 91。

章程、《内部规则》三个成文约束以及依从股东大会的决议行事，但是新的公司章程中，董事会议握有19项权限。除了以前已存在的互选出行长、职员的人事权等以外，更将以前没有明确的职权以条文具体化，包括缔结合约、对外减免债务、决定是否对外诉讼、运用各种资金和制定银行规则等，扫除了日后可能出现的股东问责追究，使管理层权力扩张之余又受到确保。有一点要注意的是，在此时期，管理层内董事与行长的权力仍然比较平均，权力扩张的章程修订是针对包括行长在内的整体董事成员而非只是针对行长一人。

《横滨正金银行条例》没有设立固定的监察机制，只有不定时派遣官员检查正金银行的业务及财产，及在大藏大臣要求时提交报告。[1] 公司监察交由正金银行内部负责，新章程规定每次股东定期大会上，从50股或以上的股东中选任两名调查员，负责审查每半年一期的会计总账，并需要在结算表上盖章以示审查内容正确。

新条例对管理人的罚则十分宽松，就是行长、董事和职员有违反条例的行为时，也只是5日元以上50日元以下的罚款而已，50日元不过是行长月薪的三分之二而已；反而正金公司章程有更严格的赔偿规定，遇到行长和董事违反条例、章程、规则或股东大会决议，又或行

---

1 / 1887年7月『横濱正金銀行條例』第23及24條、内閣官報局編『法令全書』冊25。

长违背董事会决议行事，致令银行蒙受损失时，需要个人做出赔偿，并明确加上"即使已根据银行条例被处以罚款，仍要遵照本章程条款赔偿"。显示出银行本身对管理人操守比条例更为关注，章程制定得更为严谨。[1]

面对日渐扩大的管理人权力，部分正金银行股东开始不满，担心利益可能会受到损害，开始关注管理人的报酬是否过高。自从1883年原六郎任行长后，为求换取股东满意及对经营不会多加意见，用类似承包的手法，每期派发相当稳定的高股息；但是同期，管理人和职员的收入却不只是相当稳定，而且还节节跳升。

正金银行的花红制度在创业章程中原来定为8%，但在第一次发放之前，股东已感到太高，在大会上减至6%，整个股东管理人时期都沿用此比率。到1883年专业管理人原六郎上台，在大改革时将工资降低，改为花红比率提高到10%。在政府取得行长的任命权、大力在资金与政策上支持正金银行发展后，正金银行营业利润倍增，花红金额不断上升。1880~1888年的数字显示，花红金额最高曾达工资额的六倍有多。相反，股息在此段期间是平稳地保持在9%至20%。就是股价升值，最多也只

---

1 / 1887 年 7 月『横濱正金銀行條例』第 27 條、內閣官報局編『法令全書』冊 25。1887 年 7 月 30 日『横濱正金銀行定款』第 88 及第 44 条、横濱正金銀行編『横濱正金銀行史』（東京：坂本経済研究所、1976）附錄甲卷之 1、第 70 號之 2、頁 325·335。

表3-11 正金银行董事职员的工资与花红（1880～1888年）

单位：日元、人

结算期	结算时间（年/月）	本期利润（A）	前期末分配纯利（B）	董事职员人数	其他雇员人数	工资	花红			董事职员变化指数	工资花红变化指数
							金额（C）	规定比率	实际比率 [C/(A+B)]		
第1期	1880/6	17324	-	41	-	3691	-	8%	-		
第2期	1880/12	163469	17324	46	-	7271	10000	6%	5.5%	100	100
第3期	1881/6	151265	15491	50	-	6841	10000	6%	6.0%	109	98
第4期	1881/12	156332	17856	47	-	6805	10400	6%	6.0%	102	100
第5期	1882/6	176227	9088	48	-	7572	11100	6%	6.0%	104	108
第6期	1882/12	136566	16642	49	-	8113	9280	6%	6.1%	107	101
第7期	1883/6	188961	9028	42	4	10649	15830	10%	8.0%	100	153

明治金融风云…横滨正金银行的人治与法治

续表

结算期	结算时间（年/月）	本期利润（A）	前期末分配纯利（B）	董事职员人数	其他雇员人数	工资	花红 金额（C）	花红 规定比率	花红 实际比率 [C/(A+B)]	董事职员变化指数	工资花红变化指数
第 8 期	1883/12	330470	22697	39	8	8229	35316	10%	10.0%	102	252
第 9 期	1884/6	419762	66508	39	10	7238	48500	10%	10.0%	107	323
第 10 期	1884/12	432313	52085	48	11	6729	48400	10%	10.0%	128	319
第 11 期	1885/6	460526	59158	49	9	10503	51960	10%	10.0%	126	362
第 12 期	1885/12	533779	55953	46	11	10221	58900	10%	10.0%	124	400
第 13 期	1886/6	520281	43441	50	10	10495	54570	10%	9.7%	130	377
第 14 期	1886/12	488184	42824	49	9	11312	53100	10%	10.0%	126	373
第 15 期	1887/6	651597	61066	53	7	10584	70166	10%	9.8%	130	468

结算期	结算时间（年/月）	本期利润（A）	前期未分配纯利（B）	董事职员人数	其他雇员人数	工资	花红			董事职员变化指数	工资花红变化指数
							金额（C）	规定比率	实际比率 [C/(A+B)]		
第16期	1887/12	565118	80772	53	15	11107	64339	10%	10.0%	148	437
第17期	1888/6	961557	57801	55	14	11804	73000	10%	7.2%	150	491
第18期	1888/12	510537	65841	52	14	32620	50000	10%	8.7%	143	478

注：当时只有董事和职员才享有花红，其他雇员比职员的工资低，且没有花红；董事职员的人数变化及工资红总额变化的指数是以首次发放花红的第2期设定为基数100。

资料来源：根据1880年6月至1888年6月第1至第17回「半季实际考课状并诸报告表」及该行各期「利益金割合报告表」整理而成。横滨正金银行编「横滨正金银行史」（东京：坂本经济研究所，1976）资料卷1及第4卷。

是到过面值 100 日元的三倍多，与花红对工资支出额的
六倍多比例仍然有很大距离。

表 3-12　正金银行民间股息率及平均股价（1880 ~ 1888 年）

单位：%，日元

结算期	时间 （年 / 月）	民间股息率（年率）	平均股价
第 1 期	1880/6	—	100.0
第 2 期	1880/12	9	101.1
第 3 期	1881/6	8	122.5
第 4 期	1881/12	9	127.6
第 5 期	1882/6	9	120.5
第 6 期	1882/12	8	98.4
第 7 期	1883/6	9	105.1
第 8 期	1883/12	14	105.9
第 9 期	1884/6	15	125.1
第 10 期	1884/12	16	160.9
第 11 期	1885/6	16	168.0
第 12 期	1885/12	16	173.7
第 13 期	1886/6	16	247.3
第 14 期	1886/12	16	293.3
第 15 期	1887/6	16	325.6
第 16 期	1887/12	18	255.1
第 17 期	1888/6	20	244.3

注：民间股息折为年率表示，平均股价乃该结算期内所有股票
买卖转让登记的平均价格。

资料来源：根据『横滨正金银行全史』（卷 6、頁 406-407）之
「配當金推移明細表」及各期横滨正金银行「半季實際考課狀並諸報
告表」、横濱正金银行编『横濱正金银行史』（東京：坂本经济研究
所、1976）资料卷 4 的股票买卖名单整理而成。

股东们不但关注到管理人与一线职员的报酬增幅，还继续掀开了会计账务处理上的问题。由于提取花红的基数是"利润"，基数的变动便会直接影响10%花红金额的多寡。章程规定是以"利润"为基数，按所定的百分比拨出董事及职员花红，又以"纯利"为基数拨出准备金，剩下便是股息分配。[1]问题出在章程只对"纯利"做出定义，是银行的总收入减去特定准备金及总经费支出，包括董事及职员花红，剩余便为"纯利"，但是却没

---

1 / 正金章程上对于会计账目与花红的提取有以下规定。

正金章程第39条：

本银行之总财务账每年两次在六月和十二月结算，从总收入中，减去客户存款利息、工资、差旅费、创业费及其他一切经费、董事与职员花红、营业用地与建筑物准备金、坏账准备金等，剩下为纯利。再从其内减去准备金，余额定为股东之股息分配，应全部付诸股东大会上会议和详细报告。股息分配之标准如下所示。

利润的百分之八为董事及职员花红分配，此项依随利润与花红分配规则而定。

利润的百分之五为行址建筑物准备金，此项作为营业用地与建筑物之购入、折旧或突发事故时新建与修缮等所用，但遇上特别损失等准备金也不足以补偿之情况时，也可以此准备金作为赔偿。

纯利的百分之十为准备金，此项准备金累积需要达至资本金额的两成为止，达成目标金额后，可以在股东的协议下制定方针，继续提高准备金。

以上的余额全部作为股东的股息分配，以百分比为基数，计算至十钱整数。

1880年『横濱正金銀行定款』第39条、横濱正金銀行編『横濱正金銀行史』（東京：坂本経済研究所、1976）附録甲卷之1、第6号之1、頁27-28。

有为"利润"做出定义。

由于章程规定股息分配是计算至十钱单位的整数，所以不一定会刚好将纯利剩余的全额分配净尽。从一开始，每期都会有小部分未分配的纯利拨归下期，而下期的会计账上便会记载这笔"承上期转入纯利"。但是正金银行在新一期的结算时，将本期"利润"加上"承上期转入纯利"，以其合计总额来提取花红，比例虽然是照足章程规定，但是在基数加大后，会使花红金额增加，因为这个处理方法其实是将上期的部分"纯利"重复计算一次，加入今期的"利润"内。

在股东管理人执掌的时期，由于未分配纯利与花红金额都相对稳定，差额还不致太大；但从专业管理人时代的原六郎开始，保留给下期的未分配纯利金额增加，这部分金额每年都重复计算入基数内。自从修订花红率后的第 8 期开始至第 17 期这五年间，重复计算的纯利总额达542305 日元，按 10％比例提取花红的话，等于是多发了54230 日元的董事及职员花红，乃同期工资总额的 55％。

不但如此，股东更发现基数的"利润"里面，竟然包括了非经常性收入，对于这部分收入提取花红，股东们大为不满。这收入的发生源于原六郎空降入正金银行之时，当时政府为对抗提倡官民分离的异见股东，以国债局局长名义从他们手上回购了6414 股，不到一年原六郎从政府手上以原价赎回这些股份，转到自己个人名义下，其中一部分实时配售予董事及职员等人，余下的5000 股以个人名义继续持有，问题便是出在这批股份的资金来源和最终去向。

购买股份的资金来自正金银行，是由当时四名民间董事原六郎行长、木村利右卫门本店长、樱井恒次郎、村松彦七及本店长的岳丈木村东作以个人身份向正金银行借款，并经董事会通过，以原六郎名义持股以便正金银行设立银行内部"蓄积法"，作为储蓄，将来获利全部归于正金银行，并将 5000 股抵押在正金银行。[1]

股份在两年半内陆续售出，因为股价不断上升，卖价高至每股 300 日元以上，减去赎回时的价格每股 109.8 日元后，这批股份获利不少。出售的股金及持股期间的股息收入除了用来归还正金银行借款和支付借款利息以外，得出的利润余额亦照当初计划尽归正金银行所有，有关数字接近 100 万日元之巨，包括支付正金银行借款利息 270127 日元和股份卖出后获利 722284 日元。[2]

蓄积法投资的正金银行股票获得巨利，原是一件好事，但是这笔利润在会计上的处理方法则显露了当时管理人在利益考虑上的偏向。在陆续售出股份的同时，账上并没有明确记载有这些利润，而是静静地混入不显眼的项目内，从第 12 至 16 期卖出的股金是混入"利息收

---

1 /「1884 年 5 月 23 日取締役會決議」、武田晴人編『橫濱正金銀行マイクロフィルム版』（東京：丸善、2003）第 1 期、卷 L-001、頁 143。

2 / 橫濱正金銀行編『橫濱正金銀行史』（東京：坂本經濟研究所、1976）附錄甲卷之 1、第 76 號、頁 405。

人"和"公债买卖收入"等项目内，到第 17 期时，可能是因为金额实在太大，部分按以前的项目混入后，还需另外设立"特别利益（卖出抵押品）"一项。但问题不管是"利息收入"、"公债买卖收入"还是"特别利益"，在结算表上都归到收入中，变成计算花红时的"利润"基数。按照规定提取"利润"的 10% 为花红，售股收入带来了约 10 万日元的额外花红，相当于同期间工资总额的 1.5 倍有多，也占了同期间花红总额的 26.5%。

表 3-13　正金银行售出 5000 股利润的会计处理

单位：日元

结算期	时间 （年 / 月）	混入其他项目	特别利益 （卖出抵押品）
第 12 期	1885/12	72591	
第 13 期	1886/6	8500	
第 14 期	1886/12	66671	
第 15 期	1887/6	49630	
第 16 期	1887/12	35073	
第 17 期	1888/6	131332	347478
第 18 期	1888/12		11009
合计		363797	358487

资料来源：根据各期之结算损益表及 1888 年 10 月 27 日临时股东大会上原六郎行长之说明整理而成。横濱正金銀行编『横濱正金銀行史』（東京：坂本经济研究所、1976）资料卷 4、附錄甲卷之 1、第 76 號、頁 405。

虽然这个自购股份的投资行动也为股东带来了约 100 万日元的利润和利息收入，但是股东们在见到花红额不断跳升后，接连发现账上对股东不利的处理手法，不但每期重复计算上期拨留的纯利，更将非经常利益做不诚实处理，增大利润基数，以便获得更多花红。这种种都显示出管理人不是理所当然地经常代表股东利益行事，股东们必须依靠自己提高警觉。

整个事件的进行是董事间的密室操控，无论是申请借款的董事本人、批核借款的董事兼本店长以至议决的董事会成员都是同一批人，是股东委以权力代表的管理人，也是最熟悉银行规则的一班人。

无疑地这些收入有赖当初行长的决定及众董事的合作，但此事从未在股东大会或各期业绩报告上提出，这次幸运地出现利润，股东们似乎没有理由不满或对管理人责难，问题是这类管理人行为是否值得鼓励。当初设立蓄积法，投资回购股份，虽说是不想股份流入反对派股东手上，但也含有投机成分在内：售股出来的利润用来维持每期结算时的高回报率，既能稳固管理班子地位，也为自己带来大额花红。在管理人过大的权力下，股东在收取了这次利润后，是否就能继续如此安心放手下去，期待下一次的幸运出现，这实在是对股东信心的一大挑战。

这个自购股份行动从 1884 年自政府手上赎回到 1888 年全部售清，跨越了两个条例规管的时代。不过，无论是《国立银行条例》或是 1887 年 7 月施行的《横滨正金银行条例》，此自购股份行为皆不在条例许可的经营范围内，就正金银行本身而言，也不属于其经常营运内容。但是，由于这期间正金银行章程的变化使管理人权限日益扩大，以至需要提交股东议决的事项范围大幅度收窄。[1]

在《横滨正金银行条例》实施后的新章程更赋予管理人十分有弹性的权限内容，"只要是正金银行条例及章程内没有明文禁制，则与本行营业有关之所有事件皆可依从董事认为对正金银行最有利的方案来适当处理"，宽松地对例外情况广开绿灯。[2] 即便如此，按规定，自购股

---

1 / 1880 年章程第 30 条：行长与董事需注意本银行之全体营业、处理一切事务及要负上总体责任。但对新起之事项及其修订与废止、处理非常规出纳等其他事情上，如未经股东大会决议者不得实行。

1883 年章程第 30 条：行长与董事需注意本银行之全体营业、处理一切事务及要负上总体责任。然而新起之事业及其废止等事情上，要经股东大会之决议方可实行。

1880 年 2 月「橫濱正金銀行定款」第 30 条、橫濱正金銀行編『橫濱正金銀行史』（東京：坂本経済研究所、1976）附録甲卷之 1、第 6 號之 1、頁 25-26。1883 年 4 月「橫濱正金銀行定款」第 30 条、橫濱正金銀行編『橫濱正金銀行史』（東京：坂本経済研究所、1976）附録甲卷之 1、第 33 號之 1、頁 164。

2 / 1887 年新章程第 25 条：董事依从横滨正金银行条例、章程、规则及股东大会的决议管理本银行之全体营业，且有权在其会议上决定以下诸项：……第十三，本银行之事业有关之借贷及其他诸契约之缔结事宜。……第十七，本银行之资本金及其他收取之金钱使用于公债、金银及其他确实用途上。

除了第 25 条内明确赋予管理人处理 19 类事项的权力以外，同时也宽松地对例外情况开了绿灯。

1887 年新章程第 27 条：……即便是第 25 条（等）记载事项以外，只要是横滨正金银行条例及章程内没有明文禁制，则与本行营业有关之所有事件皆可依从董事认为对正金银行最有利之方案（转下页注）

份根本不能算得上是与正金银行营业有关的事情，不能套入此弹性权限作为例外，由董事私下处理。

随着管理人决策的权限渐次扩大，股东能知悉的营运内容亦渐次缩小，股东们的不满情绪开始蔓延到作为管理人的董事及其选任的程序上。《横滨正金银行条例》上只规定行长选出后需要大藏大臣的认可，董事人数的决定和选任则交给股东大会，在 50 股或以上的股东中选出最少五名董事；但是，章程中并没有具体选任董事的方法，只是由第 25 条赋予董事会权力，可以决定继任董事的选举方法，且万一对该选举产生异议时，负责裁决的人亦是由董事会去指定。这条文使董事们有机会从程序上去影响董事选举，削弱了股东选任代表的权力，变相容许董事们钦点接班人。[1]

选举董事时缺乏适当程序的情况，令一些新加入的大股东深感震惊，从未想像过当时无人不知的正金银行，其程序处理上竟然会如此轻率。其中有一位更投诉"就算不知道以前的选举方式，只看本期的投票，都说是和

（接上页注 2）来适当处理。

　　1887 年 7 月『横濱正金銀行定款』第 25 及第 27 条、横濱正金銀行編『横濱正金銀行史』（東京：坂本経済研究所、1976）附録甲卷之 1、第 70 號之 2、頁 319–322。

1 / 1887 年 7 月 30 日『横濱正金銀行定款』第 25 条第 6 項、横濱正金銀行編『横濱正金銀行史』（東京：坂本経済研究所、1976）附録甲卷之 1、第 70 號之 2、頁 320。

以前的一样，在没有什么特别程序下便决定了，如此这般的话，恐怕所有事情都变成任由行长定夺了"。[1]

虽然原六郎对此批评不以为然，还轻蔑地嘲讽此人只是初来乍到，连正金银行只用举手方式选举也不知道。但是，其实此人并非普通市井之徒，这名投诉的大股东乃种田诚一，留学美国专门研究银行学，被"日本资本主义之父"涩泽荣一称为当时对美国银行知悉最详细的人，曾任第三十三国立银行本店长一职，后来于1880年创立东京马车铁道会社，此乃日本最早的铁路公司。[2]

种田对原六郎提出在投票前，对大股东应该有最起码的照会，通知是期准备选出谁人。[3]这些投诉内容意味着"准备选出谁人"是掌握在董事和行长手中，连大股东都不得而知，更遑论其他小股东，同时也显示当时正金银行的选举程序在管理人操控下，未能令股东感到公平满意，亦未能落实股东应有的董事选举权。

选举程序不只影响董事人选，还有可能影响结算时负责审查会计总账的调查员。在《横滨正金银行条例》实施以前，来自政府方面的监察是通过派出官委董事进

---

1 / 1889 年 8 月 5 日原六郎日记。板澤武雄·米林富男編『原六郎翁傳』（東京：原邦造、1937）中巻、頁 137。

2 / 日本銀行調査局編『日本金融史資料』（東京：大藏省印刷局、1956）明治大正編、巻 5、頁 191。

3 / 1889 年 8 月 5 日原六郎日记。板澤武雄·米林富男編『原六郎翁傳』（東京：原邦造、1937）中巻、頁 137-138。

行，他们直接参与决策与日常管理。来自股东方面的监察则是章程规定，由民间董事互选出两名监察员，负责检查账务计算的正确性及营业的实际进行情况，以便在定期董事会上报告。这纯属自己人监察自己人。及至条例实施的同时，政府撤销指派官委董事，对正金银行只是不定期派遣官员检查其业务及财产实况，而监察工作转由新章程增定的调查员制度——每半年在股东大会上从持有 50 股或以上的股东中选出两名调查员。[1]

表面上，新的股东调查员制度比起以前董事成员自己监察自己的制度有所改进，但实际上，在股东大会受管理人操控的选举方式下，不难想像什么人才能被提选。1888年选出的首批股东代表调查员是茂木惣兵卫和矢岛作郎。两人与行长原六郎关系密切，早于 1880 年已一同发起创立东京贮藏银行。1883 年原六郎与矢岛再度发起成立东京电灯株式会社，且在 1883 ~ 1891 年矢岛是社长，原六郎是董事，二人一起共事。[2] 在正金银行，茂木与矢岛两人连任五期调查员至原六郎辞任行长为止，[3] 身负监察之责的调

1 ／ 1887 年 7 月『横濱正金銀行定款』第 88 条、横濱正金銀行編『横濱正金銀行史』（東京：坂本経済研究所、1976）附録甲卷之 1、第 70 之 2、頁 335。

2 ／ 東京電燈株式會社編『東京電燈開業五十年史』（東京：東京電燈株式會社、1936）、頁 5-8 及附錄 11。

3 ／ 板澤武雄 · 米林富男編『原六郎翁傳』（東京：原邦造、1937）上卷、頁 349。

查员从没向股东大会报告账目混乱及巧增花红之事，这次事件是由股东发现和提出的，并要求董事会召开临时股东大会来讨论。

在 1888 年 10 月 27 日的临时股东大会上，股东野泽鸡一提出结算报告有违反《横滨正金银行条例》的嫌疑，结算整理上恐有混杂的情况，故而要求召开此大会，议决更正之事。[1] 大会上，原六郎行长要就这几年的账目处理做出说明。原六郎行长解释自购股份的原因是他接任的 1883 年是正金银行最穷困的艰难时期，为填补巨额损失，苦心计划借入本行资金，利用自购股份来增加收益，是当时的负责人一起深思熟虑，衡量过利害得失后才做出的决定。自购股份在 1888 年上半年已全部售出，在向正金银行归还借款和支付利息外，尚有多余利润，之前在会计处理上有误，混入其他账目内，现做出更正，新设立"特别利润"项目来记载，并希望大会追认通过。[2]

股东虽然通过了追认手续，但对管理人的信心已大为动摇，为寻求制衡日益过大的管理人权力，股东反过来要求政府重新施行监管制度，临时大会上股东通过决

---

1 /『朝日新聞・東京朝刊』1888 年 10 月 24 日、頁 2。同月 28 日、頁 1。

2 /「1888 年 10 月 27 日臨時總會決議案」、橫濱正金銀行編『橫濱正金銀行史』（東京：坂本経済研究所、1976）附錄甲卷之 1、第 76 號、頁 404–407。

议向政府请愿，希望接受监督。当时表面上用的理由是为了能够被列入"贵族世袭财产"名单内，因为能够被选为贵族财产的投资对象公司是一件荣誉的事；[1] 但更深一层的意义是列入名单内的公司都必须在政府监督下才能具备资格，股东就是希望能借助政府力量去制约管理人。[2] 结果，大会上一致通过请求政府对正金银行加以特别监督，使《横滨正金银行条例》公布后不到两年便在股东的要求下做出修订。

表 3-14　1889 年《横滨正金银行条例》修订内容

条项	修订前	修订后
第 15、16 条	行长选出后需要大藏大臣认可。	除行长外，董事亦需要。

---

1 / "贵族世袭财产"名单源于 1886 年 4 月 28 日公布的《贵族世袭财产法》，其背景是幕府时代的藩主诸侯在政权交还明治天皇后，失去原来的俸禄收入，开始时明治政府发给过一次的金禄公债券去代替以前的俸禄，债券可以收息、出售或用来做指定投资用途。但中小贵族的投资及生计每况愈下，财产为之流失。在贵族乃皇室藩屏的观念底下，政府为了保障贵族可以继续存在，必须协助其管理财产及维持收入，所以制定法例令贵族将财产划为世袭，并规限其投资方向。在挑选和审查后开出准许投资的名单，包括山林牧场、土地房屋等，其中一项为政府保证或监督下的银行和公司股票。最先公布列入的有第十五国立银行、日本银行、日本邮船会社、日本铁道会社、海上保险会社。後藤靖「華族世襲財産の設定情況について」『立命館経済學』卷 37 號 4・5（1988 年 12 月）、頁 453–486。

2 / 板澤武雄・米林富男編『原六郎翁傳』（東京：原邦造、1937）中卷、頁 125。

条项	修订前	修订后
第22条	董事如有违背条例及章程或不利事件时，大藏大臣可制止之。	"不利事件"改为"危险行为"，除制止外，亦可命令改选董事。
第23条	大藏大臣经常派遣官员检查正金银行业务及财产实况。	特派监理官监视正金银行诸般事务。

资料来源：1887 年 7 月 7 日『横濱正金銀行條例』及 1889 年 2 月 2 日勅令第 10 號条例修订。内閣官報局編『法令全書』冊 25、31。

股东不但利用临时大会达到目的，借助法例的明文规管及政府的直接参与，收紧对正金银行管理人的监察，制衡其权力，更为了防止管理人以后再度钻营方法去增加花红额。大会同时修改章程，对董事与职员花红的提取基数"纯利"做出补充定义：只能计算当期利润，且对花红总金额订出上限，每半年度不得超过 5 万日元。[1]

---

1 / 修订前章程第 93 条：董事与职员的花红定为纯利的百分之十，由董事决定其分配比例。

修订后第 93 条原文增加：但本条之金额每半年度不得超过五万元，且本条之纯利是指除去前期拨入金额后之数字。

1887 年 7 月「横濱正金銀行定款」第 93 条、横濱正金銀行編『横濱正金銀行史』（東京：坂本経済研究所、1976）附録甲卷之 1、第 70 號之 2、頁 336。

1888 年 7 月「横濱正金銀行定款」第 93 条、横濱正金銀行編『横濱正金銀行史』（東京：坂本経済研究所、1976）附録甲卷之 1、第 74 號、頁 397。

一年后股东再度召开临时大会向管理人施压，将原来章程中的董事席位由定员五人改为五至八人，增加董事人数去分摊过度集中的权力。[1]

此时正金银行的利益相关者中，不但管理人熟悉游戏规则，使用法例达成所需目的；股东们也学会了以条例为工具，在管理人的头上设置各种规范，作为权力制衡。此外，股东也经常利用召开临时大会作为要挟，向管理人施压。有一次，一班股东又要求召开临时股东大会，原六郎想劝说他们打消念头时，更被其中一名股东谷元道之不留情面地直言"要求召开临时股东大会就是行长没有信用所致"。[2]结果在1887～1889年出现的临时大会比以前频繁，没有多久，原六郎便在不情不愿下，退下行长之位。

通过实践，政府与民间股东都对法律条文容许的空间有了进一步认识。政府在尝试操控正金银行的过程中，了解到公司法制存在的两面性：在法律保障下，章程精神不只是面向民间股东，对政府行为也会构成制约；而专业管理人与民间股东都在各自不同目的底下，对规则漏洞和法例效用进行试练和加以利用。

---

1 /「1889 年 9 月 10 日株主臨時總會議案」修订章程第 20 条、横濱正金銀行編『横濱正金銀行史』（東京：坂本経済研究所、1976）附録甲卷之 1、第 80 號、頁 413-414。

2 / 1889 年 8 月 5 日原六郎日記中記載。板澤武雄・米林富男編『原六郎翁傳』（東京：原邦造、1937）中卷、頁 137。

第四章　演绎时代工具：法律与关系

在正金银行急速成长的时期，日本正朝着修订不平等条约的目标努力往前闯。政府积极推行一连串塑造近代化形象的工程，包括起草民法、商法和提倡欧化政策，以便在与列强的谈判桌上为自己增加筹码。但是1890年国会开设后，这些政策都因遭到国内反对而失败。民商法在反复争议中被逼延期施行，只能先行通过一部分实务上需要的商法章节，作为应急之用。经济上，松方财政政策迈进一步，在充实国家的银储备后，日银发行了可兑换纸币。在国内利息和海外银价下跌的环境中，有限公司的开设增加，出口数字亦上升，但财政状况仍未能乐观。因为日本与清政府在朝鲜问题上的冲突浮面后，军备投入也同时增加。

政府与目标的距离仍然遥远，正金银行也一样，虽然开始踏足海外，设置分支机构，但在国际金融体系的门槛前仍只能徘徊张望。被逼急速成长的正金银行，看似风光，实质上仍需要国家更大力支持。

日本为求加速近代化进程，追赶与西方国家间的差距，在多种行业都需要政府资助建立的时代，手上的资本资源却十分有限，故而必须审慎选择和有效地使用。正金银行对外的巨额贸易金融业务，极需要日银资金支持，政府虽然是《国立银行条例》及特殊银行法的制定和执行者，但面对日银和正金两行的股东及管理人时，也只能努力去推销"人情"、"关系"、"为国家服务"的道德目标，务求两行在"国家"大框架下，消除"公司"个体主义；而正金银行管理人在资金不足的现实问题前，为求与日银共享资源，名正言顺地结集起来，也需要拆除与日银之间"公司"个体的屏障，尽可能求同存异，在"为国家服务"的道德高地上共存。

然而，这刚引进不久的有限公司制度，原意是为了鼓励民间资本的活用和作为发展资本主义的基础，是以公司为主体，章程为约束，使公司股东安心委托出权力予管理人。而管理人则执行股东大会定下的方针，为公司谋取利益，一切权衡考虑本来应该以公司为中心。但是，在政府的推动下，正金银行与日银都必须放弃公司这个主体去决策，改为考虑要以"关系"、"人情"、"共同目标"为先。政府虽然制定法例，却没有贯彻始终去守护法例精神。在有限条件底下，利益相关者都学会围绕着法律而行，变成手执同一套条文，却因应所需而各自表述。

海外急速发展，资金严重短缺

正金银行开始迈步向外，在 1884 年取得政府在海外外汇金融的独占业务后，伦敦事务所升格为支店，正金银行在里昂、旧金山、夏威夷、上海、孟买和香港也开设事务所。急速的海外发展中，资金不足成为正金银行最大的问题。另外，在正金银行内部管理稳定后，政府渐次将经营问题交给正金银行自己去解决。而一向依赖政府支持的正金银行开始要回到现实，面对所有机构都必须考虑的资金问题；正金银行的利益相关者在上次闹出官民分离事件后，再次为正金银行的角色与路线产生分歧。

是时，日本贸易额上升，进出口都有增加，理论上可以直接从贸易结算中将银币吸收回来，唯一的条件是，如果正金银行有足够资金去包揽所有押汇业务的话。正金银行的资金无论在贸易额面前或是在外国银行的资本规模面前都显得微弱不堪，政府因为应付发行可兑换纸币，对拨款也显得有心无力。[1] 政府向正金银行提供的押汇业务资金方面，只限于政府本来预备在外支出的当年度费用，例如在 1888 年政府提供的资金基本上便是政府准备对外支付的 700 万日元左右，在实际对外支付前的

1 / 伊牟田敏充「明治前期における貿易金融政策」、収入安藤良雄編『日本経済政策史論』（東京：東京大学出版会、1973）上巻、頁 87。

空档期间可让正金银行运用，即便如此，这金额只及当年出口额的一成多而已。[1]

**表 4-1　正金银行外汇交易额与日本进出口贸易额对比
（1883 ~ 1888 年）**

单位：万日元，%

年份	出口金额	进口金额	总贸易额	正金银行外汇交易额	占总贸易额的比例
1883	3627	2844	6471	533	8.2
1884	3387	2967	6354	919	14.5
1885	3715	2936	6650	1525	22.9
1886	4888	3217	8104	2513	31.0
1887	5241	4430	9671	4937.4	51.1
1888	6571	6546	13116	5433.0	41.4

资料来源：「全國貿易對照表」朝日新聞社編『日本經濟統計總觀』（東京：並木書房、1999、復刻版）上卷、頁 238-239。橫濱正金銀行編『橫濱正金銀行史』（東京：坂本经济研究所、1976）、頁 214-215。

1887 年在《横滨正金银行条例》获批之前，董事会第一次提出增资，由创业时的 300 万日元资本金倍增至 600 万日元；面值 100 日元的新股另外附有溢价 100 日元，即每股配售价是 200 日元。此举为日本首次出现配售有

---

1 / 日本銀行百年史編纂委員會編『日本銀行百年史』（東京：日本銀行、1982-1986）卷 1、頁 386-387。

溢价的公司股票。[1] 计划原是在 1888 年 10 月前分四期完成资金到位，结果只有前两期在同年支付，剩下两期因当时市场上有限公司的新成立及增资情况颇多，使募集资金困难，故而暂停。[2] 过了 8 年，在 1896 年 3 月议决了第二次增资计划后，以前遗留下第一次增资的余额才于同年 10 月全部到位，且最后更要用上些手段才能顺利完成。事缘 1896 年 3 月时任正金银行行长园田提前在股东大会上"无意中"泄露了董事们有意在下期派发特别股息，促使股东合作地将增资余款"恰好"如期到位，没有错过收取特别股息的机会。[3]

正金银行提出第一次增资时，政府内部并非一致赞成，原因是来自日本银行。由于日银与正金都是政府条例保护下的特殊银行，彼此成立时间接近，作为国策目的上，两者地位有重叠之处，不但相互间企图越界夺取

---

1 / 与正金银行同时为日本最初附带溢价股票的还有日银。日银在 1887 年 2 月 19 日股东大会上决定增资，比正金银行开会的 3 月 30 日为早，但两行第一期增资行动都是在同年 6 月底前支付，日银面值 100 元之上附带溢价 75 元。日本銀行沿革史編纂委員会編『日本銀行沿革史』（東京：日本経済評論社、1976 年復刻 1913 年版）第 1 集、第 1 卷、頁 647–648。横濱正金銀行編『横濱正金銀行史』（東京：坂本経済研究所、1976）、頁 95。

2 /「1888 年上半季本支店景況ノ事」横濱正金銀行編『横濱正金銀行史』（東京：坂本経済研究所、1976）附録乙卷、頁 66。

3 / 横濱正金銀行編『横濱正金銀行史』（東京：坂本経済研究所、1976）、頁 165–166・186。

表 4-2　正金银行资本变动（1880～1896 年）

单位：万日元

时间 （年／月）	内容	注册资本额	时间 （年／月）	到位金额 （含溢价）	实收 资本额
1880/1	创立	300	1880/1	60	60
			1880/3	60	120
			1880/5	60	180
			1880/7	60	240
			1880/9	60	300
1887/3	第一次增资	600	1887/6	150	375
			1887/10	150	450
			1896/7	150	525
			1896/10	150	600

资料来源：第 1・2 回「半季實際考課狀並諸報告表」第 15・16・34 回「半季報告」。横濱正金銀行編『横濱正金銀行史』（東京：坂本経済研究所、1976）資料卷 1、第 2 卷 1。

对方经营中的业务，政府内部也曾有过将两行合并为一行的提议。[1] 故而，正金银行想增资扩大时，政府内部恐怕壮大的正金银行与日银间的关系会更趋恶化。当时总理大臣伊藤博文便是反对人之一，但最终仍在外务大臣

---

1 ／ 政府内部虽然有提出将日银与正金银行合并，但是大藏大臣松方正义不同意，认为由中央银行处理外汇业务乃不适当，唯恐会受到外来环境影响的直接波及。日本銀行調査局編『日本金融史資料』（東京：大藏省、1958）明治大正編、卷 4、頁 1430-1433。

井上馨和大藏大臣松方正义的支持下通过增资方案。[1]

日本为了对抗资金强大的外国银行，避免贸易金融汇兑受到操控，努力培育正金银行，但单凭刚踏足海外的正金银行，根本不可能在海外吸收到低利息成本的资金存款或资本源头，所以只能集结日本国内资金去应对。面对当时欧洲的低息资金市场，正金银行想挤身国际金融界争一席位，背后没有强大及低成本资金支持的话是不可能达到的。正金银行在 1887 年第一次增资后的资本金也不过是 600 万日元，对比当时日本贸易额 9671 万日元和正金银行外汇交易额的 4937.4 万日元来说，是杯水车薪。此巨大的资金缺口，以前由政府负责填补，如今政府也只能想到由日银去接手，这苦差激起日银与政府间的冲突。

让利支持正金，日银总裁抗命

正金银行日渐扩大发展，需要巨额资金支持。然宏观上，不但正金银行需要支持，明治政府面对外国竞争，还有很多支出排着队等候国家的资本资源。除了政府购入军舰和修建铁路以外，民间企业中纺织、铁路建设、矿山等的设备投入需求，都可预见到进口货物额会

---

1 / 板澤武雄・米林富男編『原六郎翁傳』（東京：原邦造、1937）中卷、頁 108。

不断上升，需要更多银币去支付，但是国库已经空空如也。1887 年 11 月 7 日的大藏省内部文书显示，国库的银币"为了发行可兑换纸币，陆续交给了日本银行，已所余无几"。[1] 故而只能将支持正金银行的任务转手掷向日银。

日银创立时，第一代总裁吉原重俊是美国耶鲁大学首批日本留学生之一，修读政治和法律学，回国后任职外务省书记官及大藏省属下的横滨税关关长和租税局局长，官至大藏少辅，在正金银行创业初期的管理官制度下，更是管理长，负责监管正金银行。[2]

1882 年 10 月日银创立时吉原重俊转任初代总裁，由于他出身于大藏省官僚，又是直接受命执掌同省创立的日银，所以，吉原总裁被形容为在任时无条件地依从政府指令办事。其副手富田铁之助评价其"为人温和，不喜与人相争"，即便如此，正金银行受到政府种种特别优待，对日银造成不平及带来压力时，吉原也曾沉不住气，开门见山地警告正金银行行长原六郎不能太旁若无人。

1887 年 10 月吉原在任中病逝，翌年 2 月由副总裁富田铁之助继任。富田留学美国修读经济学，曾任驻纽约副领事及驻英大使馆书记官，回国后在大藏省任职，被

---

1 / 大藏省财政金融研究所财政史室编『大藏省史—明治・大正・昭和』（東京：大藏財務協會、1998）卷 1、頁 248-249。

2 / 吉野俊彦『忘れられた元日銀総裁—富田鉄之助』（東京：東洋経済新報社、1974）、頁 69。

调至日银。政府渐次抽回资金，将正金银行的担子交给日银时，在任的正是第二代总裁富田铁之助。进入富田时代的日银开始从政府的旨意下独立，逐步确立属于日银自己的思维。[1]

富田对日银以资金支持正金银行一事显得极不愿意，正金银行行长多次与其商谈皆无结果，只能求助于大藏省。大藏大臣松方正义采取各种方式施压，包括示意、书函解释及私下劝告等，着令日银合作，在资金上大力支持正金银行，要以低于国内借款息率贷款给正金银行；但不管松方如何努力推动，都遭到日银管理人极力反对，而正金银行则扬言如没有所需资金支持的话，无奈之下只能关闭海外分支机构及结束外汇业务，并且以退为进，向政府提出不如将外汇业务交给日银办理。[2] 政府当然知道扶持出正金银行的艰苦和难度，不可能让正金银行刚建立的在外基础毁于一旦，于是发生了政府与日银冲突事件，导致日银总裁为了正金银行而遭到罢免。

1889 年 6 月 7 日的日银理事会议显得事非寻常。政府方面出席的有大藏大臣松方正义、大藏次官渡边国武、

---

1 / 吉野俊彦『歴代日本銀行総裁論』（東京：毎日新聞社、1976）、頁 25。

2 / 横濱正金銀行編『横濱正金銀行史』（東京：坂本経済研究所、1976）、頁 113–114。板澤武雄・米林富男編『原六郎翁傳』（東京：原邦造、1937）中巻、頁 127。

日银监理官田尻稻次郎、正金银行监理官铃木利亨、出纳局局长松尾臣善，正金银行方面是行长原六郎及本店长木村利右卫门，日银方面则是总裁富田铁之助、理事与仓守人、理事三野村利助、监事北冈文兵卫及森村市太郎等。如此浩浩荡荡集合了执掌金融权力首脑的会议，是为了要日银答应将1000万日元无息存款放入正金银行。[1]

政府的开场白十分冠冕堂皇，企图说之以"两行分业"方式，意思是在共同的国家经济利益目标底下，两家银行应该各司其事。正金银行作为日银的责任代理负责外汇方面事宜，日银则在背后奋臂全力赞助正金银行，一为海外经理，另一为国内经理，内外呼应，一起促进国家经济。[2]

面对政府以"国家经济为先"的说项，日银管理人还之以"股东利益"的考虑，监事北冈直言："没有股东普遍同意之下，就是总裁答应了，本人也断难依从。"[3]"在未问准全部股东意见之时，是不可能承诺的。"[4]

---

1 /『讀賣新聞・朝刊』1889 年 9 月 4 日、頁 1。吉野俊彦『忘れられた元日本銀行総裁—富田鉄之助』（東京：東洋経済新報社、1974 年）、頁 131。

2 / 横濱正金銀行編『横濱正金銀行史』（東京：坂本経済研究所、1976）附錄甲卷之 1、第 81 號之 1，頁 414–420。

3 / 日本銀行百年史編纂委員会編『日本銀行百年史』（東京：日本銀行、1982–1986）卷 1、頁 417。

4 /『讀賣新聞・朝刊』1889 年 9 月 4 日、頁 1。

更揶揄正金银行"因为维持不了每年派发 20% 的股息，所以找到日银利益的头上来"。[1]

日银监事这句话也并非无的放矢，就在这个会议前三个月，正金银行刚刚派发了 20% 的股息，相反日银的同期股息只有 13%，未免令日银中人意气难平。虽然政府持有日银 50% 股份，是实质上的最大股东，但日银的管理人和当初正金银行的股东管理人一样，既没有将政府看作股东之一，也没有忘记其他民间股东的利益，毫不苟且地坚持立场，对抗政府的干预，结果如此劳师动众的会议施压，最后也是无功而返。

同年 7 月 12 日，日银总裁富田正式书面回答大藏大臣松方，很不客气地指出"公司"与"国家"的分别。他指出"公司"的营业乃单纯以营利为目的，与国家利益不可混为一谈，影射正金银行的营业乃属牟私利之举，作为政府应该加以限制，方是良政；不应该相反地以巨额资金去支持一间牟利的商业机构。另外，富田强调日银作为日本中央银行，犹如英国的英格兰银行，需要以种种政策来调节贸易金融。回收银币去充实储备此事本来就是日银的使命，如斯重大的国家责任，又岂能委托予他行代理；所以为了国家经济上的利弊，不得已提出一计策，建议正金银行若然希望继续以前业务的话，"不

明治金融风云：横滨正金银行的人治与法治

---

1 / 板澤武雄・米林富男編『原六郎翁傳』（東京：原邦造、1937）中巻、頁 128。

如合并入日银，俾能成为本行股东后，便能予以满足"。[1]

富田总裁这番掷地有声的尖锐回答，毫不含糊地彰显其代表着股东利益的身份，指出正金银行与日银是两个不同的"公司"，背后是不同的股东，作为股东代表的管理人自当有不同的利益考虑，不该轻易混淆，即使是在"国家"大框架下也不能漠视彼此属于不同"公司"个体的事实。

富田总裁既不认同政府的"两行分业"说法，也不买政府的账。他努力为日银与正金银行划清界限；正金银行是营私利的"公司"，日银才是负有国家重大责任的"法定机构"。其实他的定义充其量只是五十步与百步之差，想抢占道德高地而已。日银虽是日本的中央银行，并自比作为英国央行的英格兰银行，但其实日银的产生并非自然地出现的一个进化过程。与欧美各国的中央银行截然不同，像英国、瑞典等国家是在众多发钞银行中，由一间巨大规模的银行最终将其他银行的功能集中，才发展成为中央银行。

相反地，日银并非经过长时间酝酿后自然地产生，而是属于日本政府在金融制度整备上的一个人工创造环节。在大藏省计划下，先制定了《日本银行条例》，然后再依据内容筹办出来，从 1882 年 10 月开业至 1885 年

---

1 / 富田铁之助「奉答卑見」、收入日本銀行調査局編『日本金融史資料』（東京：大藏省、1958）明治大正編、卷 4、頁 1436−1438。

5 月为止，日银是一间名义上有纸币发行权但实质上一张钞票也没有发行过的中央银行。开业后连续五期的结算报告中，只有寥寥可数的经营活动，因为当时日银以至整个日本都在等待着可以发行可兑换纸币的时机来临，一如初代总裁吉原所言，日银当时的状况堪称实验纪录，世界所无。[1]

日银的中央银行路线是人为铺创的，与正金银行在多方面何其相似。日银是根据 1882 年《日本银行条例》设立的，具有发行可兑换纸币的特权，是日本第一家正式法定的特殊银行；正金银行则是日本第一家实质上的特殊银行，并在 1887 年追订《横滨正金银行条例》，将其事实上已经独占的对外贸易金融业务加以法定化。两者的组织皆为 1872 年《国立银行条例》开始导入的"有限责任股份公司"模式，同样有政府股份的参与，大藏省名义下拥有日银的 50% 及正金银行的三分之一股份。[2] 两行都是得到法定的特权，在条例保护之下分别独占纸币发行和外汇金融的业务。

日银虽然高调谈国家、谈中央银行地位，归根究底，

---

1 / 吉野俊彦『日本銀行史』（東京：春秋社、1975）卷 1、頁 119–124。

2 / 正金创立时政府占股三分之一，后来有变动，到 1889 年内藏头（宫内财政部长）名下拥有四分之一股份。1889 年 12 月正金「株主姓名表」、横濱正金銀行編『横濱正金銀行史』（東京：坂本経済研究所、1976）資料卷 2 之 1。

其实还是利益之争。中央银行本身负有支持商业环境发展的责任，就是大藏卿松方在 1882 年提出要创立日银之议时，其计划书中也明确点出此中央银行将来对国家当尽的义务有五，是为：疏通金融、帮助公司及银行、提供低息环境、管理国库及外汇票据贴现。[1]

由于日银本身亦是因应近代化需要而急就章出来的产物，与真正经历过漫长过程，巩固了自身地位的欧洲中央银行不可同日而语。日银本身的基础未稳固，时刻觊觎着正金银行的外汇业务。这样背景下的两个独立公司组织，当然不可能期待日银让出利益去支持正金银行发展，所以日银管理人紧守股东托付的权力，尽其职分维护公司权益，是无可厚非的行为。但是，政府认为以当时日本的国力，两行分业经营是比较安全的做法，因为对外金融容易受到海外动荡环境波及，以日本当时尚未巩固的金融体系，政府不想中央银行直接与海外接轨，怕万一会被拖累进去。相反地，如果采取两行分业的做法，日银管内，正金银行管外，即使在正金银行有困难时，也有后勤日银可以施以援助。[2]

---

1 ／ 1882 年 3 月 1 日大藏卿松方正義「日本銀行創立之議」、藤村通監修『松方正義関係文書』（東京：東洋研究所、1981）卷 2、頁 113。

2 ／ 大藏省財政金融研究所財政史室編『大藏省史—明治・大正・昭和—』（東京：大藏財務協會、1998）卷 1、頁 247。

日银总裁富田本着中央银行的法定正统身份，自比欧洲列强的央行地位，义正词严。而另一方的正金银行，虽然政府制定了《横滨正金银行条例》将其重新包装，却依然未能成功洗脱其商业本质的形象，未被日银接纳同为国家服务的机构。为此，政府提出了更进一步的说法，在"法定资格"之上，再为两行补上其"精神资格"。

大藏大臣松方正义为两行定义其"精神资格"，各有两项。于日银，其一是"作为一国财源之根轴"，其二是要"利国力，使国家能具有与海外各国对峙之荣"；而于正金银行，其一是"促进贸易发达，尤其是奖励出口"，其二是"为收复我国利权而设立"。并从精神资格出发，加以演绎诠释，日银为主宰者、指挥者及教导者的地位，即使有了中央银行资格，也不必直接从事外汇业务，所以委之予正金银行代理并无不妥。[1]

政府与日银管理人同样高举"为国家利益"，差别是日银管理人需要同时考虑自身银行利益。富田紧守日银利益立场，对抗政府的行为，终致其总裁之位不保。在大藏大臣松方正义向内阁总理大臣黑田清隆上书要求对日银总裁加以处分后，富田于1889年9月3日辞职，所

---

1 / 日本銀行調査局編『日本金融史資料』（東京：大藏省、1958）明治大正編、巻4、頁1444-1445。

以实际上是遭到罢免。[1]

当时支持富田的舆论认为"本来"经过股东选举出来的就职人员，如没有特别牵涉政府的事情发生时，就是政府下令换人，也万不能遵从，不能将其辞退，况且日银乃营业个体，不应该令其背负不利于自身的义务，即使在政府命令之下也不可以。[2]可见当时社会舆论对"公司"与"国家"间的关系也不含糊，只可惜日银总裁一职不是"本来"的普通公司头领，不是由股东选举出来的管理人代表，而是在《日本银行条例》规管下勅任之职，名义上是由天皇任命。[3]故此，虽然日银是有限公司组织，富田的薪金也是从日银支付，但政府要任免总裁就简单得多，不需要像操控正金银行行长人选时，花

---

1 / 吉野俊彦『忘れられた元日本銀行総裁－富田鉄之助』（東京：東洋経済新報社、1974 年）、頁 135・148。

2 / 當時的『東京日日新聞』報導，詳見吉野俊彦『忘れられた元日本銀行総裁－富田鉄之助』（東京：東洋経済新報社、1974 年）、頁 148－152。

3 / 日银"总裁"名称与其他银行行长使用的"头取"名称不同，"总裁"当时是用于官职上。明治政府于1868年制定"总裁"、"议定"、"参与"的官职，合称为"三职"，"总裁"在太政官制上为"三职"的领头决议之位。所以日银总裁之名本身官味甚重，且根据《日本银行条例》第18条：总裁与副总裁的任期为五年，总裁为勅任，副总裁为奏任，但任期中不得兼任其他官职。

内閣記録保存部局、國立公文書館藏『單行書・太政官沿革史六』、1887 年 12 月、本館 2A－034－01・單 01413100、頁 4。1882年『日本銀行條例』、內閣官報局編『法令全書』冊 17。

费不少功夫去避免民间股东对抗。

在富田去职及川田小一郎继任为第三代日银总裁后，日银以 2% 低息给予正金银行 1000 万日元外汇票据贴现的贷款额，事件遂得以暂时解决。

汇兑风险莫测，难仗关系了事

在正金银行与日银的纠缠关系中，并非所有正金银行股东都如一般人想像中的乐观其成，甚至会对利用日银低息资金去扩张外汇业务感到兴奋；相反地，有部分股东对日银的资助深感不安，原因是此种资助形式只建基于彼此关系之上，并没有法律约束，一旦关系有所转变，便会影响到资金供应的稳定性。

这批被称为"改革派"的股东以第一代行长中村道太为首，包括排名在十大股东、二十大股东内的人士。[1]他们显然对《横滨正金银行条例》给予正金银行的保护

1 / 当时新闻报道中，提及有 30 名重要股东在东京集会，图业务改良之计，并选出十名委员，以谷元道之为委员长。综合各报道，提到股东名字的有六人：中村道太、平沼专造、谷元道之、种田诚一、冈村义昌、加藤斌。按 1889 年 7 月的股东名录记载，在全部 821 名股东中，这六名股东的持股排名顺序为第 6、7、11、12、32 及 57 位，这六人共持有 4835 股，占总股数 8% 以上，其余不知名的无法计算在内。『讀賣新聞·朝刊』1889 年 7 月 25 日、頁 2。『朝日新聞·東京朝刊』1889 年 8 月 11 日、頁 2。1889 年 7 月 1 日正金「株主姓名表」横濱正金銀行編『横濱正金銀行史』（東京：坂本經済研究所、1976）資料卷 2 之 1。

感到不足够，认为正金银行处理的是面向海外的外汇业务，与其他银行的国内业务截然不同，政府如今既然取消以前的保护政策，起码要给予正金银行相应特权与充实的资本。所以这些人在 1889 年提出条件，主要是要求政府公开宣布予以正金银行专权，独家办理一切海外财务事宜，及许可正金银行发行见票即兑的银行券，否则的话，便需要日银放置 1000 万日元经常存款于正金银行。[1]

这些股东认为原本正金银行经营外汇金融是为了收复国家商权，在政府资金支持下，配合国策行事。现在既然政府抽回资金支持，正金银行就没有必要再继续冒险，理应停止这种资金需求大、风险也大的外汇业务。最重要的是，不需要面对国际市场上深不可测的风云，随时会带来难以预计的巨额损失，正金银行应转型面向国内金融业务，在熟悉的环境里比较稳妥和踏实。这部分股东当然了解时势，正金银行是日本在海外唯一的外汇银行，代表了日本的金融形象，政府是不会愿意让海外看到正金银行的混乱或经常改变，更不可能会放弃一手栽培出来的正金银行，所以他们采取威胁政府的手段，不但在报章发言，更多次提出要召开临时股东大会，对政府选定的行长施压。

---

1 /『讀賣新聞・朝刊』1889 年 7 月 27 日、頁 2 及 8 月 11 日、頁 2。
『朝日新聞・東京朝刊』1889 年 8 月 11 日、頁 2。

其实股东们的担心不是完全没有道理，而且没有多久，一场国际金融动荡便证明了其顾虑是有必要的。正金银行从一开始经营押汇业务时，贷出政府纸币与出口货商，在货物出口后回收外汇，这当中的汇率风险都是由政府负担，正金银行只是收取借贷过程中的利息差额，属于代理手续费式的收入。[1] 对于正金银行而言，营业额与利润成正比，营业额越大，赚取的息差收入就越多，故而正金银行最重要的增加利润手法乃寻求更多资金供应，将营业额扩大。

及至政府逐渐抽身，将正金银行的资金问题交到

---

1 / 正金银行在 1880 年开始经营出口押汇业务，过程是借出政府纸币给出口货物商，包括直接从横滨出口到海外的及从国内各地运到横滨做出口用的两类商人，前者与正金银行直接交易，后者经过地方银行做代理与正金银行间接交易，借款可达出口货物价值的七至八成。借款约定是以银币为单位，但借款人从正金银行取得的是政府纸币，待货物出口到外国，正金银行负责回收其外汇货款，将外汇上缴当地的日本公使馆或领事馆，并以上缴当天的汇率将外汇折成银币，用银币单位与借款人计算还款及利息等，多除少补，如有余额仍是折成政府纸币支付给借款人。另外，正金银行与政府之间只是挂账对冲，欠政府账目是当初从政府借来的金额及有关利息，待回收外汇货款，便以上缴外汇当日在横滨的兑换率折成政府纸币，对冲欠政府账目。汇率的损益归于政府，正金银行不承担风险，只在中间赚取借入政府款项与借给商人款项之间的息差。斉藤寿彦「外国為替銀行の成立」、収入『人間と社会の開発プログラム研究報告』（東京：国際連合大学、1983）、HSDRJE-88J/UNUP-489、頁 23。横濱正金銀行編『横濱正金銀行史』（東京：坂本経済研究所、1976）附録甲卷之 1、第 14 號之 1・2・3、第 15 號、頁 63–70・75–89。

日银手里，在日银顽强抵抗及富田总裁辞职后，终于在 1889 年 10 月促成了两者的融资合约。正金银行作为日银在海外的代理店，虽然获得中央银行的低息资金支持，但也受到多一层压力，因为政府同时将外汇兑换风险的责任转到正金银行身上，以后不再承担这方面的损失。[1]

对于仅有数年在海外做事务式外汇经验的正金银行而言，无异于一个速成班的小学生被推出大门，投进国际大学一样。政府在过去数年以特权特惠等政策使正金银行可以在备受保护的环境中急速成长，现在突然放手让其独自前行，将外汇市场的风险放到正金银行还十分稚嫩的肩膀上，这负担确实沉重。毫无风险管理历练的正金银行马上遇到了挫折，在 1890 年 3 月股东大会报告中，行长首次发出预警，提醒股东"过去外汇营业额扩张时，会理所当然地带来相对的收益增加"，但今期不一样，由于市场汇率变化出乎意料，结果外汇部分的收益增幅跟不上其业务增长情况，所以今后需要改变策略去应对。[2]

在正金银行还未准备妥当之际，便马上遇到 1890 年

1 ／ 横濱正金銀行編『横濱正金銀行史』（東京：坂本経済研究所、1976）、頁 116—117。

2 ／「1890 年 3 月 10 日株主定式總會頭取原六郎氏演説」横濱正金銀行編『横濱正金銀行史』（東京：坂本経済研究所、1976）附録乙卷、頁 82—84。

美国通过购银法案，使国际银价暴升。[1]这对于专门进行贸易金融的正金银行是一个严重打击，因为正金银行在日本国内向出口商借出银元单位的纸币，然后在海外回收外币，所以经常会持有巨额外币。银价暴升后正金银行计算过，如果平仓回购银的话，引起的损失达150万日元之巨，相当于上一期利润的四倍有多。[2]

当时，正金银行收集海外各分支机构的意见，在混乱和议论纷纭当中估计此次银价暴涨只是一时性波动，不会持久，所以最后采取以静制动的策略。幸运的是，银价在9个月后回复到原来水平，正金银行幸免于难。[3]但是，在全球化趋势下，远方一些未可预期的动向随时都可能会变成贴身巨浪，足以淹没正金银行。这一点对各方利益相关者都响起了警号。

事件再度激发起"改革派"股东的不满情绪，他们

---

1 / 由于美国过量开采银矿，以致供应过剩，银价低下，失去开采价值，于是农民推动银币自由铸造，刺激银的用量与价格，1890年7月通过《购银法案》（Sherman Silver Purchase Act），由美国政府每月购买450万盎司银块，使银价暴升。Milton Friedman and Anna Jacobson Schwartz, *A Monetary History of the United States 1867–1960* (Princeton: Princeton University Press, 1971), 106, 116, 326.

2 / 1890年6月结算的营业利润是355945日元。1890年6月「橫濱正金銀行第二十一回半季報告」橫濱正金銀行編『橫濱正金銀行史』（東京：坂本経済研究所、1976）資料卷2之1。

3 / 橫濱正金銀行編『橫濱正金銀行史』（東京：坂本経済研究所、1976）、頁121–123。

不满政府在利用正金从事"国家事业"的同时，却没有用法律约束来提供所需资金，认为即使现在政府促成的融资契约下，日银对正金银行做出的资金支持，充其量是通过特别关系，成为表面约定，只属于此时此地负责人之间的人与人关系。如正金银行真的利用一时的资金投入去进行业务扩张和发展，日后万一人事或关系有变化时，影响资金供应的稳定，会使正金银行陷入进退唯谷的境地。

这些股东更批判"于明治当今法律进步之世，不以条约为依归，单纯诉诸人际友谊来处理实质利益之事，未免流于空泛"。而且他们没有忘记提醒政府在公司组织上股东地位的重要性，声言日银不管多大，到底是有股东组织的，若以法律条约以外的方法来庇荫正金银行，则日银股东们不但会非议，更会藉着此事件提升到国会议事场去谈论，制造舆论，所以，结论是于今之时势，单用友谊关系论已不足以应对；这些股东更提出日银贷款1000万日元给正金银行去经营外汇业务，理应与正金银行共同承担外汇上的损益才对，既然日银向来是半官半民的形象，此等"国家事业"的损益，更非其义务不可。[1]

无独有偶，正金银行股东与日银管理人在面对政府时，都高调选择打着法律旗帜来与政府对话。正金银行

---

1 /『讀賣新聞·朝刊』1891年6月3日、頁1-2。

股东关心自己的投资利益，只肯相信法律保障的约束，而非过往习惯上倚靠的人脉关系，即使由政府促成的日银借款关系亦然；日银则强调自己身为中央银行的法定地位，其总裁、理事与监事亦坚持对股东权益负责任，实践公司制度上的基本管理人行为；相对之下，政府虽然是制定法例者，面对两行时，却经常利用法律以外的手法来行事。

1890年国际银价动荡事件向正金银行的利益相关者发出了多重讯息，提醒股东在不可预测的国际市场上，正金银行面对着有异于国内的风险，外汇业务利薄本厚，在没有政府实质的承担下是否值得继续投入，是依然作为国家开路的勇先锋，还是该转向像其他银行一样，安安稳稳地经营国内借贷业务，在熟悉的环境内经营熟悉的买卖，更能符合投资目的？

另外，于政府而言，即使与正金银行一起携手摸索多年，在欧美列强的金融圈里才刚刚勉强插上一小席位，相对于海外市场，正金银行的经验与历练只够得上初阶程度，更遑论将此重要角色在中途转交给新丁日银去尝试，在明治政府急于推进近代化过程的国策底下，更突显正金银行不可随便取代的重要地位。

正金银行在外代表的是日本国家形象，但支持正金银行又引起了不少社会舆论压力。在国家资本资源并不富裕的明治前期，政府需要正金银行执行贸易金融国策，继续扩张发展，又希望减少投入资源的负担，成为一个有待解决的两难问题；而对正金银行管理人来说，经营前景显示出工作难度加深，挑战程度更大。眼看股东与政府对正金银行抱有不同目的与寄望，夹在两者间的管理人更需要小心考虑未来的决策取向。

中村领头示警，须听股东意见

正金银行由原六郎出任行长后进入专业管理人时代，他用稳定的高股息安抚股东，变相将决策权承包过来，减少意见纷纭的干预，顺利地集权于一身。1884 年又利用设立内部蓄积法，在没有知会股东大会的情况下，以董事借款方式将银行资金押注在回购正金银行股票上。把握一时机会，对未来股价反弹进行投机活动，后来出售股份得到近 100 万日元的巨额利润与利息收入，有助其业绩报告及股息派发。以年率 16% 来计算的话，派给民间股东的股息一年也不过是 32 万日元而已，故而该时期的股息未能反映出真实的营利状况。这种为了维持稳定而持续派发高息的习惯形成后，对继任人来说是一个颇为沉重的包袱。

面对薄利的外汇经营，牵涉的巨额资金已不可能单靠自我筹措来营运。眼看政府国库空虚，正金银行管理人的急务当然是与日银改善关系，以便获得低息资金来源。然而，日银虽然挂着中央银行之名，在争取权益上却屡屡败于正金银行下风。第二代日银总裁富田辞职后，原为三菱财阀元老的川田小一郎继任为第三代总裁，虽然勉强以 2% 的低息向正金银行提供了 1000 万日元资金额度，但强势的川田总裁直接与正金银行交锋，警告原六郎行长："从大藏省那里，正金银行就像妾侍一样，得到比正室的日银更多的宠爱，今后不想见到再有潜越正室的事情。"[1]

言词尖锐直接的新总裁在正金银行面前同样是强调日银拥有正统地位，之前长期势成水火的局面终于在正金银行行长低头后缓和下来。川田上任总裁后，正金银行愿意自我降级，屈居日银之下，以日银为主，原来事事直接与大藏大臣商谈，改为全部经由日银，承认日银总裁为大藏大臣的代理人。[2] 到正金银行第五代行长园田孝吉时，更选择向日银靠拢，主动撤去两行间的藩篱。

1890 年 3 月，原六郎辞任行长，园田孝吉与前任一样空降入正金银行。曾任驻伦敦领事的园田，接任后不久遇上世界银价暴升，使原来围绕着日银事件对政府已不满的"改革派"股东再度发难，利用翌年 3 月的股东大会，与政府派系的管理人对抗。当时双方矛盾的焦点在于股息，1890 年下半年收益比前期表现佳，但董事会提案的派息率却比前期减少 2%，股东认为不能接受，因

1 / 板澤武雄・米林富男編『原六郎翁傳』（東京：原邦造、1937）中卷、頁 142。

2 / 專修大学相馬永胤伝刊行会編『相馬永胤伝』（東京：專修大学出版局、1982）、頁 295。

此引起争论。[1] 由于领头的中村道太曾任正金银行第一代行长，在明治初年更是日本最早的西方式簿记讲师，对业务及账目都十分熟悉，[2] 他在大会上发出连串质问，令银行经验尚浅的园田行长难以招架。

中村尤其指出要求撤回减派股息案并非为些微股息而争，而是避免减派股息引致股价下跌，因当时众多股东都是以股票来抵押借款，股价变动会影响他们的借款能力。当然，这是借口多于实情，因为股东们不只一次逼使行长召开临时股东大会，更经常利用报章宣泄对正金银行政策、管理人及政府的不满，管理人方面也在报章上反击，争取支持，内部混乱情况的公开，使股价早已受到打击而滑落。[3] 所以，的而且确，股息分配差额事小，股东欲向管理人彰显权力事大，大会上不忘利用股息之争去提醒管理人"董事提案只是提案，也要听取股东的意见"。[4]

---

1 / 1890 年 6 月「橫濱正金銀行第二十一回半季報告」橫濱正金銀行編『橫濱正金銀行史』（東京：坂本経済研究所、1976）資料卷 2 之 1、及附錄甲卷之 1、第 84 號、頁 448–449。

2 / 小山伝三「中村道太と福沢諭吉―特にその友交関係に就いて―」『商経法論叢』卷 13 号 4（1963 年 2 月）、頁 95–128。

3 /『讀賣新聞・朝刊』1889 年 7 月 25 日、頁 2。同月 27 日、頁 2。1891 年 6 月 3 日、頁 1–2。『朝日新聞・東京朝刊』1889 年 8 月 11 日、頁 2。

4 /「1891 年 3 月 10 日株主定式總會議事錄抜粋」橫濱正金銀行編『橫濱正金銀行史』（東京：坂本経済研究所、1976）附錄甲卷之 1、第 84 號頁 452–453。

　　会议一度僵持。"改革派"股东要求投票表决，由于他们早有准备，这次不但出席人数比起上两期大会翻了一倍，达 240 名，占总股东人数 866 名的 28%，[1] 还收集了其他股东的委托权。园田一派在没有胜算底下被逼搬出最大股东的政府来，提出要加上政府持有的股权来投票，他们主张政府股份应与一般股东的投票权无异，且端出"章程乃本行之宪法"，认为条文既赋予政府股份投票权，应跟随条文办事。

　　这个建议令场面进入了另一个胡同，究竟谁是"政府"，又该由谁来决定"政府"的投票意向。政府的股票早已在 1885 年转到帝室资产上，持股名义亦由大藏省转为内藏头（皇宫内财政部部长），每次大会时内藏头会派出代表临席，这次是由内藏助（皇宫内财政部副部长）饭田巽作为代表出席。[2] 改革派股东们认为临席的政府代表本来就不应该投票，就是投也应该跟随多数民间股东意见来投。当时皇宫内财政部持有 15100 股，等于 1528

---

1 / 出席股东人数，参考：『朝日新聞·東京朝刊』1890 年 3 月 12 日、頁 2 及 1891 年 3 月 11 日、頁 1。『中外物價新報』1890 年 9 月 11 日、頁 2。第 22 回正金「株主姓名表」横濱正金銀行編『横濱正金銀行史』（東京：坂本経済研究所、1976）資料卷 2 之 1。

2 / 1885 年 1 月政府持有的正金股票已由大藏省名义转到帝室资产的内藏头名义，1891 年 3 月股东大会争论时，内藏头持有新旧股共 15100 股，占总数 60000 股中的约四分之一。東京銀行編『横濱正金銀行全史』（東京：東京銀行、1980）卷 6、頁 406-407。

票权，¹民间股东当然反对政府加入投票，更直言"在政府如此大股数的比例下，我等股东的投票权实在是有等于无"。

至此，股东大会开始陷入一片混乱，两派都争相利用章程规定来压制对方，股东们甚至早有准备，带备章程文本来开会，遇到有争议的程序，更即席查看条文来对抗。当时论争内容甚至细微到投票时该用举手还是起立方式，中村提出以起立方式决议，被园田一派反对，指大会上不能任人随意行事，必须事事依据正金银行的"宪法"——公司章程——来处理。后来有股东即席拿出章程，查到其实规定是两种投票方法皆可。结果大会只能暂时中断，委出协议小组在休息时间内商讨解决。

最后，园田行长在十分不情愿下让步，声明是在"甚违本意之下，只此一次特别处理，依照各位的希望派发 16% 股息"。这次的股东大会由下午 1 时开始，到晚上 7 时 35 分才结束，比起以前通常一两个小时的会议时间超出多倍。²

虽然，园田提醒股东们派息仍需要大藏省认可，不

1 / 1890 年 12 月 31 日正金「株主姓名表」、正金第 22 回「半季報告」横濱正金銀行編『横濱正金銀行史』（東京：坂本経済研究所、1976）資料卷 2 之 1。
2 / 「1891 年 3 月 10 日株主定式總會議事録抜粋」横濱正金銀行編『横濱正金銀行史』（東京：坂本経济研究所、1976）附録甲卷之 1、第 84 號、頁 447–458。

保证一定可以通过，但大藏省十分节制，并没有使用章程赋予的权力去否决，照样通过。股东们经过了日银事件和国际银价动荡，感到正金银行背负着国家义务，却又缺乏相应的法定资金支持和风险保护，虽然屡屡提案改革，但公司经营方针的决策权早已从股东手上剥离，能控制的空间越来越小，面对政府安插进来又一位新行长，剩下的也就只有藉着股东大会来抗争。这次周详计划下成功地挑战管理人，将其股息提案照股东要求修改，藉此重新宣示公司组织中，股东权力应凌驾于管理人之上。

改革派股东之所以成功，除了因为领头的前任行长中村熟悉游戏规则，懂得操控章程赋予的活动空间以外，还由正金银行的股东成分及公司章程变化所致。1880 年创立时，正金银行章程依照修订《国立银行条例》中的范本，设有制衡管理人的条文，赋予股东要求召开临时大会的机制，以便行使其权力。只要是在十名共持有不少于总股数五分之一的股东要求下，便可随时启动，促使董事们在收到书面要求后 7 天内进入召开临时大会的程序。[1]

以创立时的股东构成来看，总数 30000 股的五分之

---

1 / 1880 年 2 月『横濱正金銀行定款』第 16 及 17 条、横濱正金銀行編『横濱正金銀行史』（東京：坂本経済研究所、1976）附錄甲卷之 1、第 6 號之 1、頁 22。

一便是 6000 股，除了政府拥有 10000 股以外，民间股东方面，必须发动超过二十多名最大股东才可以达到五分之一股数的要求。[1]

　　1887 年因应《横滨正金银行条例》的制定，重新改订的章程中，将要求召开临时大会的条件降低，同样是最少需要十名股东，但其合计持股数则降至总股数 60000 股的十分之一。[2] 当时的民间股东构成已经改变，单是原六郎一人名义下的股份便已超过一成，[3] 其余民间最大股东中的前四名也能合起来超过一成，剩下的只需要随便凑足十人而已。[4] 由于正金银行投资者的持股量趋两极化，在新章程实施后，变得股东们更容易提请召开临时大会。

　　政府注重正金银行对外的形象，不希望见到有混乱的消息流出，"改革派"股东因有熟悉章程规则的前任行长中村道太领头，所以知道争取话语权的途径，经常以临时大会作为胁逼手段。正金银行原本每半年一期决算后，在 3 月及 9 月有定期股东大会，一年已有两次，再

1 / 1880 年 12 月 31 日正金「株主姓名表」横濱正金銀行編『横濱正金銀行史』（東京：坂本経済研究所、1976）资料卷 1。

2 / 1887 年 7 月『横濱正金銀定款』第 47 及 48 条、横濱正金銀行編『横濱正金銀行史』（東京：坂本経済研究所、1976）附錄甲卷之 1、第 70 號之 2、頁 326-327。

3 / 原六郎名义的股份包括了设立蓄积法中以数名董事的名义向正金借款购入的部分。

4 / 1887 年 12 月 31 日正金「株主姓名表」横濱正金銀行編『横濱正金銀行史』（東京：坂本経済研究所、1976）资料卷 1。

加插额外的临时大会便显得频密和招人注目。

1887 年 9 月新章程施行后，1888 年 10 月 27 日便被逼在定期大会的一个月后召开临时大会，更正了董事与职员花红的基数，又通过向政府申请特别监督，制衡管理人权力。[1]1889 年 8 月，"改革派"又酝酿另一次要求。频繁的股东活动惊动了大藏省，担心放任其发展的话，最终会影响到正金银行在海外的信用，于是忠告当时的行长原六郎必须尽快妥善处理，结果由行长及本店长以书面及约谈方式暂时劝退"改革派"。[2]但是这种股东行使权力的活动使原六郎意兴阑珊，不久便辞去行长之职，现在接任的园田还未坐稳行长之位，又出现股东大会上被提醒要"听取股东意见"，正金银行股东与管理人的对抗消息流出后，股东的强势引起外界关注正金银行内部的管理权斗争，也影响到其股价应声而下。[3]

内外联手夹击，异见销声匿迹

在股东大会上受了下马威后，园田愤慨万分，起初欲辞职不干，继而痛定思痛，不甘心之余决定留下来部

---

1 / 横濱正金銀行編『横濱正金銀行史』（東京：坂本経済研究所、1976）附録甲卷之 1、第 76 號、頁 404-407。

2 / 板澤武雄・米林富男編『原六郎翁傳』（東京：原邦造、1937）中卷、頁 133-138。

3 / 『讀賣新聞・朝刊』1891 年 3 月 21 日、頁 3。同月 27 日、頁 2。

署反击。[1]园田的计划十分彻底，分开两线同时进行：一是清除改革派在正金银行内部的支持者；二是针对改革派头领的行动。两方面都借助了银行外部力量来实行。

首先，园田藉着进行内部改革，迎入日银现职人员，将正金银行的重要职位进行大清洗。在1891年3月底一夜之间，正金银行的本店长和外国汇兑部、出纳部、贷款部的担当职位都由日银调过来的人员接掌。园田并想起了自己在伦敦任领事时已熟悉的正金银行伦敦支店长山川勇木，密电召其回国，升任为副本店长，巩固自己的班底。一时之间正金银行人事变天，早前曾经

----

1 / 关于园田有辞职之意及最后留任之过程，按原六郎方面之说法园田曾在1891年3月的对抗股东大会后，对打开正金的困难局面已失去自信，露出辞职之意，并推荐原六郎重新执掌，且在同年3月25日在大藏大臣松方正义邸宅齐集聚会，到场的除了原六郎和园田之外，还有正金董事相马永胤、日银总裁川田小一郎、正金监理官铃木利亨，在此会上众人协议对应方案及劝解园田留任。不过，从时间上来看，似乎此说法不太可能，因为园田在这个聚会后数天的3月底，随即展开改革行动，其中包括召回正金的伦敦支店长山川勇木，回来当副本店长，山川在3月29日已回到日本，在神户上岸，故而园田是早已有计划，未必是真正有辞任之意。3月25日在松方邸宅之聚会，可能只是在执行之前，知会一下有关的中心人物而已，更有可能原六郎也是在此聚会才首次得悉园田准备借助日银人员来改革之方案。参板泽武雄・米林富男编『原六郎翁传』（东京：原邦造、1937）中卷、页157。横滨正金银行编『横滨正金银行沿革史』、收入涩谷隆一・麻岛昭一监修『近代日本金融史文献资料集成』（东京：日本图书、2005）卷31、页161。

协助改革派股东搜集委任投票权的行内职员也遭到解雇的下场。[1]

表 4-3　1891 年 3 月园田行长改革的人事变动

职位	改革前	变动	改革后	原职
本店长	木村右利卫门	辞任	小泉信吉	从日银调入
副本店长	悬空	填补	山川勇木	正金银行伦敦支店长
外汇部	（不详）		青木铁太郎	从日银调入
出纳部	草乡清四郎	解雇	高桥正信	从日银调入
贷款部	伊藤诠一郎	解雇	清水良介	从日银调入
秘书部	平尾东三	解雇		
办事员	池田浩平	解雇		
办事员	角坚吉	解雇		
办事员	田中金彦	解雇		

资料来源：横濱正金銀行编『横滨正金银行沿革史』、收入涩谷隆一·麻岛昭一监修『近代日本金融史文献资料集成』（東京：日本図書、2005）卷 31、頁 161-162。

这个时期的正金银行管理层，董事成员间权力分配仍然比较平均，章程中很多权限是授予董事会而非行长个人，现在园田绕过董事会进行一连串秘密部署行动，

1 / 荻野仲三郎编『園田孝吉傳』（東京：秀英舍、1926）、頁 168-169。

其实已经超越行长权限，违反了公司章程。因为，任免职员的权力是在董事会，而不在行长个人，且必须有半数以上的董事出席方可讨论和决议。章程中也清楚地记载行长的权限，就是遇到至急情况下，行长可以特别酌情办理的事项中也没有包括相关职员的任免事宜在内。[1]

园田行长的改革行动不但没有经过董事会或股东大会，甚至不是所有董事在事前得悉，反而在部署过程中会与日银总裁和大藏大臣秘密商议。[2]园田行长不但借

---

1 / 正金银行章程第 25 条：董事按照横滨正金银行条件、章程、内部规定及股东大会之决议全面管理本银行之营业，且有权于会议上决定以下事项：……（略）第二、本行店长及之下众职员之任命罢免、晋升贬降、厘定其职务、向国内国外派遣或决定其担保人之事宜。

第 32 条：没有半数以上的董事出席的话，会议不可进行。

第 39 条：行长按照横滨正金银行条例、章程、内部规定及董事会或股东大会之决议处理本银行营业上一切之事务，且有以下之行事权。……第七、遇有至急需要董事决议之事件而无暇召集董事会之时，只限第二十五条第十及十四及第十八项之事情，行长方可先酌情处理，但应尽快向董事报告。

这里所指行长可以先行处理的内容分别为购保险、仲裁、营业用房产之买卖、缔结借贷契约、营业代理契约及支付事项，并不包括相关职员的任免在内。

1887 年 7 月『横濱正金銀行定款』第 25 • 32 • 39 條、横濱正金銀行編『横濱正金銀行史』（東京：坂本経済研究所、1976）附録甲卷之 1、第 70 號之 2、頁 319–324。

2 / 横濱正金銀行編『横濱正金銀行史』（東京：坂本経済研究所、1976）、頁 127。横濱正金銀行編『横濱正金銀行沿革史』、收入渋谷隆一・麻島昭一監修『近代日本金融史文献資料集成』（東京：日本図書、2005）卷 31、頁 161。

助日银之力来迅速建立起自己的班底人员，其向日银交心的行动也迎合了大藏省的意思：与日银修好有助缓和两行间矛盾关系，可以解决正金银行资金问题和加速海外业务发展。无疑，最能把握经营前景的始终是掌权的管理人，园田面对着国际金融环境的惊涛骇浪和政府有心无力的资金支持，深深感叹股东大会上众人的短视，在经营压力下，选择倾向日银，未尝不为务实之策，但这个决定让正金银行受到日银的干预从此不断增大。

园田行长为反击股东中的改革派，除了清洗正金银行内部人员以外，同时进行的另一线反击是针对改革派领头的一批正金银行股东，他们包括首任行长中村道太、第三十三国立银行行长川村传卫、东京马车铁道会社社长谷元道之及副社长种田诚一。在 1891 年 3 月发生股东大会对抗事件后两个月，这班股东都陆续遭到正金银行追讨欠款，被园田的代表律师告上法庭，包括控告东京马车铁道会社不肯将一批早已宣告过期的旧股票更换成新股票、谷元道之欠款 25000 日元、川村传卫欠款 6000 日元及中村道太两宗有抵押品的欠款，分别是 128649.85 日元及 119841.808 日元。[1]

当中尤其是前任正金银行行长中村道太，更是受狙

---

1 /『朝日新聞·東京朝刊』1891 年 6 月 9 日、頁 1。同月 10 日、頁 1。

击的重心人物。作为始创行长的中村，与正金银行关系密切乃世间理所当然之想，现在竟然被正金银行告上法庭，追讨欠款，不但招来流言蜚语，更揭起经济圈子对其信用的连锁关注，产生骨牌效应。接着，中村作为大股东及任职所长的东京米商会所也被盯上。外间传言中村挪用了米商会所 30 万日元。同年 6 月 17 日政府两个部门联手突击检查。当日兵分两路，农商务省派员到东京米商会所检查其账簿及存款证等，同一时间大藏省银行局亦派员到福岛第六银行东京支店及第三国立银行检查账目。因为第六银行行长辻金五郎以前是中村任职正金银行行长时的部下，两人关系密切，东京米商会所的资金及交易保证金存放于第六银行。同步检查可以防止双方有时间补漏和通风报信，可见此部署行动是要志在必得。

在跨部门联手检查下，得出证据是米商会所造假账，所记载存于第六银行的 43 万日元并没有在第六银行账簿上找到相应记录，另外指出米商会所的公债存款证明亦属虚假。6 月 19 日，在政府命令第六银行停止营业的同时，农商务大臣向米商会所下令 7 日内须补足营业保证金，在补足前要停止营业。当时中村的理解以为补足金额后便不会沾上法律刑责，于是拼尽所能到处找人张罗，保证金的填补很快地在 6 月 23 日已经足额完成。但事件却并未如其所料可以告一段落，因为政府在发出补足命令的第二天，即是 6 月 20 日就已经拘留中村并展开了检控程序。[1]

中村道太以涉嫌侵吞米商会所交易人的保证金被告上法庭，罪名是欺诈。事件发生后，财经圈舆论对其颇为同情，认为商会所此等组织的管理在总体上有缺陷，应尽快进行改革，财经杂志也曾多次评论这类商品会所组织的金钱弊害，但其实政府一直都采取不闻不问的态度，所以政府突然搜查东京米商会所事非偶然，并指出中村本身不是骄奢拜金之流，反而是无私欲和重信义的人，即使有错失也属情有可原。[2]

法庭上，辩护律师提出中村的行为并未损害到东京米商会所的股东利益，因为会所几乎全部属于中村，在总数 1000 股中，中村占了 996 股，就是管理行为有失误之处，也只会损害到持有 99.6% 股份的本人，不会构成损害他人利益。至于被指控米商会所的公债存款证明为虚假记载一事，在同年 7 月 28 日正金银行控告中村欠款另案的报道，指出该案法庭文件中，竟发现了米商会所的公债存款证明，说明公债存款是真实的，中村只是以

---

1 / 中村道太被惩处入狱事件也有被看作当时政治派阀斗争的结果，中村被指为大隈重信的反藩阀派，与事件发生时松方正义为首的萨摩长州派内阁是对立的，因而成为斗争的轴心之一。

　　高垣寅次郎「福沢諭吉の三つの書翰—中村道太の事蹟とその晚年—」『三田商学研究』巻 4 号 4（1961 年 10 月 31 日）、頁 1–18。

2 / 日本經濟評論社『東京經濟雜誌』第 578 號（1891 年 6 月 27 日）、頁 885–887。

此作为抵押借款，虚假指控根本不能成立。辩护律师以此反驳，认为农商务大臣与银行局局长虚构米商会所的保证金去向不明，政府的无理指控才是犯罪行为。[1]

此案最后还是以欺诈罪名判处中村入狱一年半，裁判结果引起议论纷纭。多数认为是正金银行率先出面控告中村欠款，导致财经界对其信用关注，推倒了第一块骨牌；究其原因，是中村主张改革正金银行才惹祸上身；一如辩护律师在法庭上所言，整个事件起因乃中村反对正金银行的立场所引致。[2]

无论真相如何，在一片诉讼与政府调查的混乱中，正金银行一众改革派头领自顾不暇。以前经常要求正金银行召开临时股东大会的声音变得越来越弱，计划也相继被取消。[3]这批改革派头领，包括中村道太、谷元道之

---

1 / 『朝日新聞・東京朝刊』1891 年 6 月 19、頁 1。6 月 25 日、頁 1。
7 月 28 日、頁 1。及 7 月 29 日、頁 1。『讀賣新聞・朝刊』1891 年 9
月 11 日、頁 2。1892 年 1 月 17 日、頁 2。7 月 12 日、頁 2。『東京
經濟雜誌』第 621 號、1892 年 4 月 30 日、頁 612。村上一博「日本
商業雜誌の旧商法施行断行論」『法律論叢』卷 82 号 4・5 合併（2010
年 3 月）、頁 483-511。

2 / 『朝日新聞・東京朝刊』1891 年 6 月 25 日、頁 1。日本經濟評論
社『東京經濟雜誌』第 622 號、1892 年 4 月 30 日、頁 612。『讀賣新
聞・朝刊』1891 年 6 月 2 日、頁 3。同月 3 日、頁 1-2。1892 年 7 月
12 日、頁 2。

3 / 『朝日新聞・東京朝刊』1891 年 6 月 18 日、頁 1。『讀賣新聞・
朝刊』1891 年 6 月 29 日、頁 2。

和种田诚一，本来位于正金银行十大股东行列之内，但经过连串事件后，已纷纷打退堂鼓，不再持有正金银行股份。对于曾在一上任就被改革派冲击到想辞职的园田行长而言，这些变动未尝不是一个最理想的结局。

表 4-4　改革派头领持有正金银行股数之变化

时间（年/月/日）	中村道太	谷元道之	种田诚一
1888/6/30	1243	1000	1000
1888/12/31	1243	1000	1000
1889/6/30	1265	1000	1000
1889/12/31	1265	1000	1000
1890/7/1	1235	1000	1000
1890/12/31	975	235	235
1891/6/30	615	235	235
1891/12/31	600	235	235
1892/6/30	0	235	235
1892/12/31	0	235	235
1893/6/30	0	235	235
1893/12/31	0	0	0

注：1891 年 3 月 10 日股东大会对抗事件，6 月正金银行提出连串起诉，同月政府两部门突击检查东京米商会所。

资料来源：1888 年 6 月至 1893 年 12 月各期正金「株主姓名表」横濱正金银行编『横濱正金银行史』（東京：坂本经济研究所、1976）资料卷 2 之 1。

在园田改革正金银行一役上，由事前进行秘密部署商谈到后来出动各部门去清除正金银行的异见股东，政府无不大力支持。于政府而言，达成操控正金银行为国家所用，是大时代急务，至于园田的做法是否违反公司章程，股东召开临时大会的权益是否该受到保护，或政府的行动是否属于选择性执法等其他问题，已经毫不重要，不会在顾虑之内。

这时候的正金银行股东人数已达 800 多人，平均持股比例缩小和股权分散，股东成分中有华族公爵、贸易商人、银行业界人士、旧地主及获得配售股份的一批正金银行职员等。他们和是时其他股份公司的股东类似，具有后进资本主义日本在明治时期的股东特色，与欧美企业发展出来的形态不同。先进资本主义的欧美模式最初是由少数事业家组织共同经营，随着事业扩大而发展出股份公司，当中核心人物的机能资本家会担当起企业经营的责任，这是一个自然酝酿的过程。[1]

但是，明治时期的日本并没有充裕时间发展这个过程，正金银行的创立是依赖政府和一些有力发起人，从零开始召集出来的，所以募集回来的股东们鲜会因为选择正金银行特定的业务范围才做出投资，而是期待回报的投资者。故而他们当中，对业务内容关注或有意参与经营的人并不多，大股东更是各自拥有或经营着其他本

---

1 / 宫本又郎：《产业化与公司制度的发展》，载西川俊作、阿部武司编，杨宁一、曹杰译，《日本经济史 4：产业化时代（上）》，北京：三联书店，1998，第 373-423 页。

行业务。

中村道太是正金银行创业发起的核心人物,也是一开始便理所当然地坐上行长之位。在中村入狱事件后,正金银行股东中失去了反对声音,股东大会变得异常平静。每次开会时间都很短,基本上不超过一个小时,而且里面已经包括了行长的例行演说在内,与以前一开就几个小时的时代大相径庭,所以说政府对园田改革的"大力支持"确实收到寒蝉效应。

表 4-5　正金银行股东大会的会议时间与出席人数
（1888 ～ 1894 年）

结算期	会议日期 （年 / 月 / 日）	会议时间 （下午）	股东人数（人）		备注
			出席	总数	
第 16 期	1888/1/10	3：00* ～ 7：00	150	568	
第 17 期	1888/7/10	2：30* ～ 不详	148	578	
临时大会	1888/10/27	1：00 ～ 3：00	100 余	578	
第 18 期	1889/3/9	1：30 ～ 3：40	239	801	
第 19 期	1889/9/10	1：00 ～ 不详	170 余	821	
第 20 期	1890/3/10	1：00 ～ 5：30	125	838	
第 21 期	1890/9/10	2：30* ～ 3：30	126	862	

| 结算期 | 会议日期
（年／月／日） | 会议时间
（下午） | 股东人数（人） | | 备注 |
			出席	总数	
第 22 期	1891/3/10	1：00 ～ 7：35	240 余	866	出现抗 争问题
第 23 期	1891/9/10	2：30 ～ 3：30	116	858	
第 24 期	1892/3/10	2：30 ～ 3：15	122	881	
第 25 期	1892/9/10	2：30 ～ 3：00	约 100	895	
第 26 期	1893/3/10	2：30 ～ 3：20	130	876	
第 27 期	1893/9/10	2：30 ～ 3：00	约 100	868	
第 28 期	1894/3/10	2：30 ～ 3：20	100 余	879	
第 29 期	1894/9/10	2：30 ～ 3：00	100 余	877	

注：＊表示定期大会后临时大会的开始时间。

资料来源：根据报章报道整理而成，『中外物價新報』1888 年 1 月 12 日、頁 1。7 月 11 日、頁 2。7 月 12 日、頁 1。10 月 28 日、頁 2。『中外商業新報』1889 年 3 月 10 日、頁 2。1890 年 9 月 11 日、頁 2。1893 年 3 月 11 日、頁 2。『讀賣新聞・朝刊』1889 年 9 月 12 日、頁 2。1890 年 3 月 11 日、頁 2。1891 年 9 月 11 日、頁 2。1892 年 3 月 11 日、頁 2。9 月 11 日、頁 2。1893 年 9 月 11 日、頁 2。1894 年 3 月 11 日、頁 2。9 月 11 日、頁 2。『朝日新聞・東京朝刊』1889 年 9 月 11 日、頁 2。1891 年 3 月 11 日、頁 1。

园田行长在短时间内降服正金银行，上至股东，下至行员；复在内部改革后，进一步利用其"关系"说，靠拢日银。他后来发表一篇题为《援助我对外银行乃国家之任务》的文章，将正金银行与日银放在国家的框架下。他指出正金银行没有国家作为后盾的话，根本不可能与强大的外国银行竞争，有幸日银以"国家观念"对正金银行此"国家事业"予以援助。虽然，现在的资金援助仅建基于双方维持的关系上，并非在法律条例确保下，然而，如果日银拒绝继续支持，逼使正金银行停止对外业务的话，则必然引致外贸混乱恐慌，斯时深信国家也不可能袖手旁观。园田更为正金银行与日银关系做出定位，指出双方非如坊间所想像，是正金银行在为日银回收银币做储备，所以日银需要资助正金银行；在这业务上，两行间实际完全是一个"从属关系"，正金银行对日银"唯命是从"。[1]

此论不但让日银面子上好看，安抚日银股东的怨气，同时也压制正金银行股东的气焰，意图平衡和融和两行间气氛。不过文章的结语并没有忘记其行长立场，提醒政府虽然一直以来，国家对正金银行直接与间接的保护匪浅，唯因此等保护缺乏持续性，使正金银行营业方针屡屡变动，不能安定地以确实的规模来发展，故而国家应予以恒久保护。

---

1 / 園田孝吉「我對外銀行を援助するは國家の任なり」、收入荻野仲三郎編『園田孝吉傳』（東京：秀英舍、1926）、頁 174–182。

这篇文章结语要求政府对正金银行予以安定持续保护之点，恰恰就是改革派股东所提出的论点。他们认为正金银行为国家服务，需要面对海外市场的风险，所以对于保护正金银行的机制，政府理应以法律确定之，而非宽松地用变量无穷的人情关系来维持。[1]现在改革派被噤声后，园田重申的却是他们的论点，说明当初改革派的观点并非错误，只是在一片维持正金银行局面稳定的行动中，被打压手段令其销声匿迹。在法律保障不足底下，正金银行只能继续以"关系"去补足资金来源，寻求生存空间。

园田利用"关系"去为正金银行进一步巩固其"正统地位"，与前任手法不同。原六郎推动制定《横滨正金银行条例》，利用法例将正金银行地位正统化，使日银与正金两行背靠着各自专享的特殊银行条例，高谈"法定"身份，互相对抗；园田不愧为外交官出身，以外交手法管理正金银行，强调"关系"，尽显非凡手腕。两者之别，成为对比。

政府大力支持正金银行排除来自改革派股东的压力后，随着甲午战争带来巨额赔款，日本经济急速发展，向取消不平等条约的目标又跨进了一大步。此时的正金银行必须加快对外活动的扩张，始能配合国策的步伐。

---

1 /『朝日新聞・東京朝刊』1889 年 8 月 11 日、頁 2。『讀賣新聞・朝刊』1891 年 6 月 3 日、頁 1–2。

第五章　统合利益矛盾：个体与国家

甲午战争后，在德、法、俄三国干预下，日本将辽东半岛归还清政府，日本国民认为连战连胜下，"吃到嘴里的肥肉也要吐出来"，感到非常屈辱愤慨。新闻媒介开始批判政府，感叹遗憾，提倡要蓄养国力、扩张军备和航路，以做后图。社会上遂流行起"卧薪尝胆"的口号，令后来日俄一战终究难免。[1]

日本军事与经济力量同时扩张，帝国主义式资本主义向海外延伸，不但支配了在中国台湾与朝鲜的殖民统治，更大目标是在"满洲"。在国内，资本主义飞跃发展，劳工、污染等问题丛生，在治安警察法的打压下，

---

1 / 産経新聞取材班『日露戦争—その百年目の真実』（東京：産経新聞ニュースサービス、2004）、頁 19−22。

付上了自由社会的代价。1899 年日本进一步向外国人开放内地，取消规限外国人活动范围的居留地后，获得各国同意局部撤销治外法权。日本在开港后短短几十年，从静坐一隅的"未开化"小岛一跃成为与列强并排作战的八国联军，梦寐着废除不平等条约的国家目标已隐隐在望。

进入 1900 年代，日本经济急速发展加上军事财政的影响，贸易逆差数字使日本储备金剧减，令金本位制面临崩溃危机。在资本主义走向帝国主义的转化过程中，正金银行需要担当殖民地金融的新任务。[1] 日本开始进入政治、经济和外交上都十分忙碌的时期，规模与时间不成比例地发展，使战争军备与战后经营都要依赖外债来维持，对外扩张更需要正金银行海外业务跟随着军事前线移动，整理军票及建立日本在中国的基础。发行公债成了正金银行主要任务，而业务重心更从西方向亚太倾斜。

正金银行到了专业管理人时代，股东地位日渐下降，对正金银行的操控与影响力也日益减弱，这点政府不无责任。随着这个权力重心转移，现在掌权的是正金银行

---

1 / 菊池道男「日本資本主義の帝國主義と横浜正金銀行の対外業務—通貨・信用制度の改変・調整と横浜正金銀行の対外・「植民地」金融機関化—」『中央学院大学商経論叢』卷 21 号 1–2（電子版）、頁 91–121。

专业管理人，在有限公司组织下，他们的权力原本应是来自股东委托，但实际上是由政府直接指派，股东大会选举只是过场程序，没有了选任和罢免管理人的权力，在缺乏有效的监察制度下，管理人在经营上会否顾虑到股东利益实在是个疑问。

一方面，正金银行管理人在权力扩张的同时，开始夹杂私人利益的考虑，漠视股东对管理人原本应有的委任权，将行长席位视为可以私相授受的操控物；另一方面，日银与正金银行关系转向紧密后，对正金银行的干预越来越大，甚至牵涉到行长的选任上。

政府需要利用正金银行为国家目标服务，在排除了正金银行股东的障碍后，是时候需要关注管理人，他们都是维新后冒头的时代精英，留学欧美，是当时政府需要的人才，现在的正金银行已是这些精英管理人紧握住的正金银行，政府要统合其步伐与政策一致，必须从这班管理人入手。

商法亦难覆盖，董事无限扩权

原六郎担任行长期间，在 1884 年英国东藩汇理银行倒闭的机遇下，正金银行成为日本政府在海外的御用外汇银行，园田孝吉行长在位期间，则遇上了甲午战争的《马关条约》，在 1896 年被政府委以重任，以日银的海外代理身份，负责在伦敦接收清政府赔款。当时《马关条约》赔款的 2 亿两白银加上归还辽东半岛的 3000 万两白银是以英镑在伦敦支付，从 1895 年 10 月到 1898 年 5 月全部付清，连利息共 37836127 英镑 8 先令 6.5 便士，折成日元相当于 355980363.835 日元。这笔 3.5 亿多日元的赔款对日本来说是史无前例的巨额进账，比起当时日本国家预算案经常收入的四年总和还要多。[1]

表 5-1　明治政府预算案之经常收入（1892～1895 年）

单位：万日元

年份	经常收入
1892	8072.8
1893	8588.3
1894	8974.8
1895	9544.5
合计	35180.4

资料来源：朝日新聞社編『日本經濟統計總觀』复刻版（東京：並木書房、1999）上卷、頁 60。

日本朝野上下都注视着这笔巨款的处理问题，为此，园田亲赴英国打点一切，这任务不但为正金银行带来光荣，更增加正金银行在国内和海外的信用。经过接收当时英国史上最大金额的一张 1100 万英镑票据后，以前一直被英格兰银行拒绝开户要求的正金银行伦敦支店，终于能顺利地在该银行开户，进一步奠定正金银行在海外

1 / 藤村通監修『松方正義関係文書』（東京：東洋研究所、1981）卷 4、頁 540-543。

的地位。[1]

另外在银行内，自从中村道太为首的改革派股东被园田行长告上法庭，复遭大藏省施行连串监管检查的打击后，股东们在正金银行内的声音变得异常寂静，出席股东大会的人数愈见减少，从 1891 年 3 月改革派抗争最高峰时的 240 多名跌至半数，之后数年都只是 100～120 名。股东们除了围绕股息的要求以外，几乎没有新的提案或议论，正金银行整套经营权已完全落在管理人手上，股东能得知的银行经营内容只限于每期股东大会上行长的一篇演说，再加上外面的报道和传言而已。现在就是正金银行在海外开设事务所，也不需要通过股东大会讨论和通过，直接由董事会决定便可。[2] 包罗的章程内容中赋予正金银行管理人的权力几乎可以决定所有事项，剩下给股东大会通过的只是极少数，像增资和修改章程而已。

1 / 中井長三郎談「世紀末最大の小切手—中井芳楠事歴」、收入東京銀行編『橫濱正金銀行全史』（東京：東京銀行、1980）卷 1、頁 543。専修大学相馬永胤伝刊行会編『相馬永胤伝』（東京：専修大学出版局、1982）、頁 361。

2 / 1893 年 2 月正金的董事会议决在上海及孟买开设办事处，在决定后同年 3 月 10 日的定期股东大会上，只在园田孝吉行长的演说中提及目下实施的计划中在此两地设置办事处。「1893 年 3 月 10 日株主定式總會頭取園田孝吉氏演説」橫濱正金銀行編『橫濱正金銀行史』（東京：坂本経済研究所、1976）、頁 147。同书附錄乙卷、頁 94-96。

起草《商法》是井上馨任外务卿时，积极推行欧化政策的一环，1893 年部分旧《商法》的施行及 1899 年明治《商法》的全面公布下，正金银行的特殊地位没有受到影响，在《商法》衬托下，只会显得更特殊。1889 年日本首次的商法草案在帝国议会通过，原准备在两年后施行，但翌年底经过商法典论争后决定延期，之后因为应对实际需要，又改在 1893 年 7 月 1 日先施行一部分。[1]

在 1893 年部分旧《商法》实施前，大藏省监察局曾通知正金银行需要依从商法登记，并在银行名称上加"株式会社"，但再度审议下，又认为正金银行是在专门条例管辖下，其公司章程已得到大藏大臣认可，所以不受此限。显然是公布前没有考虑到现存的特殊银行，为了补救受影响的日银与正金银行，同年 12 月 19 日政府追加《商法施行条例》，注明有特别法律依据的可以不需在商号上附加"株式会社"，所以正金银行维持原名，只是按照商法第 168 条及第 169 条将银行成立的基本资料

---

1 / 根据 1893 年 3 月 6 日法律第 9 号《商法及商法施行条例》修订，于 1893 年 7 月 1 日先施行原来 1890 年 4 月 26 日法律第 32 号《商法》中的第一编第六章「商事會社及共算商業組合」、第十二章「手形及小切手」及第三編「破産」。内閣官報局編『法令全書』册 45。

和设置的支店依例登记便可。[1]

1899 年 3 月 9 日公布新《商法》，其中第 17 条规定所有商号名称必须加上公司分类，即是合名会社、合资会社、株式会社、株式合资会社或外国会社。但同时公布的《商法施行法》第 2 条明确指出在商法前的有关商事法令，在商法施行后仍继续有效。这样正金银行便与旧《商法》时一样，不需要加上"株式会社"，并继续在其独享的《横滨正金银行条例》下沿用以前的内容经营。[2]

唯一受影响之处要到同年 6 月 16 日《商法》施行后才发现，因为是先有正金银行，后才有《商法》，所以习惯性用词上会有相异，例如正金银行使用的"事务所"、"主任"、"调查员"等，在商法中只有"支店"、"支配人"、"监察役"的相对名称，不能完全对号，在很多官方登记手续上引起不便，为了统一起见，同年 12 月正金银行修订新章程来配合《商法》。

新章程制定后，以前需要大藏大臣特别许可的内

1 / 1893 年 6 月 13 日、29 日及 12 月 4 日横濱正金銀行「取締役會決議抜粹」横濱正金銀行編『横濱正金銀行史』（東京：坂本經済研究所、1976）附錄甲卷之 2、第 115 號、頁 627–628。1893 年 3 月 6 日法律第 9 號『商法及商法施行條例』修訂、第 168 及 169 條。內閣官報局編『法令全書』冊 45。

2 / 1899 年 3 月 9 日法律第 49 號『商法施行法』、第 2 條。同日法律第 48 號『商法』第 17 條。內閣官報局編『法令全書』冊 66。

容仍然保留，除此以外，还存在一些与商法不同之处。在组织变动与存废问题上，正金银行章程采取更为审慎的规定；相反地在管理人方面，正金银行章程又比商法还宽松。像《商法》中规定股东可以议决由公司起诉管理人，但是这一条并没有出现在正金银行章程上。而《商法》规定防止董事进行有利益冲突的行为，正金银行则明文容许日银副总裁兼任正金银行行长，与商法精神相违背。

表 5-2　1899 年正金银行章程与 1899 年《商法》
主要相异之处

1899 年《商法》	1899 年《正金银行章程》
股东大会	
第 209 条　议决变更章程的股东大会必须有过半数股东及相当于 50% 资本额者出席，以出席票权的过半数通过。	第 51 条，第 58 条　议决增资、减资、合并、延长营业期限、解散、章程变更、董事与监察役之解任时，出席要求与商法相同。但议决方面，前五项需要出席票权的三分之二通过，其余只需过半数。
第 161 条　上述以外的其他议案以出席股东票权的过半数通过。但章程另有规定时除外。	第 51 条，第 58 条　上述以外的其他议案只需要总股东人数的 20% 及相当于 50% 资本额者出席便可，以出席票权的过半数通过。
董事、监察役	
第 175 条　董事不可从事与公司同行类营业之商业行为，或为其他同样营业目的的公司作为无限责任之社员，但经股东大会认可者除外。	第 38 条　大藏大臣可命日银副总裁兼任本行行长。

1899 年《商法》	1899 年《正金银行章程》
第 177 条　董事有违反法令或章程之行为时，即使是依照股东大会决议之行事，亦不可免除对第三者赔偿损失之责。	第 43 条　董事有违背《横滨正金银行条例》、章程、银行规定、股东大会之决议又或故意令银行蒙受损失时，须负赔偿之责。行长、副行长有违背董事会决议时亦同样处理。即使按《横滨正金银行条例》被罚款后，仍须赔偿。
第 186 条　监察役有失职时，对公司及第三者的损失负上赔偿之责。	第 44 条　只对公司损失负上赔偿之责。
第 178 条　在股东大会对董事提诉之决议下，或议案被否决后再有相当于十分之一资本额的股东要求下，公司必须于一个月内对董事提出起诉。	无此规定。
第 167 条　对于有规定任期之董事，如没有正当理由而在期满前被解任者，可向公司请求赔偿因解任引起之损失。	无此规定。
公司准备金	
第 194 条　每期需要拨出纯利之 5% 或以上为准备金，直至其达资本金的 25% 为止。	第 90 条　每期拨出纯利 10% 或以上为准备金。没有规定累积上限。

资料来源：1899 年 3 月 9 日法律第 48 號『商法』内閣官報局编『法令全書』册 66。1899 年 12 月『横濱正金银行定款』横濱正金银行编『横濱正金银行史』（東京：坂本经济研究所、1976）附録甲卷之 2、第 116 號之 1、頁 629-659。

1899 年 12 月 23 日新订的章程距离上一次 1887 年的重大改订已相隔 12 年，内容虽然同样是 107 条，但条文继续扩大管理人权力。例如在旧章程中，除了《横滨正金银行条例》或章程特别禁制的事情以外，所有"有关银行营业"的事项皆可以由董事以其认为最有利于银行的方式来处理，新章程中则删除了"有关银行营业"的范围规限，变为"所有事项"皆可由董事处理；此外，随着正金银行规模扩大，一众高层管理人员的权力也相应调整，将以前固定在董事权限内的通常营业事项，可以下放到行长、店长或其他职员手中；在遇到至急需要时，行长可以有酌情权先行处理，再向董事会报告，这一条原来在旧章程中有详细内容规范，处理事项只限于购买保险、仲裁、营业用房产的买卖、缔结借贷契约、营业代理契约及支付事宜，但新章程删除了这些内容规范，变成在理论上行长拥有的酌情权可以无限扩大。[1]

经过改订的最新章程下，现在需要股东大会通过的议案只剩下增减资本、设置或废止支店、解任管理人和修订章程。随着实权向管理人一侧倾斜，政府可以大为放心，因为股东现在已不容易影响到正金银行的营业方

1 / 1887 年『横濱正金銀行定款』第 25 條第 8 項‧第 27 條‧第 39 條第 7 項。1899 年『横濱正金銀行定款』第 30 條第 8 及第 9 項‧第 31 條‧第 39 條第 7 項。横濱正金銀行編『横濱正金銀行史』附錄甲卷之 1、第 69 號之 2、頁 320–322。附錄甲卷之 2、第 116 號之 1、頁 639–640。

针，更难以妨碍政府对正金银行的操控；但另一方面，政府需要开始注意掌握实权的管理人，因为有关专业管理人的各种问题已渐次浮面，呈现出来。

操控越趋专业，席位私相授受

随着正金银行业务发展和扩大，管理人地位也不断跟着提升。作为甲午战争胜利国的日本，在《马关条约》中得到空前巨额赔款，正金银行就是以日银代理的身份去代表国家，在伦敦接收清朝赔款，并负责兑换及运送回日本，作为处理如此重大事项的国家代表，正金银行不但在海外奠定了无可比拟的地位，更是闻名全国，此时的正金银行管理人内外知名，是整个商业社会的话题与焦点所在。

能够晋身正金银行管理人圈子是何等风光的事情，可从部分关系者的反应中想像得到。1895 年，时任日银营业局长山本达雄被大藏省指派兼任正金银行董事一职，山本得悉后兴奋异常，马上写信向家乡报喜："能当上正金银行董事是十分有名誉地位的事，虽然没有月薪，一年花红约为 2000 日元，但这是地位上的满足。"[1]

作为董事尚且如此，更何况是一众管理人的头领，

1 ／ 山本達雄先生伝記編纂会編『山本達雄』（東京：山本達雄先生伝記編纂会、1951）、頁 175。

正金银行行长一举一动经常是新闻报道的焦点，就是日银第二代总裁的富田铁之助也曾慨叹："正金银行行长像原六郎、园田孝吉般，一件海獭外套都要五六百日元，他们乘着马车到处去，令时人羡慕不已。"[1] 身为日银总裁尚且如此，在其他人眼中更是高不可攀的派头和地位。

正金银行头领的社交圈子令人向往，在国内招待与会面的都是政府高官和富商士绅，在海外也都是显赫名人。当年正金银行园田行长在纽约招待客人的情况曾被《纽约时报》报道，在豪华酒店 Majestic 的宴会厅内，插上美日两国国旗，到会的有日本领事、美国财政部高层官员、银行家和棉花交易所所长等人士，会场点缀隆重，大圆桌上以鲜花组成国旗式样，还有乐队现场演奏。[2] 如此风光职位不但带来可观的金钱收入，还有使人趋之若鹜的名誉与地位。

正金银行管理人除了领取月薪之外，还有花红、出差补助和驻外津贴等，各种待遇是根据其《内部规则》

1 / 吉野俊彦『忘れられた元日本銀行総裁—富田鉄之助』（東京：東洋経済新報社、1974 年）、頁 153−154。

2 / 国内经常有关于正金行长招待政府高官和富商绅士等，或与政府长官会面等报道。『讀賣新聞・朝刊』1887 年 1 月 20 日、頁 3。1888 年 8 月 23 日、頁 1。『朝日新聞・大阪朝刊』1884 年 8 月 5 日、頁 1。"President of Yokohama Bank Gives a Dinner at the Majestic," *New York Times Archive*, July 31, 1896, <http://query.nytimes.com/gst/abstract.html?res=9900EFDA123BEE33A25752C3A9619C94679ED7CF&scp=1&sq=yokohama&st=p> (Mar 22, 2012).

按职等来厘定，而《内部规则》是根据章程指示由董事会制定，章程的变更需要股东大会的议决通过，但是《内部规则》的变动只需要董事会通过便可。在创立初期《内部规则》还需要经过正金银行管理官的批准，但 1882 年取消管理官制度后便纯粹交由董事会决定。[1]

1882 年由原六郎执掌行长后，正金银行进入了专业管理人时代，甫上任便改革工资制度，减低定额的月薪，增加花红提取比例。他开始在牵涉利益的问题上越界操作，包括越过股东大会，利用银行资金回购股份，然后私下操控配售，还有教唆行员如何从银行《内部规定》中取巧借款，及至后来混淆账目去增加派发花红。虽然一切都在大藏省眼皮底下发生，但政府没有采取措施制止，且在部分事件中更是抱有支持的态度。

表 5-3　1881 年（创业初期）正金银行人员的薪津规定

金额单位：日元

项目	行长	董事、副行长	店长	副店长	其他职员	见习职员
职等	1	2	3	4	5 ～ 12	13 ～ 15

---

1 / 1876 年『國立銀行規則』第 61 條及 1880 年『橫濱正金銀行定款』第 12 條、1881 年『橫濱正金銀行內部規則』第 54 條、1876 年『國立銀行條例』內閣官報局編『法令全書』冊 11。橫濱正金銀行編『橫濱正金銀行史』附錄甲卷之 1、第 6 號之 1·第 10 號、頁 21·47。

项目	行长	董事、副行长	店长	副店长	其他职员	见习职员
月薪	100	董事 10，副行长 90	80	60	6 ~ 50	3 ~ 5
花红	每期结算利润提取 6%，个别比例由董事会决定					
一般国内出差 (达 10 里路程)						
旅途中每天津贴	3	3	2.5	2.5	1.5 ~ 2.0	1.2
停留时每天津贴	1	1	0.8	0.8	0.5 ~ 0.7	0.4
横滨—东京来回交通费	1.4	1.4	1.4	1.4	1.0 ~ 1.2	0.9
海外出差	个别决定					

资料来源：根据 1881 年『横濱正金銀行内部規則』第七章、1880 年 12 月横濱正金銀行第 2 回『半季實際考課狀並諸報告表』整理而成。横濱正金銀行編『横濱正金銀行史』附錄甲卷之 1、第 10 號、頁 42-45。資料卷 1。

创业初期的董事月薪不高，除了有兼任实职的董事以外，月薪只及行长的十分之一，八名初代董事中，兼实职的有行长中村道太、副行长小泉信吉和本店长小野光景，其余五人中的堀越角次郎经营家族生意，是棉麻和服的商人，西脇悌二郎时任其家族为大股东之一的新潟第四国立银行董事，木村利右卫门和中村惣兵卫是横滨生丝商人，水野忠精是旧藩主后代的华族，除了兼实职的董事以外，没有积极参与正金银行日常经营。[1] 到了原六郎的专业管理人时代，董事们才积极参与公司经营管理，其报酬亦因应提高，其他津贴的规则也随着正金银行面向海外发展而变得更详细。

表 5-4　1887 年（专业管理人时代）正金银行人员的薪津制度

单位：日元

项目	行长	董事、副行长	本店长	支店长	其他职员
职等	1	2	3	4	5 ~ 12
月薪	80	70	65	40 ~ 50	6 ~ 35
花红	每期结算利润提取 10%，个别比例由董事会决定				
一般国内出差（超过 20 里）					
旅途中每天津贴	1.5	1.5	1.5	1.5	1 ~ 1.2
停留时每天津贴	2	2	1.5	1.5	0.75 ~ 1
横滨—东京来回交通费	1.8	1.8	1.8	1.2	报销 ~ 1.2
海外出差					

---

1 / 谷口政德编『富豪立身談―實業教育』（上田屋、1899）、頁105。古林亀治郎『現代人名辞典』、收入『明治人名辞典』（東京：日本図書センター、1987）上、頁ホ13。西脇悌二郎又名悌次郎、第四銀行編『第四銀行百年史』（新潟：第四銀行、1974）、頁134。横浜市編『横浜市史』（横浜：横浜市、1958-1982）卷3下、頁517。

项目	行长	董事、副行长	本店长	支店长	其他职员
临时出差每天津贴	10	10	10	6	3 ~ 6
每次出差之准备费	100	100	100	75	50 ~ 75
由横滨出发之单程旅费					
至伦敦	755	755	755	560	330 ~ 560
至里昂	675	675	675	500	300 ~ 500
至纽约	593	593	593	475	297 ~ 475
至旧金山	300	300	300	260	125 ~ 260
出差途中费用	交通费、杂费等报销				
长期驻在津贴	个别由董事决定月薪及津贴				
交际费	个别由董事决定				

资料来源：根据 1887 年 12 月 24 日『横滨正金银行内部规则』第 30 至 46 条及 1887 年『横滨正金银行定款』第 93 条整理而成。横滨正金银行编『横滨正金银行史』附录甲卷之 1、第 70 号之 2・71 号、页 336・348－354。

管理人报酬的提升，除了在差旅费和津贴待遇上，还显示在花红额方面。1887 年底订定新的《内部规则》，董事如有兼任实职的，只收取实职的一份，不能再收取董事的一份；在个别人员的花红额方面，职员的分配比例是由董事决定，而董事的分配比例则由行长决定；行长及店长除了一般花红以外，还会在每期花红额中拨出 21% 作为行长及店长的交际费，但不是实报实销，而是全数支付，意思是可能会有部分如同津贴一样落入口袋。[1] 以 1888 年一年为例，花红总额 123000 日元中，有 21% 的 25830 日元是付给行长及店长作为交际费，与行长月薪的 80 日元及店长的 65 日元相比，这交际费实在巨大得惊人，就算不是全额进账，只一部分入个人口袋也已经十分可观。

专业管理人时代的花红金额不断跳升，引起股东不满，曾在 1888 年 10 月 27 日召开过临时股东大会修订章程，在花红定为提取纯利 10% 的条文上，增加上限规定，使每半年度的结算期中，总额不得超过 5 万日元，且规定纯利的定义，不能将前期拨入的未分配利润重复计算。[2]

---

1 / 1887 年底正金《内部规则》中，规定每期花红额的分配如下：

• 30% 特别花红及慰劳金，留给有特别功劳的编等职员在退职或去世时的赠金所用，具体由董事按其职务重要性及在职时间个别厘定。

• 21% 行长及店长的交际费，但不是实报实销，而是全数支付。

• 49% 一般花红，分配与所有编等职员，从行长到第十二等职员，雇员虽然没有编，但如董事认为适当的，也可个别考虑给予。

1887 年 12 月 24 日『横濱正金銀行内部規則』第 47 至 52 條、横濱正金銀行編『横濱正金銀行史』（東京：坂本経済研究所、1976）附録甲卷之 1、第 71 號、頁 354-355。

2 / 1887 年 7 月『横濱正金銀行定款』、第 93 條。1888 年 7 月『横濱正金銀行定款』、第 93 条。横濱正金銀行編『横濱正金銀行史』（東京：坂本経済研究所、1976）附録甲卷之 1、第 70 號之 2 及 74 號、頁 336·397。

不过，在股东修订完章程后，管理人已马上有对策，是期的结算报表上见到会计项目名称有所改动。

自开业以后，经常费用的项目一直不变，但在1888年设定花红金额的上限后，原来的"薪金"项目变成了"薪金及津贴"，花红金额虽然被上限压制降低，但薪金及津贴的金额却变成倍增。所以章程虽然是修订了，但结果并未达到股东削减人事经费的目的。在1898年后，更干脆以"诸经费"一项囊括了原来的五项账目：工资及津贴、差旅费、维修费、诸损、诸税，且连内容明细也欠奉，让股东无从了解工资单项的实际变动情况。

表5-5　正金银行结算表上经常费用项目的变化

结算年 / 月	开业 ~	1888/12 ~	1898/6 ~
项目名称	工资	工资及津贴	诸经费
	差旅费	差旅费	
	维修费	维修费	
	诸损	诸损	

资料来源：横滨正金银行各期「利益金割合报告表」横滨正金银行编『横滨正金银行史』（东京：坂本经济研究所、1976）资料卷4。

表5-6　1888年12月"工资"账项名称变更前后的人事经费对比

单位：人，日元

结算期	结算时间（年 / 月）	董事职员人数	其他雇员人数	工资（及津贴）金额	花红金额	花红规定
第16期	1887/12	53	15	11107	64339	10%

结算期	结算 时间 （年 / 月）	董事 职员 人数	其他 雇员 人数	工资（及 津贴） 金额	花红 金额	花红规定
第 17 期	1888/6	55	14	11804	73000	10%
第 18 期	1888/12	52	14	32620	50000	10%，上 限 5 万
第 19 期	1889/6	51	14	22053	45300	10%，上 限 5 万
第 20 期	1889/12	50	19	21980	44180	10%，上 限 5 万

资料来源：1887 年 12 月至 1889 年 12 月「利益金割合報告表」横濱正金銀行編『横濱正金銀行史』（東京：坂本経済研究所、1976）资料卷 4。

随着章程内容的修订，管理人紧握着正金银行的实权，作为最高权力机构的股东大会也渐渐失去对管理人的制衡，即使股东对管理人享受的有形无形待遇感到不满，可以采取的有效行动并不多，尤其在 1891 年改革派股东受打压事件后，管理人的顾忌更少，不但是费用上公私不分，甚至连行长之位也沦为私相授受，此时的正金银行已成为管理人把玩的正金银行。

1891 年 7 月，已退任行长一职的原六郎仍保留着董事席位，并以董事身份前往欧美出差，继任行长的园田孝吉为其行程准备花上 5000 日元。当时有大股东对此不满，认为显然是园田利用巨额公费去"讨好原六郎，收买其欢心",此行程并无须指派如此高职位人士,令银行增加负担。更为此约见园田面谈,指此事不该独断独行,应交由大会讨论,没想到园田竟以强硬态度响应,威胁股东们"如将此事拿到股东大会上去否决的话,我们就决心辞职"。结果,临时股东大会的请求最后不了了之。[1]这次事件反映出此时期的管理人已控制了整个正金银行营业,复杂的业务内容已经不是随时可以有人能取而代之,更何况股东丧失了罢免的实权,正金银行管理人提出辞职来威胁,马上打消了股东的施压及过问经营细节的企图。

这次事件中,园田因何受到质疑会利用公款去讨好原六郎及收买其欢心,此点必须从背景去加以了解。首先探讨原六郎欧美之行究竟是为公还是为私。表面上原六郎去欧美出差,是为了正金银行需要推行新外汇风险管理方法,政府于1889年改变政策,不再承担正金银行外汇买卖上发生汇率差价的风险,改为由正金银行承担,这是正金银行从单纯的外汇事务处理银行变为真正外汇交易银行的转折点。以前,正金银行在买入与卖出外汇时,因市场汇率变动所产生的损益都与正金银行无关,正金银行只负责处理手续,金钱的结算最后是挂在政府账上。

---

1 / 『讀賣新聞·朝刊』1891年7月23日、頁1。

1889 年开始，正金银行独立承担外汇兑换风险，翌年即遇到国际市场上银价暴升暴跌的风浪。在幸运地逃过巨额损失后，正金银行决定改革其外汇风险制度，创立了"联合营业制度"，将正金银行所有营业据点分成两大阵营：金本位组与银本位组。同组内的外汇予以统一管理，各店间可以相互对冲外汇结存数字，减少个别支店与市场对冲的需要，联合起来统一应对。[1]1891 年 6 月 29 日董事常务会议决定从同年 11 月开始实施新制，原六郎便是为了这个新制度的推行而去欧美支店巡回视察，当时原六郎已退任行长一年多，但继续任职董事，继任行长为园田孝吉。

从公事层面上，利用什么方式去执行任务，用文书通知还是派员出差，以至是否需要董事职级的人士亲自出差，这些都不可能以规则条文去约束，完全是管理人判断的问题，确实是很难客观地断言适当与否；但是从私事层面上去看，股东的怀疑也不是完全没有道理，因为原六郎刚于 1889 年与土仓富子结婚，这次行程不只是公差，还是与新婚夫人到欧美度蜜月。

两人在 1891 年 7 月 16 日于横滨登上"北京夫人"号，向旧金山展开蜜月之旅，横跨美国到纽约后，其夫人临时决定要留在美国，与在新港的妹妹土仓政子一起

---

1 / 葭原達之「横浜正金銀行における「連合的営業法」の創設と展開」『經營史学』巻 13 号 3（1979 年 6 月）、頁 41–60。

留学，原六郎曾劝其夫人不如继续行程，到英国后再留学，因为"这次不去英国，这好机会难再"。不过最后还是劝阻不住，无奈只能在 9 月 2 日单身继续向伦敦前行，在视察完法国里昂、印度、中国的香港和上海后于翌年 2 月 28 日回到日本。[1] 此次欧美行，一部分确实有瓜田李下的嫌疑，不能归咎股东过度敏感，现在剩下的疑问是何以园田需要讨好原六郎及收买其欢心。

原六郎在行长任内受到改革派股东的压力，他们经常以召开临时股东大会为威胁，逼迫原六郎向政府取得对正金银行更多保护，来平衡正金银行需要面对外汇市场的巨大风险。当时不但看到改革派股东制造舆论，在报章发表针对政府保护和董事人选的改革意见，也同时看到管理人部署的还击，双方利用报章向远距离的股东及外界发放讯息，争取支持。大藏省虽然支持原六郎，但也不愿意看到股东经常闹得民意沸腾，影响正金银行的稳定与形象，所以多次着原六郎想办法解决此事，在不得已之下，原六郎最后决定辞任行长，但他有附带条件，向董事会提出要求，由他来决定继任行长人选，在

---

1 / 根据原六郎 1891 年日记记载，8 月 13 日到达新港，新婚夫人听小姨土仓政子及友人 Mrs. Morris 谈及在美国的生活、学习英语等，决定留学。板澤武雄・米林富男編『原六郎翁傳』（東京：原邦造、1937）下卷、頁 117。

众人同意后才正式请辞。[1]

　　手中拿着新行长的钦点权，原六郎其实有自己的如意算盘，原来他一心只想短期让出行长之位，期待与股东间气氛缓和后卷土重来，他相中园田孝吉为继任人，并就此事两人有了"君子协定"。[2]1890 年 3 月 10 日股东大会上，园田先晋身董事，同月 18 日董事会上顺利地经过互选成为正金银行第五代行长。[3]

　　园田出身外交官，自 1874 年开始派驻英国，1880 年升任驻伦敦总领事，在任期间，受大藏大臣训示要慎重注意正金银行，因其关乎日本国家在外的体面，需要监察好伦敦支店的活动。[4]除此以外，园田并没有其他管理银行的实务经验，也许就是这一点吸引了原六郎，觉得可以安心利用他作为一时过渡的棋子。

　　这个撮合也是在一个偶然的机遇下，园田本来是应

---

1 / 板澤武雄・米林富男編『原六郎翁傳』（東京：原邦造、1937）中卷、頁 151。

2 / 原六郎指定园田孝吉为继任人之事在双方的资料中都有提及，但双方事前君子协定则只是原六郎数据中的记载。荻野仲三郎編『園田孝吉傳』（東京：秀英舍、1926）、頁 164。板澤武雄・米林富男編『原六郎翁傳』（東京：原邦造、1937）中卷、頁 162。

3 / 1890 年 6 月横滨正金银行『第二十一回半季报告』横濱正金銀行編『横濱正金銀行史』（東京：坂本経済研究所、1976）資料卷 2 之 1、頁 3。

4 / 德富猪一郎編『公爵松方正義傳』（東京：公爵松方正義傳發行所、1935）乾卷、頁 995。

大藏大臣松方正义召唤回国，准备加入日银当理事，辅助富田总裁，可惜时间上出了点耽搁，[1] 待至园田于 1889年 11 月 22 日在长崎登岸时，日银总裁之位已经不是原来大藏省调派的富田铁之助，而是换上三菱财阀的元老川田小一郎。他可是有名的强势"大总裁"，[2] 政府官员有事商谈都只能上门求见，根本无法按原定计划将园田安插进去。也就是园田归国后赋闲在家这段时间，促成原六郎找到园田，使园田失之东隅数月后反而成为正金银行行长。[3] 虽然，过程中还必须得到大藏大臣松方正义的认可，但没有原六郎精心部署，园田也当不上这个行长，在感恩图报下，送恩公一个公费度蜜月的人情，不花自己分文，何乐而不为，也就难怪股东们批评他"讨好原

---

1 / 园田孝吉在任伦敦领事时，在 1888 年 1 月休假回国，当时松方正义着他转职实业界，因为今后国家最需要经济人才，让他加入日银当理事，辅助富田铁之助总裁。他休假后回伦敦，已决定转职，并得到英格兰银行同意，到该行了解业务情况。园田与后任的交接工作在1889 年 2 月 5 日完成，政府令其留守到 8 月，结果他 9 月 21 日携同家人登上归国之途，11 月 22 日在长崎登岸，但已错失加入日银的机会。荻野仲三郎编『園田孝吉傳』（東京：秀英舍、1926）、頁 143–146。

2 / 川田小一郎任职日银总裁后，被称为"大总裁"，他在邸宅上班，所有人都是到他家中请示，甚至包括一些政府官员，一年 365 天之中，只有召开股东大会那天才会到日银。吉野俊彦『日本銀行史』（東京：春秋社、1975）卷 2、頁 377–379。

3 / 荻野仲三郎编『園田孝吉傳』（東京：秀英舍、1926）、頁 161–162。

六郎，收买其欢心"。

园田是由原六郎推介和钦点的，但后来两人却为了行长之位上演罗生门。原六郎一方的版本是事前与园田有君子协定，将来归还行长之位；但园田一方的版本却不同，说是因为正金银行股东分化引起内部混乱，自己是受原六郎所托，拯救内政紊乱的正金银行于危地，根本不存在归还行长一说。[1] 且不论这两个版本孰真孰假已无法证明，只看两人当时将行长之位用来私相授受，视如个人私产一样，本身早已将股东的存在与权益抛诸脑后。

园田上任后采取连串行动改革正金银行，完全是一副大干一番事业的姿态，丝毫不像以过渡期的代理人自居。他首先拉拢日银，调动其人员积极部署正金银行内部改革，继而借助政府力量打击以中村为首的改革派，使其势力一蹶不振。及至改革派沉寂后，从欧美度蜜月兼出差回来的原六郎眼见园田羽翼渐丰，赶紧重提旧约，希望东山再起，更藉着当时一宗客户坏账事件，在 1892 年 11 月 28 日董事会上，"劝喻"园田辞任，但园田不但拒绝，更对原六郎做出还击。[2]

两人间矛盾越趋尖锐化，在个人名利私欲的斗争中，

1 / 荻野仲三郎編『園田孝吉傳』（東京：秀英舍、1926）、頁 164。

2 / 荻野仲三郎編『園田孝吉傳』（東京：秀英舍、1926）、頁 171-173。

不惜牺牲正金银行，影响了银行士气与业务，结果惊动了日银总裁川田小一郎和曾任外务大臣的政治元老井上馨。他们召集正金银行全体董事及日银理事进行训示，着各人应力求奋起，并要肃正纲纪；在政府与日银总裁插手下，扰攘数月的斗争始告平息。[1]园田成功消弭原六郎回朝的野心，建立起自己的班底体制，在巩固的地位下继续倚仗日银来经营正金银行；而原六郎则在继续担任正金银行董事的同时，转向参与筹办帝国商业银行，另谋发展。[2]

这时的正金银行已不是出资者的正金银行，而是管理人的正金银行。他们会更关注自己的收入，利用公司资源达至个人目的，甚至不惜牺牲公司利益；股东失去选任和罢免管理人的实权，且缺乏有效监察，正金银行创立时章程对股东的约束精神已荡然无存。

日银入主正金，掠夺内务权力

日本在甲午战争后，开始步入资本主义确立期，巨额赔款使日本一举成为真正的金本位制，[3]属世界史上以

1 / 專修大学相馬永胤伝刊行会編『相馬永胤伝』（東京：專修大学出版局、1982）、頁 322。

2 / 板澤武雄·米林富男編『原六郎翁傳』（東京：原邦造、1937）中巻、頁 163。

3 / 日本近代货币制度进入明治时代之后，在 1871 年制（转下页注）

军事取得货币改革的特殊例子，显示出后进的日本资本主义特性。[1]这段时期除了加速其富国强兵外，对外政策也变得积极，尤其是向中国方面的经济扩张，正金银行作为日本政府在海外唯一的御用外汇银行，自然需要跟随着国策，向海外不断增设分支机构。

海外扩张需要更多资金支持，正金银行伦敦支店兼任日银伦敦代理店，在日银指示下处理政府在海外的外汇事务。正金银行自园田行长声称从属日银之下、变相交出自主权后，不但依赖其资金发展，且正金银行与政府间公文联络也通过日银来进行；而日银对正金银行的干预并不止于业务指挥，甚至直接插手正金银行的行长人选与内部管理，俨然代替了政府治理正金银行。

（接上页注3）定的《新货条例》中，原是采用金本位制，但因国力贫乏和金银向海外流失，贸易港使用银币之事实逼使日本在 1878 年将贸易银元加入为通用货币，变成金银复本位制。1878 年日本银行首次发行可兑换纸币，根据 5 月 26 日法律第 18 號《兑换银行券条例》中第 2 条指定，可兑换的是银，所以实质上仍然是银本位制。及至收取马关赔款后，充实了日本的贮备，才于 1897 年 3 月 29 日公布《货币法》，始正式成为金本位制。参考 1871 年 5 月太政官布告第 267 號「新貨條例」、1878 年 5 月 27 日太政官布告第 12 號「貿易銀貨通用」、1878 年 5 月 26 日太政官布告第 18 號「兑换銀行券條例」、1897 年 3 月 29 日法律第 16 號「貨幣法」。内閣官報局編『法令全書』册 6・13・19・58。

1 ／ 菊池道男「日本資本主義の帝国主義化と横浜正金銀行の対外業務—通貨・信用制度の改変・調整と横浜正金銀行の対外・「植民地」金融機関化」『中央学院大学商経論叢』巻 21 号 1・2（2007 年 3 月），頁 91–121。

园田出差伦敦安排马关赔款的回送计划后，于1897年4月因病辞去行长之职，接任人选不但是由日银总裁决定，更需要事先接受由日银开出的附带条件。是年4月19日，时任日银第四代总裁岩崎弥之助召见正金银行董事相马永胤，目的是商谈由相马继任行长，但同时附带条件，向相马开出了今后日银对正金银行的要求，需要相马先行承诺。

翌日，相马欲寻求大藏大臣松方正义协助，却被松方以病为由推却，不得而见。第三天，面对行长高位诱惑的相马赶忙回复岩崎总裁，承诺其要求。第四天，岩崎总裁再度召相马至其邸宅，要求将承诺以书面形式写出，相马一口答应后，岩崎又提出这承诺一事不但是相马一人的事，还要正金银行其他董事们同意合作，更进一步要求调派日银的高桥是清去正金银行担任副行长。第五天，正金银行所有董事与日银所有理事一同齐集岩崎邸宅，听取其对正金银行人事的安排与要求，逼使正金银行董事要就地开董事会议，做出决定接受岩崎的条件。到第六天的4月24日，原正金银行董事相马永胤就任正金银行行长，同一天日银的高桥是清也就任正金银行副行长。[1]

在这六天内，日银毫不避讳地干预正金银行管理事务，不过事情还未完结，因为日银总裁要求的是书面承诺，所以相马上任行长后，第一个董事会议案便是商讨

---

1 / 専修大学相馬永胤伝刊行会編『相馬永胤伝』（東京：専修大学出版局、1982）、頁371–373。

书面回复日银之事。这整个过程中，日银总裁不但多次召唤相马和其他正金银行董事，除了当面通知以外，更郑重地向各董事正式发函，函件题为"对横滨正金银行方针之希望"。他提出正金银行要谨记自己一直受到的特惠保护，并非一介普通的营利公司，以后应加重责任去经营，在营业方针上与日银间两相照应，且具体列出要正金银行今后实施四个事项。一是日银理事及营业局长可随时参加列席正金银行董事会议讨论重要事项；二是正金银行管理分工，行长主管对外事务，行内管理交由副行长专责；三是正金银行要追随时势，在国势进步与社会变动下不能因循，要能决断修改章程、组织、行务以至任人方针；四是正副行长应在营业同时兼顾公益，要促使日商与外商多接近，达成消弭彼此间猜疑及增进情谊。[1]

---

1 / • 为方便协议决定两行之营业方针，日银理事及营业局长可随时参加列席正金之董事会议，讨论重要事项。

• 今后正金行长主要管理对外事务，行内管理由副行长专门负责，重要事件二人常可商议协议。

• 正金成立以来，国势进步与社会变动皆星移物转，应追随时势由章程、组织开始以至行务，需要修改者决断进行，不要因循，要任用有为之人。

• 正金之正副行长在营业上方便之时应心存兼顾公益，作为内外商人间交际之媒介，以期渐次引起在日之外国人与本国人间相接近，排除彼此猜疑，诱发相互敬爱之情。

1897 年 4 月 23 日日银总裁致正金各董事「對橫濱正金銀行方針之希望」橫濱正金銀行編『橫濱正金銀行史』（東京：坂本経済研究所、1976）附錄甲卷之 2、第 103 之 1、頁 568-570。

这些要求将正金银行完全置于日银的从属地位，且毫不修饰，直接干预其组织和内部管理，从日银调派过来的高桥是清开始执行副行长职权后，这些部署的作用便渐次呈现出来。

相马取得正金银行第六代行长之位不但其个人需要向日银做出交换条件，在岩崎总裁要求下，所有正金银行董事都需要联署回复，对四个事项的实施做出集体承诺。不过，这事件并没有在接着的 1897 年 9 月 10 日定期股东大会中报告，只在同日召开临时大会，修订了章程。[1] 表面上修订内容是将行长及副行长的职权扩大，但目的其实是针对日银指名出任的副行长，扩大高桥是清在正金银行的权力。

表面上扩大行长权力的是针对一些原要交由董事会议决的事件，以前遇紧急情况下可以由行长先行判断处理，然后尽快向董事报告。这些事件包括了仲裁、缔结业务上贷借及其他契约、在国内外缔结代理及其他营业契约、对债务及其他的支付事宜等。1897 年章程修订后取消了行长处理后需要及时向董事报告一条，也没有明确规定事后一定需要报告。[2] 在此修订之前，正金银行的管理权力向来是集中在董事成员，而非行长个人，所以

---

1 /「1897 年 9 月 10 日株主臨時總會決議」橫濱正金銀行編『橫濱正金銀行史』（東京：坂本経済研究所、1976）附録乙卷、頁 120–124。

2 / 章程修訂前第 39 条：行长按照橫濱正金銀行条例、（转下页注）

董事与行长的权力相对上比较平衡，但是这次修订将行长权力提升，超越了其他董事。

此外，又修订了关于副行长职权的条文，以前副行长职务只限于在行长有事时作为其代理，其余则与其他董事无异；但修订后变成副行长常时辅助行长，在行长有事时可代理其职务。[1]

正副行长分主外事和内务的实施，再加上两条修订内容后，副行长的职权实际上已与行长无异，因为行长需专注对外事务，副行长则在常时辅助行长，且副行长

（接上页注 2）章程、内部规定及董事会议或股东大会之决议处理本银行营业上一切之事务，且有以下之行事权。……第七、虽然是属于要董事议决之事件，遇有至急情况而无暇召集董事会之时，关于第二十五条第十项、第十一项、第十二项、第十三项、第十四项、第十八项之事情，行长可先行判断处理，但此情况下要尽快向董事报告。

里面所列出的可先行处理之五项内容是为投保险、仲裁、营业上需要之楼房等之买卖及修理、缔结银行业务上贷借及其他契约、在国内外缔结代理及其他有关营业之契约、对债务及其他的支付事宜。

「1897 年 9 月 10 日株主臨時總會決議」横濱正金銀行編『横濱正金銀行史』（東京：坂本経済研究所、1976）附録甲卷之 2、第 105 號、頁 575–580。

1 / 修订前第 41 条："副行长之职务在行长有事时只限于作为其代理，其余与其他董事无异。"

修订后第 41 条："副行长常时辅助行长，在行长有事时可代理其职务。"

「1897 年 9 月 10 日株主臨時總會決議」横濱正金銀行編『横濱正金銀行史』（東京：坂本経済研究所、1976）附録甲卷之 2、第 105 號、頁 575–580。

职权的条文上取消了以前"与其他董事无异"一项，突显出其地位超越其他董事，接近甚至等同于行长。

临时股东大会上，管理人并没有向股东提及章程修订实为根据日银要求而做出，只是解释因原来规定中对行长的限制过于狭窄，为免把握重要商机时受到阻滞，今后营业上应要灵活快捷地对应，且因本行业务扩张，行长职务繁重，难以一人之身应对内外事务，故而需要做此修订。

章程修订实质上架空了相马行长对正金银行营业的管理实权，相马于 1882 年 10 月由大藏省指派为正金银行官委董事，开始长时间在正金银行服务，在取消官委董事制度后改任民间董事，1887 年因在股东大会中落选，转任正金银行的法律顾问，1890 年重回董事之职，至1897 年出任行长为止，已连续在正金银行工作了 15 年，是当时正金银行管理人中任职时间最长的一人。他执掌实权，在内部管理上影响最大，日银之所以要架空相马，是因为想改变正金银行经营方式，使其调准向着国家目标，集中支持贸易发展。

虽然前任行长园田在清除异见股东势力时曾向日银交心，强调正金银行乃"国家事业"，日银以低息援助正金银行乃"国家观念"，并在实际行动上迎入不少日银人员担当要职，包括本店长，其目的当然是争取更多资金支持和减少来自日银的阻力，实际上所谓更换改革只是停留在表面而已。1892 年从日银调入的小泉信吉当上正金银行本店长后，不断将日银营业局的指示拿到正金银行做建议，要求朝着有利国家的目标经营，但不论是当时的园田行长还是相马董事都没有接纳，使小泉夹在日银的责难与正金银行的固守之间，经常备受工作压力。1894 年底小泉以 41 岁英年病逝，日银中人就认为正金银行对此有不可开脱的责任。[1]

小泉本店长的遗缺在八个月后被日银调入的高桥是清补上，一年半后更在相马升任行长时，作为附带条件之一将高桥升任副行长，并同时修订章程，作为行长的相马今后只能负责对外事务，确保内部管理权可以完全由副行长高桥掌握，日银取替政府之位，开始彻底地控制正金银行。

新思维新方针，弃牟利易本质

高桥是清在 1895 年 8 月由日银调派入正金银行为本店长，填补同是来自日银的小泉信吉遗缺，在高桥仍是本店长时，已拥有相当大权力，只是还未能名正言顺而已。有一点值得注意的是，不管是以前的原六郎、园田孝吉，还是日银调入的高桥是清及山本达雄，政府派系的人进入正金银行前都会先购入正金银行股份成为股东，具有最起码的管理人被选资格，符合章程的基本规

---

1 / 高橋是清著、上塚司記録『高橋是清自傳』（東京：千倉書房、1936），頁 513。

定来做。[1]

　　1896 年 9 月的股东大会前，[2] 董事会需要商定提交到大会的股息分配案，当时董事成员有园田孝吉、原六郎、木村利右卫门、相马永胤、山本达雄和若尾逸平六名。当中园田、原、相马都是由政府指派入正金银行的专业

1 / 高桥是清和山本达雄两人同于 1895 年 8 月进入正金银行，山本达雄初任正金银行董事时并没有经过股东大会选举，是在日银调派高桥入正金当本店长的同时，有另一位董事毛利元昭辞任，所以董事会根据章程第 23 条：在职中董事辞任时，可由董事会从符合资格的股东中选出临时补缺者去完成剩下的任期。所谓符合的资格便是持有正金银行五十股或以上，按山本出任董事前的一期股东名录中显示，他原本并非正金银行股东，在出任当期才开始持有 100 股，应是特意为此职位而购入的。同样地高桥原来也没有持股，调入正金后开始持股，为日后担任正金银行副行长而做准备。1887 年 7 月『橫濱正金銀行定款』第 23 條、橫濱正金銀行編『橫濱正金銀行史』（東京：坂本經濟研究所、1976）附錄甲卷之 1、第 70 號之 2、頁 319。1895 年 6 月 30 日正金「株主姓名表」同書、資料卷 2 之 1。1895 年 12 月 31 日正金「株主姓名表」武田晴人編『橫濱正金銀行マイクロフィルム版』（東京：丸善、2003）第 1 期、卷 E-003、頁 725・727。

2 /《高桥是清自传》记录此事件发生时间为 1896 年 3 月，但是，该书的数据有误，经与正金财务结算表对照后，证实事件应该是发生在 1896 年 9 月，争论的是 1896 年 1 月至 6 月的第 33 回结算内容，而且高桥是清是在 1896 年 3 月的股东大会上才在园田行长推荐下被选任为董事，所以不应该在此大会前参与董事会讨论股息分配问题。高橋是清著、上塚司記錄『高橋是清自傳』（東京：千倉書房、1936）、頁 532。武田晴人編『橫濱正金銀行マイクロフィルム版』（東京：丸善、2003）第 1 期、卷 E-003、頁 794・796。東京銀行編『橫濱正金銀行全史』（東京：東京銀行、1980）卷 6、頁 21。

管理人。木村是正金银行创业发起人之一，在原六郎行长时代兼任本店长，与原行长在股份私下配售事件中充分合作，并且是获配售最多股份的董事。山本达雄是以日银营业局长身份兼任正金银行董事。剩下的若尾逸平是当时正金银行第五大股东，自1888年1月股东大会选出后一直连任，也是六人中唯一不是政府派系的董事。

这六名董事需要在1896年9月的股东大会前，议决出股息分配案，以便提交到大会通过。是期结算的可分配利润有45万多日元，照章程规定，这项目可按股息比例的情况将部分金额拨入下一期处理，但是条文并没有针对分配与拨留的比例定下原则。[1]开始议案是照前期一样，派发年率15％股息，并将余额116110日元拨入下期，就是在这个拨留金额上发生了争议。

当时有董事反对这个做法，认为向来拨入下期的未分配金额不超过5万日元，今期拨留到下期的金额太多，恐怕会在股东大会上引起议论，会被要求减少拨留，转为增加派息。

其中立场最强硬的一位董事便是若尾逸平，他从股东角度去分析在正金银行的投资，提出创业时购入正金银行股票是以面值的银币100日元，以当时银币对纸币

---

1 / 1887年7月『横濱正金銀行定款』第89條、横濱正金銀行編『横濱正金銀行史』（東京：坂本経済研究所、1976）附錄甲卷之1、第70號之2、頁335。

高出两成来算，相当于 120 日元纸币的成本；时至今日，正金银行股价跌至面值以下，只剩 90 日元左右，故而现今并非增加拨留金额的时候，相反地，该减少拨留来增加派息才对。若尾更拿自己早年投资买地的利润相比，已升值十倍，反过来看正金银行股票的 120 日元变成了 90 日元左右，无论如何也说不过去，所以自己不能同意增加拨留金额。[1]

表 5-7　正金银行 1896 年 6 月结算之利润分配案

单位：日元

项目	金额	
前期拨入未分配利润	54359	
＋ 当期利润	616151	
－ 准备金	−216900	
＝ 可分配利润		453610
－ 股息分配		−337500
＝ 拨下期未分配利润		116110

　　资料来源：根据 1896 年 6 月 30 日「橫濱正金銀行貸借對照表」、1896 年上半季「利益金割合報告表」资料整理。武田晴人編『橫濱正金銀行マイクロフィルム版』（東京：丸善、2003）第 1 期、卷 E-003、頁 794·796。

　　当时仍是本店长的高桥马上表示若尾的议论令人

1 / 高橋是清著、上塚司記錄『高橋是清自傳』（東京：千倉書房、1936），頁 532-533。

吃惊，正金银行本来就"不是为了谋取股东利益而成立的"，而是为了对外贸易发展而设的唯一金融机关，素来其业务进行不能不以国家利益为先，为了实现这重大任务，必须先巩固银行基础，增加在国内外的信用，所以有必要将每期拨留额更为增大。

高桥继而直斥若尾作为正金银行董事，这种议论不该随口而出，认为如银行存在这样的董事，自己不可能在此工作。最后，高桥提出"如股东大会上各人只顾自己私利而不照原案通过的话，我等全部辞任便可"。[1]

高桥在董事会上使用这般强硬论调，对其他董事俨如训示下属一样，其实他才刚当选董事半年，还在其首任期间，就已经在上任后第一次讨论股息会议上对正金银行旧董事施以下马威。若尾身为正金银行第五大股东兼多年董事，以事论事，竟然遭到高桥不留情面的言语痛击，又以全体辞任来威胁，更不用说其他小股东了，结果在股东大会上真的照高桥坚持的原案通过，没有一个人敢站出来反对。在日银这种强势态度下，就连这以后的大会都是在毫无反对下顺利通过。

7个月后，日银总裁岩崎弥之助逼迫相马永胤以书面承诺来换取行长职位的同时，改变正金银行管理，使高桥成为副行长，专责内部管理，地位高于一众董事，权

---

1 / 高橋是清著、上塚司記錄『高橋是清自傳』（東京：千倉書房、1936）、頁534。

力之大直逼行长。

高桥是清被日银总裁指名提升为正金银行副行长后，很快便展开业务改革，确保新营业思维不但要进入董事会，还要落实到一线职员身上。高桥的业务改革始于1897年7月在神户出差时，而临时股东大会却在两个月后的9月才召开，会上修订章程，扩大其副行长职权。由此可以看到实际上股东大会上的章程修订只是形式之举，此时股东在管理人心中的地位已不足为记。

日银在政府压力下以低息提供资金与正金银行，原意是为了发展贸易金融，但实际在经营中，正金银行往往会为了利益和风险的考虑，并非全部用于贸易关系上，问题是外人难以察觉出来，但在日银人员陆续调入正金银行后，这关键裂口终于让高桥找到了。由于借款人需以抵押品担保，这成为得悉正金银行经营内情的线索，因为进出口商一般会以贸易商品为抵押，而高桥的调查发现神户支店贷款内容却偏向以公债、股票或房产作为抵押，显然其大多数贷款对象并非政府要鼓励发展的生丝、棉纺等直接进出口商，而是面向国内经营的银行与其他商人。

高桥在任本店长时，早已掌握到实情，所以升任副行长后立即亲访神户，训示支店要改变营业方针。高桥越过董事会商议，先行为神户制定新营业方针，只能贷款与外汇及贸易关系者，至于现存的其他债务也要在适当时机下不再续借，今后除了有发展前途的直接进出口商以外，不再接受土地抵押借款，更规定以后要向总部随时报告担保抵押品的种类、价格及变动情况。高桥大幅缩小神户支店的自由度，重新厘定资金，限制其在此范围内营业。

高桥为神户制定新营业方针的主要内容有以下几项：[1]

- 对于借款对象不是与外汇或贸易有关系者，不再借出新款项，现有的也寻找适当时机不再续借。

- 除特殊情况所需外，渐次取消以土地抵押之借款，但是为防止本行受损失或有发展前途之直接进出口商为其押汇担保者除外。

- 担保抵押品种类、价格及其变动需向总部随时报告，亦要对仓库和公司进行检查。

- 重新厘定神户支店之资金，以后在此范围内营业，不足时另向总部申请，有余时该运用在商业票据贴现上。

高桥尤其督促神户分行将资金运用转向商业票据贴现方面，更是标的促进贸易金融流通，使贸易商在货款的票据到期前，可以贴息换成现金，再投入运用，增加资金周转次数。新营业方针改变了神户贷款组成，在此

1 /「1897 年 7 月 12 日取締役會決議」橫濱正金銀行編『橫濱正金銀行史』（東京：坂本経済研究所、1976）附錄甲卷之 2、第 106 號、頁 580-581。

之前借款抵押品主要为公债、股票、土地房产，连同内销货物占据了整体抵押品约73%，对象主要是一贯面向国内经营的商人，利用固有资产去借款，是当时其他国内银行经营的业务形式。但在高桥的新营业方针实施短短3年后，此占比已降至20%，在侧重贸易商借款后，进出口货物抵押品的比例亦从20%跳升到69%，这才是明治政府希望正金银行积极发展的新领域，扩大进出口贸易，接受以贸易商品抵押借款。

表5-8　正金银行神户支店贷款抵押品组成的变化

单位：日元，%

结算年/月	1896/12		1899/12		1900/12	
	金额	占比	金额	占比	金额	占比
公债、股票	730265	32.1	68924	5.4	76122	12.3
土地房产	384187	16.9	29321	2.3	47787	7.7
米谷	344879	15.2	35000	2.7	—	—
肥料	192735	8.5	—	—	—	—
皮棉、棉纱类	189825	8.3	578693	45.4	262210	42.4
生丝、丝类	170795	7.5	225460	17.7	15390	2.5
布料、织物	64163	2.8	—	—	147821	23.9
杂货、其他	7350	0.3	71284	5.6	—	—

结算 年／月	1896/12		1899/12		1900/12	
	金额	占比	金额	占比	金额	占比
烟草	–	–	192880	15.1	–	–
信用借款	191252	8.4	74046	5.8	69472	11.2
抵押品 合计	2275451	100.0	1275608	100.0	618802	100.0

资料来源：根据第34、40、42回《半季报告》中的"贷款"、"透支贷款"的抵押品明细整理而成。横滨正金银行编『横滨正金银行史』（东京：坂本经济研究所、1976）资料卷2之1及2、第3卷之1。

1897年高桥以副行长身份越过董事会议决程序，自行即席在神户改订新营业方针，回到横滨后的7月12日才由董事会追认，且渐次在本店与各支店间实施，今后除了各店自己吸纳的地方存款在运用上不受此限以外，由总部提供资金必须严格跟从高桥方针来运用，此原则成为正金银行整体营业的新方向。[1]

正金银行贷款组成中，以固有资产借款的金额陆续减少，转为加重进出口商品比例，像进口铁、纸和药品等，特别是新兴的纺织工业，需要输入用来生产棉纱的皮棉及生产高质量棉布用的进口纱。政府有效地利用正金银行支持这些产业，在1897年遇到市场不景气时甚至

---

1 ／ 横滨正金银行编『横滨正金银行史』（东京：坂本经济研究所、1976）、页189-190。

提供免息资金给正金银行，使其更积极地向棉纱纺织联合会员融资，更利用正金银行海外支店在国外支持这些日本商人。[1]

来自日银的高桥是清不但是要改变正金银行的营业方针，还要进一步谋求改变正金银行的营业思维。1898年2月他展开海外各分支机构巡视之旅，2月9日从叶山出发，行程经过的支店有神户、长崎、上海、香港、孟买、里昂、伦敦、纽约及旧金山，视察各地分支的成绩与检查内容，其中在两地发现了问题，但是高桥的处理方法独树一帜，为正金银行重新制定营业思维。

其一是在美国旧金山事务所，当期账上呈现亏损，经检查后发现是源于美国与中国香港间汇率对冲时产生的损失。面对海外事务所主任青木铁太郎，来自总部的副行长高桥明言"对于海外各支店发生损失的事情，是不会说三道四去批评的"。但是，对该处有经营美国对中国香港的业务就感到不满，他训示青木，正金银行这机关不是为了其他国家间的贸易而成立的，所以资金要用在助长日本贸易发展的交易上，"即使这样会带来亏损，我作为副行长只会感到高兴"。[2]

---

1 / 横濱正金銀行編『横濱正金銀行史』（東京：坂本経済研究所、1976）、頁 198-199。

2 / 高橋是清著、上塚司記録『高橋是清自傳』（東京：千倉書房、1936）、頁 573。

另一个有问题的是上海事务所，高桥发现其隐瞒损失，在报表上做虚假记载，原因是一年多前上海事务所超卖印度卢比后，没有采取买入行动去填补空仓，结果引致约5万两白银的损失。然而，上海事务所主任西卷丰佐久既没有向总部报告此事，且在损失发生当期的会计报表上照常出现利润，之后的两期将小部分损失记账，大部分则吸收在其他项目中消化掉，主任原来准备逐步用外汇上赚取的利润去填平巨额损失，可惜最后还有2500两未来得及填补，便遇上高桥巡视被发现，使其计划功亏一篑。

高桥认为已找出上海事务所近来利润减少的原因，目的已达，并未打算进一步追究。他的想法是如果将事情公开，不免要更换负责人，这样会令到过去一连三期结算表不实之事公诸世人，影响正金银行形象。所以，决定封锁整个事件，只向相马行长一人汇报，并对相马"加上建议"，认为此事应就此搁置，无声了结便可。[1] 结果，事件不但没有向股东大会报告，也没有在银行内公布，肇事的西卷丰佐久仍继续当了3年的上海支店长（上海事务所于1900年升格为支店），直至1901年3月1日才被调回日本，随即出任神户副支店长，并没有因此事

---

1 / 高橋是清著、上塚司記録『高橋是清自傳』（東京：千倉書房、1936）、頁551-552。

件受到任何处罚。[1] 后来更调任伦敦支店长，在日俄战后获得政府嘉奖，赐现金 100 日元。[2]

以上两个个案的处理方式，显示出从副行长带来正金银行总部的新营业理念，要思考营业与国家的关系，一切以大局为主，至于以前重点所在的银行盈亏、管理问责等反而是次要的。

高桥灌输入正金银行的新营业思维正反映了政府对外政策，1897 年日本与中国签订《中日通商行船条约》，准许日本人在中国通商口岸及内地从事商业、租购房屋等活动，并取得最惠国待遇，令日本在中国进出口关税上的地位与欧美列强看齐。在这新条件下，日本政府积极转向中国发展，正金银行的工作已不再只是一间贸易金融银行，而是要紧跟着国家政策走在前端的多重角色银行。

在沉重的"国家事业"面前，政府制约正金银行的明文工具其实就只有《横滨正金银行条例》的 28 项条文，如何能有足够推动力促使管理人达成目标，自然是政府重

---

1 / 西卷丰佐久在 1893 年 3 月 29 日从职员等级调任上海办事处主任，受甲午战争的影响，该处人员于 1894 年 9 月 6 日暂被撤回，翌年 7 月 1 日再开时，西卷再度赴任，1900 年 1 月升格为上海支店后，西卷成为支店长。参考横滨正金银行第 27、30、32、41、43 回《半季报告》。横滨正金银行编『横滨正金银行史』（东京：坂本经济研究所、1976）资料卷 2 之 1 及 2、第 3 卷之 1。

2 / 内阁记录保存部局、国立公文书馆藏『明治三十七八年事件—高等文官裁可书』第 1 册、文书号 2A、22–7、裁 543。

点关注所在。明治政府需要对正金银行加入新的治理工具，不过并非制定更多法例条文，而是在正金银行不断完成任务的同时，政府也不断送上荣誉赏勋。正金银行管理人得到的位阶、赏杯和勋章随着正金银行完成的国家任务而增加。作为明治维新后有限公司制度下的管理人，为其带来连串荣誉的机制其实是源自封建时代的荣典制度。

官尊民卑商贱，攀升指望荣典

　　明治时代的荣典制度有叙位、叙勋、叙爵和褒赏。叙位是编排位阶，位阶是官式上与皇帝间席次的排列依据，以靠近皇帝的距离来显示地位的高低，日本在律令制时代已有位阶制，是皇室以外的臣下阶级，给予诸王及官员作为级别标准，此形式大致维持到明治初年。[1]

---

1 日本的位阶制度最先出现在公元 603 年，隋代时中国律令制开始传至朝鲜及日本，同时还有实施律令制度的官僚制。圣德太子最初定的冠位十二阶，便是直接模仿高句丽的制度，分为德、仁、礼、信、义、智，每个再分大小，即大德、小德、大仁、小仁等十二阶。到公元 701 年文武天皇大宝元年的《大宝令》，才开始改为中国式的数字位阶，每数字再分为正、从，即正一位、从一位、正二位、从二位等，类似中国的品阶制。但日本的"品"只用于亲王，由一品至四品，其他诸王及臣下用"位"。"位"阶虽然是类似中国的"九品"，但日本位阶数字是从"一"至"八"，最低第"九"层称为"初位"，分别是大初位、少初位。在四位往下的位阶，再分上下，即正四位上、正四位下、从四位上、从四位下等，所以诸王臣下的位阶总共有 30 级。**曾我部静雄**「位阶制度の成立」『芸林』卷 4 号 5（1953 年 10 月 1 日）、頁 2~17。

明治初年沿用"官位相当制"，将官职与位阶挂钩做出对等，在每个官职上配以相当的位阶，例如左右大臣相当于从一位或正二位。[1]1871年维新政府改官制为十五等，新官制只有官职等级，没有指定其对等的位阶，取

1 / 官位相当表（以太政官、大藏省和外务省为例）

位阶	太政官	大藏省	外务省
从一位	左右大臣		
正二位			
从二位	大纳书		
正三位	参议	卿	卿
从三位	大辩	大辅	大辅
正四位	中辩	少辅	少辅
从四位	少辩	大丞	大丞
正五位		权大丞	权大丞
从五位	大史	少丞	少丞
正六位	权大史	权少丞	权少丞
从六位	少史		大译官
正七位	权少史	大录	大录、中译官
从七位		权大录	权大录、少译官
正八位	主记	少录	少录
从八位	官掌	权少录	权少录
正九位		史生	史生
从九位		省掌	省掌

1869 年 7 月 8 日太政官第 622 號『職員令』內閣官報局編『法令全書』冊 4。

消了两者间的连接关系。[1]

另外，1869年明治政府废藩置县，取消以前的藩领地，设置行政区域。同年废除旧身份制度下的公卿与诸侯称号，统一改称为"华族"。华族相当于贵族，是以家族而非以个人为单位。此时的华族只是称号，并没有实质特权。[2] 相对于这批前制遗留下的贵族，明治政府内掌握实权者多为倒幕功臣，是旧藩士，在面对旧藩主即现在改称的华族时，苦于虽有实权却没有相应的身份称号。这班新贵当然希望提升自己的身份地位，更企图将传统位阶的权威拉下来降格。[3]

这批新贵在官制官位中积极探索，推动荣典制度的成立。当中不同背景人士持有不同的利益立场，勋功藩士的新当权者希望藉着论功行赏提升身份地位；文官官僚认为自己的贡献不比战场上的军功小，意图打破以往侧重军功赏勋的惯例；而既成华族者当然尽可能抑制其他新贵的冒起，极力维持旧有传统中的尊卑次序，以求

明治金融风云：横滨正金银行的人治与法治

1 / 新官制分为十五等，另在其上设有三职，分别为太政大臣、左右大臣及参议，三职在各部长官之上，辅翼天皇，故不设为等级。参考1871年8月10日太政官第400號『官制等級ヲ改正ス』、内閣官報局編『法令全書』、冊6。

2 / 1869年6月17日太政官達第542號『廢公卿諸侯之稱並改為華族』内閣官報局編『法令全書』冊4。

3 / 西川誠「明治期の位階制度」『日本歴史』号577（1996年6月）、頁101-120。

能与不同类型出身的勋功者及文官官僚划清界限。当时叙勋争论的主要两派为旧公卿出身的贵族岩仓具视与旧藩士出身的实权新贵伊藤博文，结果建立了一套折中的荣典制度。[1]

首先在 1875 年以《赏牌从军牌》布告将功绩勋劳的褒奖予以制度化，下赐赏牌予勋一等至勋八等人士，翌年设置赏勋局，改称赏牌为勋章。[2] 其实，制定勋章的需求最初是来自外务省，因受到外国有颁授勋章的影响，为了出国代表在外交上的体面，学习海外，创设勋章作为对外还礼时使用。在勋章制度创设后，1883 年的《叙勋条例》确立了在武官以外，文官亦可以以年功叙勋，获得勋等和勋章，条例规定文武官员按官等加上出任年数可以初叙，之后继续可按规定晋升勋等。[3] 而特旨的临

---

1 ／ 刑部芳则「栄典制度の形成過程」『日本史研究』通号 553（2008 年 9 月）、頁 13–37。

2 ／ 赏勋局在 1876 年 10 月设置时原称为赏勋事务局，同年底才改称为赏勋局。1875 年 4 月 10 日太政官布告第 54 號、1876 年 11 月 15 日太政官布告第 141 號、1876 年 10 月 12 日太政官第 96 號達、同年 12 月 26 日第 119 號達、内閣官報局編『法令全書』册 10・11。

3 ／ 文官制中，一至三等是勅任官，由天皇勅任；四至七等为奏任官，只需由太政官向天皇奏上；七等以下为判任官，即是交由各部长官去任命。以文官为例，一至三等的勅任官任满五年或以上者初叙入勋三等，四至七等的奏任官任满十二年或以上者初叙入勋六等，七等以下的判任官任满二十二年者初叙入勋八等。武官另有不同规定。参 1871 年 8 月 10 日太政官第 400 號『官制等級ヲ改正ス』内閣官報局編『法令全書』册 6。

时勋功及一批例外的高级官员则不受此限，在更短的时间便可取得，例如大臣、参议、各部省之卿、特命全权公使及陆海军大将等出任一年便可获授勋一等及相应勋章。[1]

在提升维新功臣的身份地位方面，1884 年 7 月 7 日天皇下诏勒，"贵族勋胄乃国之所瞻，宜授之爵，以示荣宠，文武诸臣辅翼中兴之伟业，乃国之大劳者，宜同升为优越行列，以昭显特殊之荣典"，以五等叙爵方式将新功臣统合在明治贵族内。[2]同日颁布创设公、侯、伯、子、男五等爵位的《华族令》，当时根据此令授爵予 42 名旧贵族，改称华族，亦同时将 32 名维新功臣封爵，提升为新华族。[3]授爵制度成立后，1887 年《叙位条例》为位阶与爵位间订立一个对应的标准，作为礼遇的依据，例如"从一位"可享受相当于公爵的礼遇等。[4]

此外，1881 年《褒章条例》针对普通平民而设，用

---

1 / 1883 年 1 月 4 日『叙勳條例』、第 2 及 3 条，内閣官報局編『法令全書』，册 18。

2 / 1884 年 7 月 7 日詔勅、内閣官報局編『法令全書』册 19。

3 / 1884 年 7 月 7 日『華族令』内閣官報局編『法令全書』册 20。

4 / 位阶的礼遇准则

参照爵位	公爵	侯爵	伯爵	子爵	男爵
位阶	从一位	正二位	从二位	正、从三位	正、从四位

1887 年 5 月 6 日勅令第 10 號『叙位條例』第 5 条、内閣官報局編『法令全書』册 25。

来褒奖贤德人士、公益行为和后来增加的优秀实业者。[1]
以上的褒奖、授勋、授爵，加上赐给位阶的叙位组成了
明治时期的荣典制度。

这套荣典制度针对的对象主要是旧朝诸侯藩主、新朝
功臣及文武官员，至于民间人士的叙勋几乎是绝无仅有。
叙勋的过程是由各政府部门递上申请，赏勋局总裁检阅审
查后召开议定官会议，经过讨论后上奏，每年除了四月及
十一月两次定期叙勋外，还可以有临时叙勋。[2] 叙位过程
中，凡是从四位及以上者为勅授，由宫内大臣奉勅命执
行，正五位及以下者为奏授，由宫内大臣宣布。[3] 叙爵的

---

1 / 褒奖形式是颁授褒章或赏杯，褒章以颜色绶带区分，红色绶带褒
章是褒将不顾自己安危去救人者，绿色是孝子顺孙节妇义仆类之德行
卓越或励精实业者，蓝色是谋公益者。1890 年内务大臣及农商务大臣
提请阁议，增加褒奖生产事业者，获准后更将蓝色绶带褒章的颁授对
象详细界定为学术技艺上发明改良及著述者、教育卫生慈善事业、道
路桥梁修筑、田野森林垦植等农商工业上谋公益者。1883 年增加赏
杯，分金、银、木三种，可与褒章同时赐给或另外褒奖为公益捐献财
物者。
　　参考總理府賞勳局編集『賞勳局百年資料集』（東京：大藏省印
刷局、1978）上卷、頁 582。1881 年 12 月 7 日『褒章條例』、1883
年 1 月 4 日太政官布告第 1 號、1890 年 5 月 2 日『褒章條例修訂』內
閣官報局編『法令全書』冊 16・18・35。
2 / 1883 年 1 月 4 日『叙勳條例』第 6 及 7 条，内閣官報局編『法
令全書』冊 18。
3 / 1887 年 5 月 6 日勅令第 10 號『叙位條例』第 3 條、内閣官報局
編『法令全書』冊 25。

过程是宫内大臣奉勅旨执行。[1] 褒奖的手续是由警察总监、府知事、县令向内务部部长或农商务部部长申请，经部长审查后提交赏勋局总裁，然后按其中的官等、位阶、勋等与贵族身份来区别，分开直接由赏勋局总裁授予或是间接由原来申请的部门传达。[2] 名义上，褒奖是出自政府，叙位、叙勋和叙爵是出自天皇赐授，但实际基本上的程序都是由政府筛选，再由宫内大臣与赏勋局总裁传达。

虽然勋章、爵位、位阶、褒章的等级与程序都有条文规定，但是筛选的基准方面，除了笼统的"对国家有勋功"、"功绩显著"、"辅翼伟业"、"值得表彰之功绩"以外，是难以明文列举的，故而演绎空间十分宽阔。随着当时国情的变迁，荣典之光开始在华族与文武官员以外找到一些新的焦点，便是当时形势极为需要的经济人才。从日银、正金银行开始，到其他特殊银行，再从银行到其他商业会社，像日本邮船株式会社、三井物产会社、三菱合资会社的人员都受到荣典的恩宠。[3]

---

1 / 1884 年 7 月 7 日『華族令』第 1 條、內閣官報局編『法令全書』冊 20。

2 / 1883 年 3 月 26 日太政官達第 17 號第 4 條、內閣官報局編『法令全書』冊 18。

3 / 日本邮船株式会社的近藤廉平、三井物产会社的益田孝、三菱合资会社的岩崎弥之助等人都获得叙位、叙勋和叙爵。『讀賣新聞・朝刊』1902 年 2 月 23 日、頁 5。1907 年 9 月 27 日、頁 1。

明治维新进行近代化，位阶制度曾一度试图与官职制分离，但因应实际环境需要，导入勋等爵位后从新整备，至后来再度确立位阶制为宫中席次的朝班基准。[1] 虽然经过一连串变动后，位阶只能作为表示华族和爵位间的序列及授予官僚的制度，是一种形式上残存的制度，但是位阶等同封建传统上的恩赐，使其能经过明治维新以至昭和时代仍继续存在，并受到活用。[2] 显然，正因为社会上有此需求，这些虚名才有存在和追捧的价值。

这些荣赏在当时明治社会中代表的形象是"官"，因为传统上叙位和褒奖功勋都是天皇对文武官员的恩典，普通平民是不可望更不能及的。虽然维新将以前特权阶级的旧藩主编入华族，并废除江户时代身份制度，宣言士农工商四民平等，但是终明治一代，户籍登记仍需要标记华族、士族或民族（平民）的出身类别。明治社会到处充满着"官尊民卑"的意识，并无跟随维新而改变；政府甚至助长此风，明令准许平民中的当官者，其本人以至子孙三代皆可从民族的身份变升为士族。[3]

"官尊民卑"的观念不但泛滥于市井百姓，就是出

---

1 ／ 藤井讓治「明治国家における位階について」『人文学報』号 67（1990 年 12 月）、頁 126–143。

2 ／ 西川誠「明治期の位階制度」『日本歴史』号 577（1996 年 6 月）、頁 101–120。

3 ／ 1872 年 11 月 8 日太政官第 335 號、內閣官報局編『法令全書』冊 7。

洋留学回国的时代精英也不例外。正金银行第七代行长高桥是清在任职日银副总裁时，曾经因为见到行内的事务用品供应欠缺管理，引致损耗浪费，于是想起了童年好友铃木知雄，游说他加入日银负责供应管理一职。[1] 铃木当时在第一高等学校任职会计事务员，身边亲友都不赞成他转换工作，甚至高桥的母亲也埋怨自己儿子不该去鼓动铃木，究其原因正是当时社会上的官尊民卑意识。铃木原职在东京的一所官立高中，不管前途如何，总算是属于官职，转去银行的话便流为实业机构的一介平民，所以众人宁愿铃木留任有身份地位的原职。

高桥与铃木相识于童年，曾一起学习英语，少年时代亦同时受骗被卖到美国当奴隶，虽然高桥成功说服铃木转职，也不免对时世产生感慨，"即使大如中央银行的日银也在官尊民卑的观念下受到贱视"。连日银都被一间小官校比下去，更不用说其他民间机构。

不过，更奇怪的是，当时反对铃木转去民间机构的还有另一位少年时代的友人，便是与高桥和铃木同一条船初次出洋去美国的富田铁之助。他在大藏省任职时被

---

1 / 铃木知雄原名铃木六之助，12 岁开始与高桥是清相识，一起学习英语，1867 年两人皆 14 岁时，一起被骗卖去美国三藩市当佣工，当时同船有各藩派遣的留学生富田铁之助等人。铃木被高桥劝说加入日银，后来晋升至出纳局长。高橋是清著、上塚司記録『高橋是清自傳』（東京：千倉書房、1936）、頁 16–17・35。

派至日银，后来当上第二任日银总裁，他也反对铃木放弃官职。[1] 可见于当时官在上、民在下的社会中，即使是放洋留学的明治精英也无法摆脱此固有观念。

严格而言，日银比起正金银行的"官"味更浓，虽然日银由上至下职员的薪金花红都是由银行支付，但是根据《日本银行法例》的规定，日银总裁是勅任，副总裁是奏任。[2] 在内阁制度以前，总裁是由天皇勅旨委任的官位，属于三等或以上的文官，副总裁则是奏闻于天皇便可，属于四至七等；[3] 内阁制度实行后，两个职位都同属"高等官"，不同之处是总裁任命书盖上天皇御玺，副总裁任命书只盖上内阁印，形式上仍然保留勅任与奏任的分别。[4]

在过去日银与正金银行为资金供应发生争论时，两者的形象一是为国家服务，另一是为商业目的。如果连两位日银总裁也深感日银被社会观念所"贱视"的话，那么对于向来被舆论批评为商业性质的正金银行，其地

---

1 / 高橋是清著、上塚司記録『高橋是清自傳』（東京：千倉書房、1936）、頁596-597。

2 / 1882年6月27日『日本銀行條例』第18條、内閣官報局編『法令全書』冊17。

3 / 1872年1月20日太政官第16號『官等表』、内閣官報局編『法令全書』冊7。

4 / 1886年3月17日『高等官官等俸給令』第3及5條、内閣官報局編『法令全書』冊23。

位在"官"字之前只会更形低下。在这种社会环境下，不难明白到原六郎行长推动《横滨正金银行条例》制定的意义在于使正金银行与"官"的关系正统化，园田孝吉行长为冠上"国家事业机构"的形象，甘愿将正金银行降格为对日银"唯命是从"，可见靠近官边对正金银行的重要性。

作为正金银行的管理人，对于这些世俗荣誉的看法可试从其处事中一窥点滴。正金银行在神奈川县兴建总部时，建筑师为留学美国的妻木赖黄，是正金银行第六代行长相马永胤的好友。后来妻木病逝，相马在听到消息时，第一件去办的事是找松方正义侯爵，商谈为妻木叙位叙勋，结果为亡友取得正四位及勋二等的瑞宝章。[1] 为好友既然如是，本人看重荣誉的心态，绝不会在此之下。

相马本人首次获赏一组银杯是在伦敦募集公债后，当时分开两次大排筵席，第一批招待日银理事和正金银行董事，第二批招待正金银行职员。其后两次叙勋时，相马更隆重其事，特别订制纪念品送赠正金银行人员同庆，可见其重视之情。[2]

---

1 / 専修大学相馬永胤伝刊行会編『相馬永胤伝』（東京：専修大学出版局、1982）、頁 397・516。

2 / 専修大学相馬永胤伝刊行会編『相馬永胤伝』（東京：専修大学出版局、1982）、頁 401・403・476。

　　同样地，正金银行第七代行长高桥是清也曾为日银总裁出面去争取荣赏。当高桥还是日银副总裁时，遇到总裁山本达雄任满退职，他知悉后也是往政治高层寻找关系，找到明治元勋的前总理大臣山县有朋侯爵，为山本的荣赏进行讨价还价。由于山本当时已有位阶勋等，所以开始时是拜托山县支持请求赐赏晋升勋等，但山县表示"勋等有点困难，贵族院议员又如何？"高桥认为山本"若能被勅选为贵族院议员的话也不错"。在奔走活动后，终于赶及为山本达雄退任日银总裁时送上终身任期的勅选贵族院议员任命。[1]

　　明治启蒙思想家福泽谕吉有感此种社会风气越演越烈，曾鼓吹"尚商立国论"。他认为明治社会从幕府的尚武时代变成明治的尚政时代，是路线错误。当时放眼社会，一切都以官位为上。出入政府官厅也要以官等来区别，高等官员的上落车地点与低等官员的不同，而低等官员使用的地点，平民也不能使用。就是牵涉法庭事项，有位阶者也可与执事人私相办理。在公式场合，无爵无位的平民与贵族不可能会有直接接触，最多也只能攀到与贵族的家仆同样地位而已。当时国家最需要的商业人士在政治体系面前反而不受到尊重，地位比官员低

1 / 高橋是清著、上塚司記錄『高橋是清自傳』（東京：千倉書房、1936）、頁 635-636。

下得多。[1]

在官尊民卑商贱的大形势下，荣赏成为政府手中一个新工具。此时的正金银行，一如当初创立时有着严密的章程约束，受法例管辖，设有最高权力组织的股东大会，一切程序依照章程规则进行，没有改变，唯一不同的是正金银行管理人越来越有"官"味。他们跟随着周围的官员、日银、银行同业等人，在叙位叙勋叙爵的加持下，步入"上流社会"，有些更成功挤身华族，一跃成为"人上人"。

紧随军事国策，排班论功行赏

日本为了废除不平等条约，需要改革国内环境，向欧美列强看齐，而建立健全的金融制度要从货币制度着手。明治初期大量金银往海外流失，在贸易港内的交易货币全由洋银独占，故此，名义上虽为金本位制，实际上已被金银复本位制所取代。曾经多次出任大藏大臣的松方正义坚信金本位制为日本走向世界的路，因为不但带来了"文明进步"的金融制度，更可以向海外同属金本位制的先进国借用资金，而无须再忧虑金银差价下可

1 / 福沢諭吉「尚商立國論」、収入小室正紀編『福沢諭吉著作集』（東京：慶應義塾大学出版会、2003）第 6 卷、頁 270-288。

能造成的汇兑损失。[1]这样便可以有充裕资金来达成日本众多发展愿望，尤其是加强军事装备。

自 1881 年 10 月松方第一次上任大藏卿后即开始积极地朝着此目标改革和部署，包括强化正金银行吸收银储备的政策、成立日银为中央银行、整理旧存的不可兑换纸币和发行新制的可兑换纸币，并在 1893 年设置"货币制度调查会"审议应否采用金本位制。要回归到名副其实的金本位制，必须拥有充足的黄金储备，这一直以来最大的难题结果由甲午战争解决了。马关赔款连辽东半岛"赎金"的 2 亿 3000 万两白银不但给日本带来空前巨额收入，也带来金融改革的绝好时机。松方命正金银行将赔款转为收取英镑及兑换成金块和金币运送回日

---

1 / 十九世纪进入金本位制的主要国家

年	国家
1816	英国
1854	葡萄牙
1873	德国
1874	荷兰
1875	挪威、瑞典、丹麦
1878	法国、意大利、瑞士、比利时
1879	美国
1897	俄国、印度、日本

按以下内容整理而成。山本荣治「国際金本位制—1880-1914 年」『国際通貨システム』（東京：岩波書店、1997）第一章、頁 7-29。

本。[1]准备就绪后，终于在1897年10月实施《货币条例》，确立金本位制。

金本位制虽然拉近了日本与欧美列强间在金融制度上的距离，但是在比较实质国力上，日本还是十分脆弱。日本贸易数字在明治初年是逆差，进口的支付多过出口的收入，随着近代纺织业开始发展成型，进入1880年代后不久出口数字开始超过进口。甲午战后，马关赔款使日本一举成功确立金本位制，但弊处是同时失去了属于银元圈时候的优惠，以前低落的银价有利出口的因素已不复存在。

日本在华利益不断扩张，引致与俄国间摩擦日增，朝野已预期到日俄终会难免一战，而积极购入外国军备之举使贸易再度陷入赤字，唯有寻求外国资金来解决。因此日俄战前乃至战争期间的首要急务是在海外募集公债。就是因为日俄战争需要大量举债应付军费开支，令

---

1 / 赔款一开始时是兑换成银块为主，配有部分金块，因为本来"货币制度调查会"在1895年7月已否决了转向金本位制。当时松方正义在野，到1896年3月松方再上台为第三代大藏大臣后，6月"货币制度调查会"就将来是否需要改为金本位制再进行表决，结果通过。但8月松方下台，第四代大藏大臣渡边国武将计划搁置。到9月松方再次上任，这次是内阁总理大臣兼大藏大臣，直接向大藏省下令进行改制准备。由于大藏大臣人事变动，故而将赔款改为金块运送回日本是后期之事。中村隆英：《宏观经济与战后经营》，载西川俊作等编，历以平监译，《日本经济史5——产业化时代（下）》，北京：三联书店，1998，第1—91页。

国内承受压力，但在战后的《朴茨茅斯条约》却未能为日本直接争得分毫。原以为会像甲午战争的马关条约一样，结果让国民对再次获得巨额战争赔偿的期望落空，更因此引发起暴动。[1]

日俄战后，日本已无须对俄国有所顾忌，遂加速对华的扩张活动，但是，无论是藉着向华贷款去换取资源及市场的控制，还是藉着向"满洲"发展的日本商贷款去占据当地利权，这些贷款数额都不是日本当时的国力所能负担的，故而需要继续倚仗在海外发行公债支持。所以日本在这段时期，在海外金融关系上有频密任务，需要政府悉心培养多年的外汇专门银行负责处理，这重担自然是落在正金银行管理人身上。

在相马永胤行长时代，正金银行在 1899 年 6 月于伦敦发行"日本帝国政府第一次 4% 息英镑公债"1000 万英镑，由正金银行与英国 Parr's Bank Limited、香港上海汇丰银行、渣打银行合组银行团包销。虽然这次公债因为年期长达 55 年，且没有担保，从公众募集的资金只占

---

1 / 1905 年 9 月 5 日日俄签订《朴茨茅斯条约》，经报道后，国民十分愤怒，认为条约内容竟然既无取得领土，亦无赔款，当天在东京的日比谷公园聚集了三万人，要求政府废弃和约，继续作战，并开始袭击和放火焚烧外务省、内务大臣官邸、新闻社和警岗，造成千多人死伤，政府翌日颁布紧急戒严令，暴动蔓延至横滨及神户，是为"日比谷事件"。御厨貴『日本の近代 3：明治国家の完成 1890–1905』(東京：中央公論新社、2001)、頁 405。

总额的一成左右，但因为有三家外国银行包销，结果得以全数售清，取得约一亿日元回国。[1]

同年 11 月，相马行长获得政府赏勋局褒赏，以其"在英国伦敦募集本国公债之际尽力不少"，赐赠银杯一组。翌年 6 月宫内省再将相马的位阶从"正七位"特进三级至"从五位"，理由是相马在政府需要奖励输出来吸收本位货币之际，远赴伦敦筹办正金银行支店，且相马在正金银行内工作 15 年后今已成为行长，多年不变地尽力于外汇事务，扩张本国商品在海外的销路等。[2]

随着相马对国家做的功绩越多，得到的荣誉奖赏也越多。正金银行配合国策，积极在中国扩展，甲午战后在天津、牛庄（今辽宁省营口市）两地开设分支，1900 年义和团运动中，正金银行天津支店被炮弹击中，在 7 月与牛庄事务所被逼暂时停止营业。到 9 月日本政府下达急令，要求马上重开天津支店，正金银行只好在英租界另外觅地重开，而牛庄事务所亦于 11 月再投入营业。八国联军之役过后，正金银行上海支店代表日本政府在当地处理庚子赔款事宜。[3]因此，1902 年 12 月政

---

1 / 横濱正金銀行編『横濱正金銀行史』（東京：坂本経済研究所、1976）、頁 208-211。

2 / 専修大学相馬永胤伝刊行会編『相馬永胤伝』（東京：専修大学出版局、1982）、頁 400-401。

3 / 横濱正金銀行編『横濱正金銀行史』（東京：坂本経済研究所、1976）、頁 223-224・228-229。

府以"1900年中国事变"再次论功行赏,授予相马五等
勋章。[1]

正金银行紧跟国策,在日俄战争期间随着战线开设
了大连、辽阳、旅顺、奉天(今辽宁省沈阳市)、铁岭事
务所,处理军票、国库及发行银行券等事务,使中国的
正金银行分支机构从战前的5间陆续增至15间。[2]分支
机构开设地点不是以业务前景分析来决定,而是根据政
府政治上所需。像芝罘(今山东省烟台市)事务所应政
府指示开设后,主要目的是维持日俄战争中军票的声价;
当地极少日本商人,也没有发展普通业务的商机,结果
入不敷出,战后拖延一段日子便关闭。[2]

表5-9　明治时代正金银行的海外分支机构

开设时间 (年/月)	国家	城市	机构 性质	明治期间的变动
1880/8	美国	纽约	事务所	
1881/11	英国	伦敦	事务所	1884年12月升格支店
1882/5	澳洲	墨尔本	事务所	1883/5关闭,改为委托代理
1882/5	澳洲	悉尼	事务所	1883/5关闭,改为委托代理

---

1 / 専修大学相馬永胤伝刊行会編『相馬永胤伝』(東京:専修大学
出版局、1982)、頁402-403。

2 / 横濱正金銀行編『第二回東洋支店長會議録』(東京:坂本経済
研究所、1976)第3集第2巻、頁139-140。東京銀行編『横濱正金
銀行全史』(東京:東京銀行、1980)巻2、頁138-139。

开设时间（年／月）	国家	城市	机构性质	明治期间的变动
1882/5	法国	里昂	事务所	1900/1 升格支店
1886/6	美国	旧金山	事务所	1900/1 升格支店
1892/8	美国	夏威夷	事务所	1900/1 升格支店
1893/1	中国	上海	事务所	1900/1 升格支店
1894/12	印度	孟买	事务所	1900/1 升格支店
1896/9	中国	香港	事务所	1900/1 升格支店
1899/8	中国	天津	事务所	1900/1 升格支店
1900/1	中国	牛庄（营口）	事务所	
1902/1	中国	北京	支店	
1904/8	中国	大连	事务所	
1904/11	中国	辽阳	事务所	1905/5 关闭，1906/6 再开
1905/4	中国	旅顺	事务所	
1905/5	中国	奉天（沈阳）	事务所	1906/3 升格支店
1905/6	中国	芝罘（烟台）	事务所	1909/9 废止关闭
1905/8	中国	铁岭	事务所	
1906/7	中国	安东县	事务所	
1906/8	中国	汉口	事务所	1908/3 升格支店
1907/2	中国	长春	事务所	
1911/10	印度	加尔各答	事务所	

开设时间 （年／月）	国家	城市	机构 性质	明治期间的变动
1911/11	中国	铁岭— 开原	事务所 分店	

资料来源：東京銀行編『横濱正金銀行全史』（東京：東京銀行、1980）卷 6、頁 209-219。

在相马领导下的正金银行为国家服务的同时，行长受到政府及天皇褒赏；而相马在任内接连受赏的同时，也继续调整正金银行经营手法。为了跟从国策，正金银行要向中国扩张业务，不但要准备设置为数不少的分支机构，还要应付在中国发展的日商借款需求。相对于日本向外扩张的计划规模，正金银行的资金实属有限，所以只能从两方面同时着手，一是增资，向股东募集资金；二是减少资金的其他用途，调整业务方向，迎合国策。

甲午战后不足 11 年间，正金银行的注册资本从 600 万日元增加到 2400 万日元，实收资本也从 450 万日元增至 2400 万日元。

表 5-10　正金银行资本金的变动

单位：万日元

时间 （年／月）	内容	注册 资本额	时间 （年／月）	到位 金额	当期累计 实收资本额
1880/1	创立	300	1880/1	60	60
			1880/3	60	120

244

时间 （年／月）	内容	注册 资本额	时间 （年／月）	到位 金额	当期累计 实收资本额
1880/1	创立	300	1880/5	60	180
			1880/7	60	240
			1880/9	60	300
1887/3	第一次 增资	600	1887/6	150	375
			1887/10	150	450
			1896/7	150	525
			1896/10	150	600
1896/3	第二次 增资	1200	1897/1	150	750
			1897/10	150	900
			1898/7	150	1050
			1899/6	150	1200
1899/9	第三次 增资	2400	1900/3	600	1800
			1906/3	300	2100
			1907/3	300	2400
1910/3	第四次 增资	4800	1910/7	600	3000
			1917/4	600	3600
			1918/2	600	4200
			1919/7	600	4800
1919/7	第五次 增资	10000	1919/12	1300	6100
			1920/4	1300	7400
			1920/7	2600	10000

资料来源：根据第 1、2 回《半季實際考課狀並諸報告表》，15、16、34、35、36、39、53、55、62《半季報告》及正金史年表整理。橫濱正金銀行編『橫濱正金銀行史』（東京：坂本经济研究所、1976）、頁 187-188・447・465-466・483・491-492。附錄甲卷之 2、第 114 號之 1、頁 618。資料卷 1、第 2 卷 1 及 2、第 3 卷之 1。東京銀行編『橫濱正金銀行全史』（東京：東京銀行、1980）卷 6、頁 43-44。

1897 年《中日通商行船条约》签订。与此同时，正金银行还需要调整营业方向。同年的 11 月，正金银行董事会通过了有违商业常识的新营业方针。正金银行采取缩小部分业务的方法，将部分现存业务减少，腾出资金去应付政府的部署，但是选择的准则不是以营利或发展前景来衡量，而是对准国策方向，令到之前好不容易建立起的外汇业务，现在要拱手退让部分出来。

新营业方针要确保正金银行是一个为日本海外贸易服务的机关，所以今后在银元圈国家内的各分支机构必须专注于与日本贸易或与此有关系的外汇买卖业务。而另一方面，由于金银兑换价动荡，以金元为基础的资金去经营银元为本位的业务有风险，在金元圈的欧美国家内，各分支机构要尽量减少与其他银元圈国家的外汇买卖业务，避免将金元圈资金放款到银元圈去，减少蒙受损失的风险。

具体而言，在旧方针下的上海业务情况本来已需要 250 万日元的资金规模去经营，但在新方针底下，上海事务所要尽量减少上海对欧美的外汇业务，只保留上海对日本的部分。这个决定意味着现存外汇业务中，不少会遭到腰斩或不被续期的命运，即使是对正金银行有实惠利益的交易和客户亦然，不能再维持或加以开发。[1]

表 5-11　1897 年 11 月正金银行董事会规定缩减各
分支机构的资金额

单位：万日元，%

所在地	原需资金额	新定资金额	缩减金额	比例
横滨	700	600	100	−14.3
神户	300	250	50	−16.7
上海	250	150	100	−40.0
香港	150	100	50	−33.3
孟买	180	100	80	−44.4

资料来源：横濱正金銀行編『横濱正金銀行史』（東京：坂本経済研究所、1976）附録甲卷之2、第108號、頁590。

此外，又放弃了采用中的"联合营业制度"，此制将正金银行所有营业据点分成金本位地区与银本位地区，同本位区内各支店的外汇结存数字可以相互对冲，以减少个别支店的超买超卖情况。1897 年日本终于摆脱含糊的金银复本位，成功确立为金本位制度后，与同为金本位制的欧美诸国间的金融往来更为畅顺，也减少了以前

---

1 /「1897 年 11 月 15 日取締役會議事錄」横濱正金銀行編『横濱正金銀行史』（東京：坂本経済研究所、1976）附録甲卷之2、第108號、頁584−596。

需要面对的兑换风险。但是，此时的国策却是瞄准银本位制的中国，正金银行要追随着在华扩展业务，必须要持有更多的白银资金在中国各分支机构进行营业，所以要解除"联合营业制度"，今后回到旧式管理，各分支机构各自因应情况来决定对冲，无形中增加了正金银行整体外汇管理上的风险。

好不容易才刚进入金本位制，正金银行又要重新面临世界银价市场动荡的冲击，1901～1902年银价急速下跌，使正金银行向来比较稳定的股息下调至12%，且连续的股东大会上，相马行长都报告因银价下跌带来汇价损失。[1]1902年下半年度结算时银资金部分的损失甚至超过上期拨留的准备金，要用当期利润去填补。相马解释由于正金银行是受国家保护的金融机关，在中国开店营业，为日中贸易提供金融服务乃正金银行的义务所在，为今后计，需要特别增设"白银资金准备金"一项，所以本期股息将调低1%至12%。[2]

正金银行受政府密令要准备扩大在中国业务，使其在银价风险之外，还带来资金不足的压力，于此，政府利用

1 ／ 1902 年 3 月 10 日、9 月 10 日、1903 年 3 月 10 日「橫濱正金銀行株主定式總會頭取相馬永胤氏演說」橫濱正金銀行編『橫濱正金銀行史』（東京：坂本経済研究所、1976）附錄乙卷、頁 151-158。

2 ／「1903 年 3 月株主定式總會記事抜粹」橫濱正金銀行編『橫濱正金銀行史』（東京：坂本経済研究所、1976）附錄甲卷之 2、第 121 號、頁 675-677。

增加日银发行可兑换纸币的额度来应付，1899 年修订的纸币条例，将发行额从 8500 万日元增加到 12000 万日元。[1] 大藏省并训示日银这增额中的 2000 万日元是准备给正金银行使用在欧美和东洋（东亚）地区，特别是对中国贸易方面的目的。[2] 正金银行于是先向日银提出以"银币单位"借款 500 万日元，准备用于银元区的中国；日银却十分大方地还以双倍金额的 1000 万日元，条件是必须为金本位制下的日元。意思很清楚，正金银行得自己将金元兑成银元，还款时再兑回金元给日银，这金银价变动的风险由正金银行自己承担。有政府密令在身的正金银行无可选择下只能接受这条件，自己承担持有巨额白银资金的风险。[3]

讽刺的是，正金银行刚刚在四个月前才替政府将国库持有的银币全部售清，因为实施金本位制时回收市面上的银币，等到银价暴跌后回升之际，政府认为是沽售银元兑金元的大好时机，于是通过日银命令正金银行陆续卖出。当时全数的 82% 是通过正金银行卖出，分别是在上海的 1755 万银元和在香港的 1582 万银元，其余 742 万银元是由外国银行卖出的，终于在 1898 年底将 4079

---

1 / 1899 年 3 月 9 日法律第 55 號、內閣官報局編『法令全書』冊 66。

2 / 藤村通監修『松方正義関係文書』（東京：東洋研究所、1981）卷 4、頁 568。

3 / 橫濱正金銀行編『橫濱正金銀行史』（東京：坂本經济研究所、1976）附錄甲卷之 2、第 110 號之 1・2・3、頁 598–601。

万银元全部沽清。[1] 在这个政府和日银也认为是沽售银元的大好机会后四个月，便是正金银行需要尽国家义务，从日银借款去购买银资金之时。虽然正金银行在中国发展扩张的同时，带来存款增加，减少对日银资金的依赖程度，但当时正金银行在中国的信用仍然偏低，只能以高息来吸收资金，结果影响到银行收益，减少股息分配，反映出迫不得已的连串变动牺牲了股东利益。[2]

1904 年日俄战争前夕，政府密令下正金银行需要集中外汇在伦敦支店，作为随时进口军需品的准备资金，所以正金银行实时调整外汇业务，尽量购买出口外汇票据，增加手上的外汇收入，同时相反地减少购买进口外汇票据，不让手上的外汇流出。[3] 开战后更不得不中止所有进口业务的外汇交易，将外汇集中用来应付军需品需求，使多年来辛苦经营得来的客户纷纷投到外国银行手里。[4]

当然，对于正金银行的种种贡献，政府是不会忘记

---

1 / 東京銀行編『橫濱正金銀行全史』（東京：東京銀行、1980）卷 2、頁 85。

2 / 白鳥圭志「産業革命期の橫浜正金銀行—中国大陸におけるビジネスの拡大と経営管理体制の変容—」『一橋大学商學研究科』Working paper No. 072（2008 年 2 月）、頁 30-31。http://hermes-ir.lib.hit-u.ac.jp/rs/handle/10086/16081。

3 / 高橋是清著、上塚司記録『高橋是清自傳』（東京：千倉書房、1936）、頁 649。

4 / 橫濱正金銀行編『橫濱正金銀行史』（東京：坂本経済研究所、1976）、頁 240-241。

的。日俄战后，论功行赏的名单不只没有忽略正金银行，而且还十分慷慨，从行长相马永胤到董事园田孝吉和原六郎、董事兼伦敦支店长的山川勇木，甚至主要地点的支店长都获颁授勋章，有些支店长获赐现金，正金银行当时六名董事中，有四名同获荣赏。

相马其实早于1904年初已有辞职之意，但仍坚守到日俄战争完结，1906年初其嗣子及发妻因感染白喉，在一周内相继去世，3月相马便以健康理由辞任行长，翌月政府便以"1904～1905年事件之功"（指日俄战争）授予相马三等勋章。[1]

相马留学美国哥伦比亚法学院，取得学士学位，在进入正金银行前，曾在横滨及东京任法官、创设法律专门学校，是最早以日本语讲授法学之人。[2]加入正金银行后，从官委董事变为后来的民间董事，中途有两年是担任正金银行的法律顾问。相马为人具原则性，早于原六郎任行长时私下配售正金银行股份事件中，相马便认为不妥，曾向原提示和忠告，甚至被当时大藏大臣松方正义认为是过于执着。[3]

---

1 / 専修大学相馬永胤伝刊行会編『相馬永胤伝』（東京：専修大学出版局、1982）、頁450・475−476・478。

2 / 専修大学相馬永胤伝刊行会編『相馬永胤伝』（東京：専修大学出版局、1982）、頁171−172・182。

3 / 板澤武雄・米林富男編『原六郎翁傳』（東京：原邦造、1937）中卷、頁57−58。

相马为人确实是认真，更曾在一众行员面前毫无避忌地高声质疑行长领取的交通费用。事缘在园田任行长时，有一天，园田与相马正好准备一起下班，经过办公室之际，有一名课长将一个装有 60 多日元的信封交给园田，时为董事的相马看到后问所为何事，课长回答是行长往来东京横滨间的交通费。相马当场怒斥该课长，说行长本来就应住在本行所在地的横滨，现在园田行长住在东京乃其个人选择，不存在支取往来交通费一说，作为部下者故意在其他行员面前奉上此费用，陷行长于不义，实为该部下的大错。

这番不留情面的义正词严下，园田行长十分尴尬，表示自己并没要求支取，向来只是部下递来的便接着而已，更当场将信封退回。后来才弄清楚是一场误会，所谓东京横滨间的交通费并非指园田每天上班往来的费用，而是经常往来横滨正金银行总部与东京的大藏省及日银间的交通费，是完全符合行规的费用，弄清楚后相马也有向园田道歉。不过，从其言行耿直的处事方式，可以看到相马为人对事情的理据与原则比较严谨。[1]

相马辞任行长后继续留任正金银行董事直到去世，相马的后人将其生前文书整理，送赠正金银行收藏，当

---

1 / 此事件是高桥是清在 1895 年 8 月进入正金当本店长后所目击的记录。高橋是清著、上塚司記錄『高橋是清自傳』（東京：千倉書房、1936）、頁 539–542。

中有一份手写资料，相信是在 1922 年他提拔儿玉谦次升任行长时写的"希望条件"，内容有 13 条项，其中值得注意的 3 条为：

- 要注意对大藏省、日本银行等不可疏远，重要事项尽可能与日银总裁相谈。
- 要将为股东谋利益之念经常置于心中。
- 即便是政府或日银所希望的事，如果对本行利益有可能损害的话，要与董事及重要职员慎重相谈后处理。[1]

儿玉谦次是第十二代正金银行行长，是首名从内部行员培育出来的正金行长，在大正时期上任。相马大半生服务于正金银行，当过行长、董事和法律顾问，这是相马对后辈新行长提供的座右铭。短短言词反映了相马本人在正金银行多年的经验总结，从中窥探到他在国家与公司利益相冲突时，在立场与原则面前的战战兢兢和充满矛盾的感受。

荣光照耀正金，独留斯人憔悴

相马永胤行长任期是从 1897 年 4 月至 1906 年 3 月，

---

1 / 武田晴人編『横濱正金銀行マイクロフィルム版』（東京：丸善、2003）第 1 期、卷 L-001、頁 263-265。

但其间在管理上执行的其实是高桥是清在 1897 年 4 月出任正金银行副行长时候制定的政策，背后是经由日银带入的政府指令。高桥当时越过董事会的商议，先在神户训示支店改变营业方针，然后再回来交给董事会追认通过，为了确保指令能在正金银行从上而下的实现，除了在董事会中通过新营业方针外，高桥更亲自出差欧美，检查各地支店及事务所，指正一线人员的营业思维。

相马在上任行长前已联同董事们向日银总裁做出书面同意，以后行长负责对外，将内部管理交给副行长高桥负责，在强势的副行长"常时辅助"下，相马行长被架空，失去内部管理实权。虽然高桥在正金银行只当了两年副行长，在 1899 年 3 月调回日银升任为副总裁，但他仍然谨慎地遥控着正金银行。相马在 1900 年 4 月出差欧美前，便接到大藏大臣松方下达密令，同时高桥亦表示有"个人希望"，都是要相马在出差及副行长三崎龟之助代理期间，指定高桥作为正金银行的副行长顾问，代理议决事情。相马只好召开董事会，传达此决定。[1]

相马辞职后，政府首次引用 1887 年《横滨正金银行条例》第 16 条，"大藏大臣认为有必要时，可以特别指定由日本银行副总裁兼任正金银行行长"，直接指派日银副总裁高桥是清兼任正金银行第七代行长。这样从日银传达

第五章　统合利益矛盾：个体与国家

---

1 / 専修大学相馬永胤伝刊行会編『相馬永胤伝』（東京：専修大学出版局、1982）、頁 385。

过来的政府命令更能无阻地在正金银行落实。此时的高桥经过日俄战争的论功行赏后，已是男爵的华族身份。

日俄战争中，在海外募集多次公债，都是由政府下达命令予日银，日银作为负责统筹的银行。但是其实早于 1898 年高桥以正金银行副行长身份在巡视海外各支店时，已背负着大藏大臣井上馨的直接密令，要在海外调查募集公债的可能性，进行预备工作。[1] 翌年因日银管理层出现内乱，将高桥调回日银当副总裁，所以后来在海外招募公债时高桥是以日银副总裁身份，而实际的发行工作是由日银的代理正金银行伦敦支店处理。

明治期间经过正金银行募集的外国公债达 1.51 亿英镑，接近 15 亿日元，相当于明治元年至明治 30 年出口金额的总和。[2] 在日俄战争期间公债发行尤其密集，当中高桥经手的金额达 1.07 亿英镑，占 71%，而且在整个过程中，他几乎全程留守海外。第一次是从 1904 年 2 月起程出发到美国，至 1906 年 1 月才从美国踏上归途。[3] 两年内高桥只在日本停留过一个月，其余皆是奔波于欧美之

---

1 / 高橋是清著、上塚司記錄『高橋是清自傳』（東京：千倉書房、1936）、頁 547-548。

2 / 明治元年至 30 年（1868-1897）出口总金额为 1531583450 日元。参照「日本全國貿易對照表」朝日新聞社編『日本經濟統計總觀』复刻版（東京：並木書房、1999）上卷、頁 238-239。

3 / 高橋是清著、上塚司記錄『高橋是清自傳』（東京：千倉書房、1936）、頁 658・693・707・793。

间，结果为明治政府取得 12 亿日元回来，不但足够应付战时军费，战后还可以利用低息募得的新公债款项去提前偿还战时以高息募得的旧公债。[1]

表 5-12　明治期间正金银行在海外发行公债内容

发行年/月	发行地点及比率	公债名称	金额	利息	年期	发行机构
1899/6	伦敦	日本帝国政府第一次 4% 息英镑公债	1000万英镑	4%	55	正金、Parr's、汇丰、渣打
1904/5	伦敦 50% 纽约 50%	日本帝国政府第一次 6% 息英镑公债	1000万英镑	6%	7	伦敦：同上。纽约：国家城市银行、国家商业银行、Kuhn, Loeb & Co.
1904/11	伦敦 50% 纽约 50%	日本帝国政府第二次 6% 息英镑公债	1200万英镑	6%	7	伦敦：同上。纽约：Kuhn, Loeb & Co.
1905/3	伦敦 50% 纽约 50%	日本帝国政府第一次 4.5% 息英镑公债	3000万英镑	4.5%	20	伦敦：同上，增加德、奥、荷、比、瑞士等国银行代理。纽约：同上

1 / 横濱正金銀行編『横濱正金銀行史』（東京：坂本経済研究所、1976）、頁 265-266・304-305。

发行年/月	发行地点及比率	公债名称	金额	利息	年期	发行机构
1905/7	伦敦1/3 德国1/3 纽约1/3	日本帝国政府第二次4.5%息英镑公债	3000万英镑	4.5%	20	伦敦与纽约：同上。德国：德华银行为首的13银行团
1905/11	巴黎48% 伦敦26% 德国13% 纽约13%	日本帝国政府第二次4%息英镑公债	2500万英镑	4%	25	伦敦、纽约、德国：同上；另伦敦与巴黎增加de Rothschild Freres
1907/3	伦敦50% 巴黎50%	日本帝国政府5%息英镑公债	2300万英镑	5%	40	伦敦与巴黎：同上
1910/5	伦敦	日本帝国政府第三次4%息英镑公债	1100万英镑	4%	60	正金、Parr's、汇丰

注：Parr's，即 Parr's Bank Limited；汇丰，即香港上海汇丰银行；渣打，即 The Chartered Bank of India, Australia and China；国家城市银行，即 National City Bank；国家商业银行，即 National Bank of Commerce in New York；德华银行，即 Deutsch-Asiatische Bank。

资料来源：横濱正金銀行編『橫濱正金銀行史』（東京：坂本経済研究所、1976）附録甲卷之2、第113號、123號之1及2、125號、129號、130號之1、131號、132號之1及2、155號、180號，頁607-611·691-700·702-707·715-724·730-743·821-826·988-994。

高桥的贡献为他取得众人以上的光荣，日俄战后他获得勋一等瑞宝章及被封为男爵，特旨叙位晋两级为从四位。[1] 这时的正金银行在外经营政策对准中国，目标是成为"满洲"的金融中枢机关，通过支配市场去扩张日本在中国的利权。[2] 为了扩大在"满洲"的市场，政府密令正金银行向出口"满洲"的日本商人提供低息贷款，[3] 利息低至 4.5%，对于每年外汇交易额达 500 万日元或以上的大客户再退让 0.5%。

这些资金按原来的决定应是由政府通过日银以 2% 年息提供与正金银行，但实际上，政府真正批出的金额不超过 400 万日元，不足以应付当地日本商人的借款需求。[4] 而且当时日本国内的贷款利息已是 8.43%，是政府密令正金银行提供低利率的双倍，就是日本国内 6 个月定期存款的利率也达 5.51%，所以正金银行以 4.0% ~ 4.5% 低息

1 ／ 内閣記録保存部局、国立公文書館藏『明治三十八年叙位裁可書卷 2』、本館 -2A-016-00・叙 00187100、件 007。

2 ／ 有关正金在"满洲"的扩张活动可参考：郭予庆《近代日本银行在华金融活动—横滨正金银行 (1894-1919)》，北京：人民出版社，2007。

3 ／ 横濱正金銀行編『横濱正金銀行史』（東京：坂本経済研究所、1976）附録甲卷之 2、第 135、頁 750-752。

4 ／ 横濱正金銀行編『横濱正金銀行史』（東京：坂本経済研究所、1976）附録甲卷之 2、第 142 號之 2、頁 777-779。

贷款出去是赔本生意。[1]此政策持续到明治后的大正时期，到 1916 年政府提供的资金额更减少至 200 万日元，但这时正金银行在此项目的借出额已达 1000 万日元，其中八成资金需要自己去解决。[2]

高桥任正金银行副行长时，已努力向正金银行贯输新营业思维，面对美国旧金山支店处理外汇对冲时的损失，高桥训示下属衡量的重点不在盈亏，而是业务本质是否有助国家贸易发展，如果是的话，就是发生亏损也会感到欣慰。[3]在任职正金银行第七代行长后，高桥继续向正金银行上下做思想工作，派董事兼本店长户次兵吉到海外各店巡视时，强调"正金银行对国家的责任"的思维方针，将行长训示传达与各支店长，主旨是："本行作为一间营利公司的同时，亦为一间对外金融的国家机关，故而得到政府特别保护，且受日银恩典，取得特低利息的巨额融资。因此，作为本行人员要常铭记于心，在锐意奋力为本行谋取利益的同时，经常注意大局，不要忘记对国家的义务，要审时度势，有决心甘愿为此接

---

1 / 日本銀行百年史編纂委員會編『日本銀行百年史』（東京：日本銀行、1982–1986）資料編、頁 426。

2 / 東京銀行編『橫濱正金銀行全史』（東京：東京銀行、1980）卷 2、頁 110–111。

3 / 高橋是清著、上塚司記錄『高橋是清自傳』（東京：千倉書房、1936）、頁 573。

受多少牺牲，这也就等同是忠于本行了。"[1]

"为国正金，以名为治"，在荣光的照耀下，管理人受召唤为国家目标努力，将正金银行改变成为国策的执行机构，并最好彻底忘掉其商业本质的背景。而股东则继续被遗忘，只在一年两次的大会上接受管理人认为合适的投资回报。[2]政府利用荣誉赏勋为治理工具，使正金银行成为国家的正金银行。在近代化命题下诞生的正金银行履行了其历史任务，日本与各国的不平等条约终于在 1911 年被废除，国家目标正好在明治时代（1868 年 1 月 25 日 ～ 1912 年 7 月 30 日）结束前完成。

表 5-13　明治时代荣典制度下受赏的正金银行人员

年份	姓名（行长顺序）	受赏时在正金银行职位（特殊原因）	叙位	勋等	勋章、赏杯、爵位、赐金
1889	原六郎	第四代行长	正五位		
1890	园田孝吉	第五代行长			木杯一个
1893	园田孝吉	第五代行长	从五位		
1896	园田孝吉	第五代行长		四等	旭日小绶章，赐 700 日元
1899	园田孝吉	董事			金杯一组
1899	相马永胤	第六代行长			银杯一组

---

1 / 東京銀行編『橫濱正金銀行全史』（東京：東京銀行、1980）卷 2、頁 124。

2 / 参考本书附录 2："明治时期横滨正金银行营业收入、纯利与股息"。

年份	姓名（行长顺序）	受赏时在正金银行职位（特殊原因）	叙位	勋等	勋章、赏杯、爵位、赐金
1899	中井芳楠	伦敦支店长		五等	双光旭日章
1900	园田孝吉	董事	正五位		
1900	相马永胤	第六代行长	从五位		
1902	相马永胤	第六代行长		五等	瑞宝章
1905	园田孝吉	董事			木杯一组
1906	三崎龟之助	副行长（危笃）	从四位		
1906	原六郎	董事		五等	双光旭日章
1906	园田孝吉	董事		二等	瑞宝章
1906	相马永胤	董事		三等	旭日中绶章
1906	高桥是清	第七代行长	从四位	一等	瑞宝章
1906	小田切万寿之助	董事	从五位	三等	旭日中绶章
1906	山川勇木	董事兼伦敦支店长		四等	瑞宝章
1907	园田孝吉（第五）	董事			木杯一组
1907	户次兵吉	本店长			赐200日元
1907	西卷丰佐久	伦敦支店长			赐100日元
1907	巽孝之丞	伦敦副支店长		五等	双光旭日章
1907	今西兼二	纽约支店长		五等	瑞宝章
1907	长锋郎	上海支店长			赐150日元
1907	平田恒太郎	大连支店长			赐150日元

年份	姓名（行长顺序）	受赏时在正金银行职位（特殊原因）	叙位	勋等	勋章、赏杯、爵位、赐金
1907	中村锭太郎	牛庄支店店长			赐 150 日元
1907	大塚伸次郎	书记			赐 100 日元
1907	横部实之助	书记			赐 100 日元
1911	园田孝吉	董事			金杯一组
1912	户次兵吉	董事	正六位		
1915	园田孝吉	董事			大礼纪念章
1915	山川勇木	副行长		三等	瑞宝章
1917	园田孝吉	董事			银杯一个
1918	原六郎	董事		三等	旭日中绶章
1918	园田孝吉	董事			男爵
1919	原六郎	董事（退任）	从四位		
1919	园田孝吉	董事（退任）	从四位		
1922	相马永胤	董事			银杯
1923	园田孝吉	（危笃）	正四位	二等	旭日重光章
1924	相马永胤	董事（危笃）	正五位	二等	瑞宝章
1926	山川勇木	董事（病辞）（危笃）	从五位		

资料来源：内阁记录保存部局、国立公文书馆藏『公文类聚』、第 13 编·明治 22 年·第 7 卷、本馆 −2A−011−00·类 00392100、件 006.『明治二十七、八年戰役賞功裁可書·上奏上申書·文官』卷 2、本馆 −2A−022−03·裁 00002100、件 005.『公文類纂』明治 32 年·第 3 卷·內閣三·內閣三（賞勳局三）本馆 −2A−013−00·纂 00468100、件 009.『叙位裁可書·明治三十三年·叙位卷六』本馆 −2A−016−00·叙 00092100、件 007.『明治三十三年清國事變賞

功裁可書・文官之部』本館 -2A-022-07・裁00603100、件008。『叙位裁可書・明治三十九年・叙位卷五』本館 -2A-016-00・叙00217100、件012。『明治三十七、八年戰役賞功裁可書・文官卷1・高等文官』本館 -2A-022-07・裁00543100、件023。『叙位裁可書・明治四十五年・叙位卷一』本館 -2A-016-00・叙00359100、件010。『叙位裁可書・大正8年・叙位』卷17、本館 -2A-016-00・叙00594100、件023。『叙位裁可書・大正十二年・叙勳卷三・内國人三』本館 -2A-018-00・勳00610100、件002。『叙位裁可書・大正十三年・叙位卷二』本館 -2A-016-00・叙00773100、件003。『叙位裁可書・大正十五年・叙位卷十二』本館 -2A-016-00・叙00869100、件027。専修大学相馬永胤伝刊行会編『相馬永胤伝』（東京：専修大学出版局、1982）、頁400-401。大藏省印刷局編『官報』第7273號（1907年9月25日）、頁506。

表5-14　明治时期横滨正金银行历任行长任期

顺次	姓名（日文、英文）		任期（年 / 月）
1	中村道太	Nakamura Michita	1879/12 ~ 1882/7
2	小野光景	Ono Mitsukage	1882/7 ~ 1883/1
3	白洲退藏	Shirasu Taizō	1883/1 ~ 1883/3
4	原六郎	Hara Rokurō	1883/3 ~ 1890/3
5	园田孝吉	Sonoda Kōkichi	1890/3 ~ 1897/3
6	相马永胤	Sōma Nagatane	1897/4 ~ 1906/3
7	高桥是清	Takahashi Korekiyo	1906/3 ~ 1911/6
8	三岛弥太郎	Mishima Yatarō	1911/6 ~ 1913/2

　　明治时代正金银行有八位行长，随着大环境变化，正金银行需要不断转形成长。在这过程中，出现不同的风浪和挑战，令各位行长的最终命运有天渊之别。

　　第二代小野光景任职半年卸任后，开创了小野商店，继续在横滨地区发展，活跃于蚕丝业商会，历任横滨商业会议所会长，曾发起设立横滨火灾保险会社及横滨铁道会社等，更被勅任为神奈川县贵族院议员，1915 年获叙从五位，翌年受勋四等瑞宝章。[1]

第三代白洲退藏任期只两个多月，是政府安插的过渡期行长而已，待原六郎成功接任后便转职岐阜县大书记官，没有再踏足财经界。第四代原六郎、第五代园田孝吉及第六代行长相马永胤受荣赏最多，包括退下来后仍留任正金银行董事期间，园田和相马更在病危时再获升勋升叙，极尽荣耀。第七代高桥是清先是从正金银行副行长转任日银副总裁，然后回过来同时兼任正金银行行长，1911 年 6 月更成为日银总裁，他在海外募集公债贡献最大，也获得最高荣誉，后来继续扶摇直上，最后官拜内阁总理大臣兼大藏大臣。

从明治末横跨到大正时代的第八代行长三岛弥太郎出身萨摩藩士之子，其父被列入华族子爵，弥太郎以官费派遣留学美国，31 岁已晋身贵族院议员，贵为子爵。即使从未有过银行管理经验，在 1906 年受到井上馨推荐给正金银行，时任行长高桥安排其由事务员的低位开始做起。10个月后三岛已成为董事，1911 年 6 月高桥晋升日银总裁时，

---

1 / 葉多野巌編『大正詩文』（東京：雅文會、1918）第 6 帙第 1 集、頁 39-42。高野義夫『近代日本経済人大系：第 3 巻保険篇』（東京：日本図書センター、2003）、頁 108-109。

三岛顺理成章接任为正金银行行长，成为日后他继高桥之后跳职日银总裁的踏脚石。三岛在任正金银行行长期间，专注协助政府对华贷款，以取得在华的经济资源权益，包括著名的汉冶萍贷款在内。这一切为三岛锦上添花，受勋叙位等奖赏不绝，最高至正三位勋一等旭日大绶章。[1]

相比下，正金银行首任行长中村道太斯人独憔悴，已彻底遭到世人遗忘。在东京米商会所挪用资金判刑事件后，中村也曾到处奔走托人，意图东山复起，包括通过福泽谕吉去乞求三井银行的专务理事中上川彦次郎相助，却换来中上川一顿冷言冷语，说道即使大富豪如三井也不会胡乱花钱，因为富人的钱与穷人的钱是同样地矜贵，不该花的，一文也不该浪费。

中村一生侠义助人，借出过不少款项与人救急，单是留在手上没收回的借据便有 60 万日元之多。在尝尽世态炎凉后，中村将借据从箱底翻出来，作为工艺贴纸用掉，然后便断绝了与财界的一切往来，寄情风花雪月，创立茶道有乐流，作诗填词，咏歌写字。直到 1920 年正金银行股东大会重提中村道太所做过的贡献，决议赠金 1 万日元。这迟来的感谢刚好还能赶得及，翌年中村在家中以 86 岁高龄离世。[2]

---

1 / 坂本辰之助『子爵三島彌太郎傳』（東京：昭文堂、1930）、頁 3‧64–66‧123–130‧433、年譜。

2 / 丸善株式会社編『丸善百年史』（東京：丸善、1980）第 7 章。

进入大正时代（1912～1926 年）后，随着日本帝国主义扩张，正金银行在海外也急速扩展，与财阀商社联手对中国展开帝国主义式的经济活动，[1] 依照政府方针，到中国并购工厂，[2] 使其能借助政府力量对华贷款，换取对中国资源和市场的控制权，谋获长期利益。[3]

由于正金银行在日本对外侵略战争中扮演了一个重要角色，提供金融基础，与军国主义政策紧密连接，所以，在第二次世界大战后，正金银行被驻日盟军司令部指令解散，资产及业务交由 1946 年另组成的东京银行承继及清理，并于 1954 年将东京银行的业务范围限制于专注外汇兑换，成为日本政府指定唯一负责外汇兑换业务的银行，所有其他日本商业银行的外汇兑换都必须由东京银行来处理，不能对外自由兑换。此特殊身份持续到 1998 年《外国汇兑及外国贸易管理法》废除，其他银行才可以开始迈向外汇自由兑换的市场。但在此法废除前的 1996 年，东京银行已经被三菱银行吸收合并成东京三菱银行，后于 2006 年再度合并前身为三和银行与东海银行的 UFJ 银行而辗转成为今日的三菱 UFJ 银行。

---

1 ／ 郭予庆：《近代日本银行在华金融活动——横滨正金银行（1894-1919）》，北京：人民出版社，2007。

2 ／ 迟王明珠：《大正日本的对华融资：上海申新纺织贷款与横滨正金银行》，载吴伟明编《在日本寻找中国：现代性及身份认同的中日互动》，香港：中文大学出版社，2013，第 281-299 页。

3 ／ 坂本雅子『財閥と帝国主義』「京都：ミネルヴァ書房、2003」、序論。

第六章　从横滨正金银行看明治大时代

园田孝吉在成为正金银行第五代行长前，任职驻伦敦领事。他在 1890 年曾经在英国发表一篇演说，介绍日本踏入明治时代后，结束了近三个世纪的幕府管治及舍弃了旧封建制度。这为日本历史带来一个新纪元，使日本加入文明国家的行列。日本以英国为榜样建立海军，并普及教育，国内再也找不到一个文盲青年。日本不但发展电讯海陆运输，使用电灯、电话、电车等，还根据文明国家原则编纂民刑法典。日本没有漏掉任何一个英国或其他文明国家拥有的文明标志。这转变在其他地方发生的话，恐怕需要年复一年的时间，但日本就不同，只需"吹一口气，就完成了，就是这样不可思议的一幕，在世界上史无前例"。[1]

---

1 ／ 園田孝吉 1888 年至 1889 年的一篇演说内容 "The Progress of Japan"，荻野仲三郎编『園田孝吉傳』（東京：秀英舍、1926）、頁 149–156。

这篇演说内容是明治日本的表象写实，也反映了后世对当时日本情况的不少美丽误会。幕末西风东渐，全球化在 19 世纪的东亚掀起了近代化的序幕，日本虽是身处远东一隅的岛国，亦难幸免。外来军事威胁的危机催化了对富国强兵的渴求，令经济成长变为首要课题。锁国两百多年的日本在被不平等条约敲开门户后，由贸易港开始面对冲击。为了避免国家陷入半殖民地的危险，朝野上下都将取消不平等条约定为首要目标，积极向西方列强学习，引进各种文明标志和用来应对时局的工具，包括原来没有的西方法律，推动国家急速地走向所谓近代化的里程。

1872 年，日本为了改革紊乱脆弱的金融体系，创造资本市场融资的环境，制定了《国立银行条例》。这不是从本土演变进化出来的法例，而是模仿美国 1864 年的《国法银行条例》，将银行的经营模式和资本主义的基础组织——有限责任的公司制度移植进来。希望籍此条例的明文保障，鼓励民间资本结集，创办政府急需的银行。正金银行便是依据此条例创立，且被认为是一个令人兴奋的成功例子。

正金银行的成功代表着公司制度在日本形成的神话。曾在英国修读法律的清末外交家伍廷芳对正金银行推崇备至，认为在实践西方有限公司制度上，"正金银行的表现可以将中国的银行全比下去，因为正金银行以最新的科学方式运营，半年一期的报表亦准确记载其真实的财务状况和看到所带来的巨额利润"。[1]

从正金发展的速度和规模来看,绝对称得上是出乎意料的成功,但这是否就等同是西方公司法移植入日本的成功? 明治初期导入的公司法是作为应对时局的一种工具,从美国誊抄过来,急就章而成,但法律并不只是一堆刻版的条文,最重要的是法律施行背后的法治精神。

最早对西方法治精神定义的亚里士多德在其著作《政治学》(Politics)中以提问方式阐述,在社会组织中,管治者订定法律来制约民众的行为,但谁来制约管治者? 所以管治者必须是法律的仆人,只有在所有成员都被明文法律所制约及规管,且不论权势身份,皆一视同仁之下,才能公平正义地将法律执行,彰显出自由社会的法治精神。故此,审视法律之时,必须注意其施行时是否能贯彻法治精神,令所有人及组织都受到制约。

源自韦伯(Max Weber)的近代化理论,认为发展过程往往受制于传统制度与文化,意味着非西方的跟随者

---

1 / Billy K. L. So and Albert S. Lee, "Legalization of Chinese Corporation, 1904-1929: Innovation and Continuity in Rules and Legislation," Chapter 9 in *Treaty-port Economy in Modern China: Empirical Studies of Institutional Change and Economic Performance*, eds. Billy K. L. So and Roman H. Myers (Berkeley: Institution of East Asian Studies, University of California at Berkeley, 2011), 185-210. Tingfang Wu, *America Through the Spectacles of an Oriental Diplomat*, 4th ed. (New York: Frederick A. Stokes Company, 1914), 149-150.

在近代化时，不得不同时接纳近代西方的社会组织制度和技术，因此会引发出自身广泛的社会经济转变。[1] 近代化理论认为，经济成长必以法制为基础，始能萌芽，因为只有利用法律保护财产权和制衡国家权力，才能保障契约的执行，这样可以减低公司的交易成本，使资本主义基本的市场经济得以发展。[2] 法律在促进社会和经济转变中不但扮演一个中心角色，且是近代化理论一个必须的环节。而日本在面对这些西方先进概念进入时，取态

---

1 / Tom Ginsburg, "Does Law Matter for Economic Development? Evidence from East Asia," *Law & Society Review* 34:3 (2000): 829–856.

2 / 新制度经济理论下包括了以交易成本来解释公司的行为，参考 Ronald H. Coase, "The Nature of the Firm," *Economica*, New Series 4:16 (November 1937): 386–405。防止在有限制的理性和机会主义之下产生的失德危险，参见 Oliver E. Williamson, "The New Institutional Economics: Taking Stock, Looking Ahead," *Journal of Economic Literature* 38:3 (September 2000): 595–613。以正式制度与非正式制度功能来解释交易成本的决定因素和法律的重要性，参考 Douglass C. North, "Institutions," *The Journal of Economic Perspectives* 5:1 (Winter 1991): 97–112。在 1990 年代以后，经过一批学者如 Rafael La Porta、Florencio Lopez-de-Silanes、Andrei Shleifer、Robert Vishny 等人一连串的验证后，更进一步充斥着普通法系提供最佳保护和带来比较好的经济得益之观点，故而等同是世界上成功经济的代号，参考 Rafael La Porta et.al., "Legal Determinants of External Finance," *The Journal of Finance* 52:3 (July 1997): 1131–1150; "The Economic Consequences of Legal Origins," *Journal of Economic Literature* 46:2 (June 2008): 285–332。

被认为是"积极、亲和及令人鼓舞的"。[1]

世界上许多国家的法律都是从外面借取,并非因应实施国的特定社会去专门量度定做出来的,所以在考虑移植时,不一定出于因为某个法律系统正好切合所需,才做出选择。[2]大家将日本等同"成功的法律移植"之时,除了着眼于日本跟随西方的法典以外,很少会分析其真正意义,移植进来的法律是否切实执行?又是否和法律来源地的原意一样?

近代化进程的必需基础是法制,无疑,法律条文的移植可以直接和简单,但对于施行时不可或缺的法治精神,是不可能同样地被移植过来的。因为,法律之形成于原产国而言,是经过一个漫长的酝酿阶段生成,含有各自独特的背景和社会状态的影响在其中,但移植入法例的国家便没有经历同样的自我生成过程,难以凭借一堆新上岸的法律条文将社会传统根基打破。

部分学者甚至质疑如何去界定成功,认为从短期目

---

1 / 第二次世界大战后西方国家开始以"发展"去看国际上的差别,"发展"等于先进国,"未发展"等于落后的第三世界,需要去发展。形成经济发展理论,注意社会和政治与经济发展的关系。参考 Walt Whitman Rostow, *The Stages of Economic Growth: A Non-Communist Manifesto* (Cambridge: Cambridge University Press, 1960)。

2 / Alan Watson, *Society and Legal Change* (Edinburgh: Scottish Academic Press, 1977), 98.

标来看，如果立法的原始目的能达成，即使不是和原有国家的真正法律目的相同，也能算是"成功"；至于论及商法典推行后的效果等长期目标，则要看接受移植国的动机，这对于移植后的转变很重要，因为这个动机不只是一时的，而是一个历时的持续努力，此动机还会因应时势而有所改变。[1]

由于被移植法例在其原产地的形成过程中，有大量相关的内在知识与背景，都是不可能被移植过来的，故而审视移植过程不应局限于二元选择，不应该将结果看成只会是全盘接受或是一概拒绝。因为在两个极端之间还有一定的空间去调适，所以应该选择在关键的受压时刻 (moment of stress) 去透视一个复杂制度里面的动态，才能审视得比较清楚。[2] 所以，观察日本公司法制能否贯彻法治精神，需要对此法律移植后的施行过程进行微观检测，因为当表面的移植工作完成时，真正的调适工作才正式开始。

---

1 / Hideki Kanda & Curtis J. Milhaupt, "Reexamining Legal Transplants: The Director's Fiduciary Duty in Japanese Corporate Law," in Law in Japan: A Turning Point, ed. Daniel H. Foote (Seattle: University of Washington Press, 2007), 437–453.

2 / Curtis J. Milhaupt & Katherina Pistor, Law and Capitalism——What Corporate Crises Reveal about Legal Systems and Economic Development around the World (Chicago: The University of Chicago Press, 2008), 214, 224.

1872 年明治政府通过制定《国立银行条例》，从美国移植进来有限责任股份制度。这是日本第一部公司法，期待在确保股东的有限责任和股份的自由买卖底下，开启法例保护下的公司制度，使公司可以依法向市场募集资本。而负责向公司提供制度所在环境的组织便是国家。公司与国家，这两个组织都必须面对一个未经孕育时期而直接移植进来的西方公司制，以及伴随而来的治理问题。

国家对于公司的意义，并不一定如蒂利 (Charles Tilly) 所言，只有剥削和压制；[1] 从很多实况看来，国家还可以是公司的规范者、保护者和创造者，尤其在一些后起的工业化转型中，国家的干预更往往是公司成功的重要因素。[2] 正金银行便是其中一个例子，政府积极的干预确实扶植其达致几何级数的成功。

移植过程在表面上确实如园田演说所形容一样，瞬间完成，但是，囫囵吞枣过后，深层的磨合与调适才正式开展。原因是法例移植初期，对施行环境与对象而言，难免会产生混乱，在取得相对均衡的稳定状态之前，所有利益持份者都一样需要面对及参与调适过程，包括负

---

1 / Charles Tilly, "War Making and State Making as Organized Crime," in *Bringing the State Back In*, ed. Peter B. Evans et.al. (Cambridge: Cambridge University Press, 1985), 169–192.

2 / Peter B. Evans, *Embedded Autonomy: States and Industrial Transformation* (Princeton: Princeton University Press, 1995).

责立法和推行的政府在内。在法例管辖下，股东和管理人固然需要消化和理解条文下可活动的空间，就是颁布法例的政府也需要熟练这工具所赋予的可操控性和实用性；更重要的是，公司治理的框架并不单是移植进来的明文法例，还有在更广阔范围上当时社会所提供的其他游戏规则，包括传统、习惯和价值观等，这些都通过各式时代精英为媒体，构成了移植期动荡中的方向依据。

本书的研究对象横滨正金银行因应时代需要从平地弹起，在国家需要民间资本与人才资源下诞生，依据移植进来的详细法规范本，制定章程规则，然后运转营业。在正金银行身上是否体现移植法制的成功，其实并不在于是否依照条文规定的表象，而是在能否体现施行法制时的法治精神，对所有利益关系者——尤其是政府和有权者——都能产生制约。

正金银行是依据第一条从美国移植的银行法例成立的有限责任股份公司，于 1880 年开业，不但距离 1899 年全面实施商法还有 19 年，就是距离 1893 年日本史上首次施行部分商法还早了 13 年，而最先注意到公司治理问题的委托代理理论也要等到 1930 年代才出现。当然，没有公司治理的论说并不代表问题不存在，事实上，正金银行甫开业不久，便陆续呈现出种种公司治理上的问题。

当时在急切的时代需要底下，无论是国家还是民间，其资本力量与各方利益相关者的掌控手段都显得远远准备不足，只能面对着近代银行、金融改革、外汇体制以至贸易港连接着的海外动荡市场，在有限的经验下摸索前行。就是在这些关键时刻，观察掌权的相关者政府在面对危机时的处理方法，发现法治的原则经常被舍弃。

正金银行在面对崭新公司制度时，各相关者从各自的利益立场出发，认识制度中的空间与可操控范围，对新制度做出冲击和调适，其过程可以分为四个阶段来观察：摸索时期（1880～1883年）、试练时期（1883～1888年）、演绎时期（1888～1895年）和统合时期（1896～1912年）。

从摸索到试练时期，是磨合和熟习的阶段，正金银行初创时的组织结构中，管理权在股东代表手上，虽然政府以贴身方式的管理官制度，安插管理官长驻在正金银行，过问所有营运决定，但是实际上政府也是和正金银行一样的经验贫乏。

一方面，部分民间大股东了解到在投票权方面，法规倾向保护小股东，企图通过分割手上股份增加控制权，准备在股东大会上对抗政府，采取关闭正金银行或脱离官股手段，以便取回正金银行的独立经营权。另一方面，政府是引入公司制度的制法者，在实际营运正金银行的个案中，开始了解到这个制度对政府产生的两面性。在法律保障下的公司制度里，股东大会是公司组织的最高权力所在，投资者可以藉此行使条文赋予的权力，这个规制对所有参与者产生约束力，不容忽视，就算是身为掌权者的政府也不能例外。

结果，政府必须修订正金银行章程，将当初没有重视的内容改正，取回作为股东应有的投票权及担任董事和行长的被选权等法规上的基本权利。及后，政府为进一步加强对正金银行的控制，改变了当时银行通法上的股东管理人模式，导入专业管理人制度，为正金银行带来了新局面，可以在广阔范围上吸纳适合人才，不必受限于股东代表之内，有助正金银行业务急速发展，但同时亦带来新的治理问题，需要注意管理人的利益冲突和奖励计划。

演绎时期呈露出政府治理正金银行时，虽然仍是不得不插手，直接干预日银与正金银行间的借贷关系，但在新法规面前显得有一定的克制，先是企图以其他手法去说服日银，尽量在不会正面违反法规情况下解决矛盾；相反地，此时的股东借助政府移植入来的法治憧憬，"于明治当今法律进步之世"，认为明文法律才是实在的可信赖工具，盖过政府和日银的信用，于是利用行使召开临时股东大会的权力，通过专业管理人去对政府施压，谋求日银向正金银行做出"法律保障下"的资金承诺。

政府通过公司制度结集民间资本，创立正金，作为外汇银行来疏通贸易金融，支持货币体制改革，这一切都是指向国家最终目标——取消不平等条约。公司制度的基础是由法律保障投资者在有限责任底下勃兴资本市场，支持商业活动。移植的条文虽然明确公司组织是为股东谋取利益，但是明治政府将"公司"概念灌输进来时，已加入本土主观元素，强调政府向民间劝业创立公司，首要有利于国家，同时也有利于私人。这是政府的理想境界，因为达成国家目标才是导入公司制度的本来动机。

　　然而，在正金银行个案中可以观察到政府这个理想境界经常受到冲击。因为投资者关注的是利益回报，股东管理人维护的是投资者立场、完全符合为股东谋取利益的条文。专业管理人除了带来公司需要的专门才能外，还有渗透着个人利益的治理问题。显然，政府希望藉着建造共同价值观去影响正金银行及日银管理人的思维，以便在国家与公司目标发生冲突时作为依据，使决策人知所取舍。但在实践上，作为立法者和施行者的政府往往远离了法例明文的契约承诺，只会考虑如何能制约其他利益相关者来达成国家目标，有时甚至带头成为违法者。

　　故此，即使移植的制度条文相同，其实际施行形态和效果都不尽相同，检视一个制度时，不能单从条文规定去了解其运作施行，必须结合制度施行所处的背景和导入动机来看。因为背景、动机是不能与条文一起移植进来的，使制度只剩下一堆复杂刻板的条文，欠缺重要的灵魂。施行移植法制的国家必会因应自身环境从本土补上，才能重新启动制度的生命力，亦因此往往舍弃了原产国法律施行时最重要的基础——法治精神。

　　本书从正金银行治理史中，观察明治时期的日本为公司制度注入主观动机，将公司个体的营利目标统合在国家目标之下。政府以荣典制度促使管理人进行自我监察，活跃了公司制度为国家效力。以名为治，切合了当时尚政不尚商和官尊民卑的社会背景。在这种法例下管治正金银行的政府，也因此经常徘徊在法治和人治之间，未能体现法治精神。作为近代化东亚先行者的日本，其历练提供了宝贵的参考——不论是可学习的经验，还是可回避的教训。

第七章　探索明治时期有限公司制度出现的背景

前锋高举维新，后勤补给不继

1853 年美国东印度舰队的四艘军舰进入浦贺冲，当时日本人看到船身涂黑和冒着黑烟的蒸汽船，称之为"黑船"。自此远东岛国也被卷进西风东渐的旋涡，掀开历史新的一页。黑船事件暴露了幕府保卫国家的脆弱面，推使日本步入幕府末期。翌年的《日美和亲条约》开放下田和箱馆（即现在的函馆）两港口通商，不但正式结束了日本超过两百年的锁国政策，还是日本签订不平等条约的先河，陆续而来的还有日英、日俄、日荷等不平等条约。日本如惊弓之鸟，在幕末至明治初年几乎不停地与欧美各国签订不平等条约，失去关税自主权和治外法权。

表 7-1　日本在幕府末期与明治初年对外签订的不平等条约

年 / 月	签约国	条约
1854/3	美国	《日美和亲条约》
1854/10	英国	《日英和亲条约》
1855/2	俄国	《日俄和亲条约》
1856/1	荷兰	《日荷和亲条约》
1858/7	美国	《日美修好通商条约》
1858/8	荷兰	《日荷修好通商条约》
1858/8	俄国	《日俄修好通商条约》
1858/8	英国	《日英修好通商条约》
1858/10	法国	《日法修好通商条约》
1860/8	葡萄牙	《日葡修好通商条约》
1861/1	普鲁士	《日普修好通商航海条约》
1864/2	瑞士	《日瑞士修好通商条约》
1866/8	比利时	《日比修好通商航海条约》
1866/8	意大利	《日意修好通商条约》
1868/11	瑞典挪威 *	《日瑞典挪威修好通商条约》
1868/11	西班牙 *	《日西通商条约》
1869/2	奥地利 *	《日奥修好通商航海条约》

注：* 为明治政府所签订，其余为幕府将军签订。

资料来源：外务省编纂『日本外交年表並主要文书』（東京：原书房、1965）上卷、頁 12・14・15・18・24・25・29・30・39・46・47・57・58。

日本进入明治时代（1868～1912 年）后，维新政府认为国家的首要目标便是废除这些不平等条约，而走向近代化是唯一的道路。日本朝准目标，在整理幕藩遗留下的混乱体制的同时，外交上一直寻求机会，内务上亦调整政策为谈判制造更多有利条件。首先，政治上将国家体制从幕府藩主掌权转变为大政奉还，将地方权力收归到天皇所在地的中央政府。1868年率先由15岁的明治天皇登场，发布五条誓文，正式开展维新运动，号召学习西方政治经济制度和科技产业。跟着开展连串改革行动，包括迁都东京，逼令地方藩主将版图户籍记录献出，并废藩置县，取消藩主世袭制度，改为设立行政区域，集权中央。

除了这些耳熟能详的政治背景以外，简单地说，最迫在眉睫的课题其实就是一个字：钱！而且需求的渠道来自四方八面。

第一个需求来自政治改制带给明治政府紊乱的地方财政和穷乏的国库。地方将一切管理交公的同时，自然也包括了现存的地方债务与以前藩主供养武士的俸禄，现在都一并落在中央的肩上。还不止，旧社会的身份制度在新社会内受到重编：除了皇族身份以外，以前的诸侯公卿现在改称为华族；以前的高层藩士成了士族；以前的低层士卒与农工商则合组成民族。本来地方各自为政，各自营运收支的时代改变了，新的华族与士族自身的收入开始依赖明治政府去支付，加上原来的低层士卒，能想像到这个问题究竟有多大。26万家的华族、士族，加上17万家原来的卒族，一年俸禄是400万石米，折成

2260 多万日元。[1] 对比之下，在明治天皇开始维新运动的
1868 年，日本全年国库收入录得 3308 万日元，其中经常
性收入只得 366 万日元，临时性收入达 2942 万日元。临
时性收入主要来自发行名为"太政官札"的纸币，明治初
期入不敷支的状态，就是通过不停印刷新纸币来应对。[2]

新政府从开源节流着手。在不能自主关税而工业又
未开始发达下，只有向农业入手开源。以前是农村向领
主交纳米谷实物，1873 年《地租改正条例》改为农民个
人向中央政府纳税。节流主要是针对最大开支的华士族
俸禄。1876 年《金禄公债证书发行条例》将每年支付的
俸禄取消，改为一笔以公债支付，但本金要五年后才开
始抽签分批偿还，最后一批要等 30 年之久。[3] 这个改变令
士族从以前受尊敬的带刀阶层沦落至三餐不继，最终引
发内战。不满的士族纷纷在各地引发动乱，其中最大的
是翌年鹿儿岛西乡隆盛起兵的西南战争，给步伐未稳的
明治政府增添巨额军事开支。

第二个需求更大更广，是来自富国强兵、殖产兴业
的口号。明治政府除了国内政经事务以外，还接收了由

1 / 这是 1873 年 3 月数据。早稻田大學出版部編『日本時代史』（東
京：早稻田大學出版部、1927）卷 13、明治史上卷、頁 239-240。

2 / 明治財政史編纂会編『明治財政史』（東京：明治財政史發行所、
1926）第 3 卷、頁 167。

3 / 1876 年 7 月 31 日『金祿公債證書發行條例』第 6 條。內閣記・
保存部局、国立公文書館藏『太政類典』編 2、卷 322。

幕府将军盖章的对外不平等条约，失去关税自主权和治外法权。新政府上台便将修订条约列入首要工作议程。

明治政府在 1871 年 12 月派出右大臣岩仓具视率领遣外使节团，展开外访交涉的旅程。但眼见欧美各国的强大富庶，使节团各人皆目瞪口呆，深明此刻的日本国力根本不具备提出修约的条件，只好改变目的，专注考察欧美各国文明制度与先进工业。考察全程经历 18 个月，在遍访美、英、法、比、荷、德、意、奥、俄、瑞士、丹麦和瑞典 12 国归来后，[1] 明治政府了解到要修订不平等条约，首要充实国力，踏上近代化之路。

然而，高举富国强兵口号，制定殖产兴业政策，需要真金白银，尤其强化军事工业和设立产业工场都是从海外进口机器设备，需要用外汇去支付。故而第一步必须想办法先赚取外汇，即当时被称为"洋银"的外国银元。[2]

不平等条约除了使关税不能自主决定，减少了政府收入来源以外，更大的问题在于被逼开放港口进行对外贸易，使原来封闭的日本国内经济在开港后受到外来因素的冲击，出现严重失衡，导致金银流失海外。

最简单的例子莫如因货币兑换引致黄金的流失。日

---

1 / 田中彰『岩倉使節団の歴史的研究』（東京：岩波書店、2002）、頁 219。

2 / 佐藤昌一郎「富国強兵と殖産興業—国家資本を中心として」『歴史公論』巻 3 号 1（1977 年 1 月）、頁 52—62。

本国内黄金兑银的换算率是 1 兑 6.44，但在海外是 1 兑 15 左右，海外金的价值高过日本国内一倍有多。如果外国商人拿着 15 个银元来日本兑换出 2.3 个金元，再拿到海外去，2.3 个金元可兑换出 34.5 个银元，来回一倒便可获取一倍以上的利润。这引发外国商人不断将黄金输出海外获取暴利。明治初期工业化还未开始，商业亦未振兴，政府提出扶植新产业的国家政策造成海外机械设备进口的热潮，使入口货额远远高于出口。此贸易逆差令银元随着支付进口货物的账单而大量往海外流出。[1]

此时的日本既想振兴工商业，引进海外机械技术，又欠缺外汇去持续这国策；想提高关税来增加政府税收及压抑进口货物，又受到不平等条约的限制，没法自主改订关税；想修订不平等条约，又自付国力不济，未足以与欧美列强平起平坐去讨价还价；想提升国力，先富国强兵，又会回到缺乏资金尤其是外汇洋银的问题上。此时的日本像是掉进了一个回旋木马的游戏中，急于找出旋涡的缺口在哪里。

推动银行雏形，政府屡败屡试

横滨正金银行中"正金"一词指的是金银币，是明治政府实现众多国策中最需要的"弹药"，这里指的甚至不是

---

1 / 玉置紀夫『日本金融史—安政の開国から高度成長前夜まで』（東京：有斐閣、1994），頁 8。

现代泛称的金钱货币，而是实实在在的金银币，因为纸币并不包括在内。原因是当时国内金融体制非常混乱，纸币的可信度十分低，才会在创立时候特别强调"正金"一词。

幕府时代的日本除了仍然通用古代钱币以外，各地藩主都各自铸钱和发行名为"藩札"的纸币。踏入明治时期后，流通的货币包括金币、银币及铜钱，且劣币赝币充斥市面。单是"二分金"币便有十三四种之多，其中真币只占两三成。[1]旧纸币不但粗制滥造，且各式其色，全国加起来竟然有 1600 多种纸币。货币体系的混乱可想而知。[2]再说，纸币是用纸张印刷出来的，背后必须有信用支撑才会有价值；但因曾经有过幕府藩主出现财政困难，导致部分藩札纸币被废弃失效，早已使人民对纸币失去了信心。

明治政府上台后，首先停止古代金银钱币的通用，开始改铸新本位货币及在贸易港对外专用的"贸易一元银"币，又发行了"金札"纸币，即后来被称为"太政官札"的纸币。但这纸币并非现代日常生活中使用的可兑换纸币。可兑换纸币的原意是发行者的一纸承诺，任何人可以用这张纸随时向发行者兑换同价的本位金或银实物，是有真正价值在内的。当时的日本金融体制并没

---

1 / 高垣寅次郎『明治初期日本金融制度史研究』（東京：清明会、1972）、頁 104。

2 / 明治財政史編纂會編『明治財政史』（東京：明治財政史發行所、1927）卷 11、頁 8。

有具备这种承诺的能力。其后因应不同需要又陆续发行了各种名称的纸币，包括民部省札、大藏省兑换证券、开拓使兑换证券、为替会社金券、银券、钱券、洋银券、新纸币、改造纸币、国立银行纸币，但全部都未能赢得信任，成为真正的可兑换纸币。[1]

政府为了推动经济和活跃商业交易来开辟税源，想学习西方利用贷出款项来增加市面货币流通，于1868年成立商法会所。政府通过此会所贷出纸币，作为商业和殖产资金，期望增加市面纸币的流通，使有需要的商人可以加以活用，但是因为纸币的信用低下，效果不大，最后连专责此任务的商法司都在翌年被废除。[2]

随后政府又马上有了新设想。上回商法司的时候，虽有贷出款项的源头，但借款和能利用的渠道却薄弱。故而1869年政府设置通商司，在其监察下拉拢地方豪商资本及有力的找换商人，在全国成立了8间"为替会社"（贸易汇兑公司），利用商人资本、政府存入的款项及贷出的纸

1 / 虽然有部分在开始时的设计为可兑换纸币，但实际上都没有达成。明治财政史编纂会编『明治财政史』（东京：明治财政史发行所、1927）卷12、页4-8・89・179・281-284・351。

2 / 以横滨商法司为例，在1868年12月至1869年2月共借出309100两，以借款目的分类来看，30.7%为购入洋银的无担保借款；25%是以出口生丝担保借款；19.4%是为购入生丝借款，预定以洋银还款。由此看来，通过商法司的贷款政策大部分是换取洋银的交易，未能达到在市面流通金融的目的。藤原明久「明治初期金融法史の研究」『神户法学杂志』卷28号4（1979年3月）、页439-487。

币和其他一般存款来经营贷款。与此同时吸取过去教训，也推动成立了"贸易会社"，这样便连借款方也准备好了。

为替会社不但负责贷款给贸易会社，而且更获得政府赋予的特权，可以发行相当于纸币的金券、银券、钱券和洋银券，俨然近代银行的雏形。政府对这 8 间雏形银行批出了价值 864 万多两的纸币发行权，以为可以通过他们融资出去，增加市面上通货供应，刺激起交易活动，但实际流通出去的金额只有 150 万两，连发行权的两成都不到。[1] 即使在政府强力保护下，为替会社的业绩也只是昙花一现，[2] 短短两年时间便因大量坏账和客户倒闭而停止营运及解散。[3] 虽然明治初期的金融政策屡试屡败，但面对着国家急切的课题，政府也只能继续屡败屡试。

建立资本市场，启蒙公司制度

政府试验的为替会社中"会社"的意思是公司。作为西方资本主义基本组织的有限责任股份公司制度，重点在

---

1 / 明治财政史编纂会编『明治财政史』（东京：明治财政史发行所、1927）、卷 12、页 308。高垣寅次郎『明治初期日本金融制度史研究』（东京：清明会、1972）、页 185。

2 / 玉置纪夫『日本金融史—安政の开国から高度成长前夜まで』（东京：有斐阁、1994）、页 19—20。

3 / 冈田俊平「明治九年、国立银行条例改正の意义」『成城大学经济研究』号 7（1957 年 12 月）、页 71—98。

于股东承担对公司经营损失的责任是有限的。如果投资金额是 100 日元的话，无论公司的经营结果如何，都不会令股东有额外的损失，其最大损失额也就是当初出资的金额100 日元，不会超出此范围以外，是为有限责任。

这些股份公司拉拢了众多毫不相关或互不相识的人投入资金，但在经营上只交由很少数的几个代表去经营，大部分投资者是不能直接参与日常经营的。如果最后公司出现巨大亏损，造成股东还要加码掏钱去分担损失的话，没有多少人会愿意去冒险投资。所以为了引起更多一般人的投资意欲，需要有限责任股份公司制度去保护股东，更需要公司法去确立此公司制度的实行，规范公司的组织，保护相关者的权益及制约他们的行为。有限责任股份公司制度如能成功，便会有助于募集市场上的资本，为资本主义提供发展的环境。[1]

---

1 / 公司制度的诞生，除了为资本主义制造发展环境外，也带来了公司治理的问题。1932 年 Berle 和 Means 最先提出，在公司制度下，股东在法定上虽然拥有股份，但是实际上在将公司的运营委托与专业管理人之时，公司的所有权和管理权已被分离，所以必须重视如何治理，以保障股东权益。其论说成为研究公司治理问题上最重要的基础。参考 Adolf Berle and Gardiner Means, *The Modern Corporation and Private Property* (New York: Macmillan, 1932)。而公司法的效用是作为公司内部的合同法，去约束投资者与专业管理人之间的关系，使形成契约，规范行为。参考 Frank H. Easterbrook and Daniel R. Fischel, *The Economic Structure of Corporate Law* (Cambridge, Mass.: Harvard University Press, 1991)。

拉拢不相关人士的资本来成立股份公司，由小部分股东代表来营运，再规定股东是有限责任的这种做法并非产于日本本土，也不是从旧有的商业习惯中演变出来的，而是为了促进国家近代化目标去模仿外国得来的。所以，别说是民间从未听过这种公司制度，就是政府官员也不知道是什么或具体如何去组织和运营。

在日本最先介绍"会社"的是 1866 年福泽谕吉的《西洋事情》一书。该书讲解在西洋国家法例下普通人可以发起结社，集合众人资本组织商人"会社"，发展一些建造铁路、开拓市场和铺设水管等大规模事业，并会按出资比例来分配利润。[1] 最早出现在公文上的"会社"一词则是 1868 年政府发布的《商法大意》。[2] 之后通商司促成的 8 个为替会社是根据《为替会社规则》成立的。会社组织最多由 10 个股东组成，股东负责出资，并且不论盈亏，每月都可以收取出资金额 1% 的利息，作为对出资者的保障。在会社产生利润时，会将其三分之一按出资比例分给各股东。会社股份是可以转让的，[3] 而业务的管

---

1 / 福澤諭吉『西洋事情』（東京：尚古堂，1866）初編、一、頁 45-50。

2 / 1868 年 5 月公布的『商法大意』主要是废止独占的代理批发制度，刺激商业自由竞争。佐藤義雄「初期会社法源としての「立会略則」—明治初年の会社立法摸索（三）—」『産大法学』卷 13 号 1（1979 年 6 月）、頁 99-100。

3 /「為替會社規則」第 3·8·13 條、明治財政史編纂會編『明治財政史』（東京：明治財政史發行所、1927）卷 12、頁 335-337。

理则依照当时一些同业组织的普遍做法，轮流交替执行，每月由一个股东负责。[1]

此时被称为"会社社员"的股东投资者，其法律地位并不清晰，也未有相应的法例规定投资者是有限责任制。从当时的经营规则来看，政府赋予为替会社发行金券纸币的特权，定位是可兑换纸币，在发行纸币之时，为替会社需要准备一定金额的金银币作为兑换准备金，且在实物准备金不足之时，股东是需要马上补回的。所以，在拿纸币回兑的金额太大时，股东还是有可能在原来出资金额以外，再拿出金银币来补足准备金。故此，当时的会社仍然不是有限责任制，对股东的保障仍未足够。[2]这也说明了虽然政府对 8 间为替会社批出 864 万多两的纸币发行权，最后却只有 150 万两的实际流通额，不足的法定保障是当时没有发行更多的原因之一。[3]

为了急于推动经济，政府主动地炮制出为替会社作为雏形银行去实现，这个从上而下推出的"硬销"过程，

1 / 向井鹿松「會社組織の變遷」、收入野依秀一編『明治大正史』（東京：明治大正史刊行會、1929）卷 6、頁 196–277。

2 / 8 间为替会社之一的"东京为替会社"便曾做出保证，因每日交易金额有变，万一准备金不足时，会马上以金银币补足。藤原明久「明治初期金融法史の研究」『神戸法学雑誌』卷 28 号 4（1979 年 3月）、頁 439–487。

3 / 明治財政史編纂會編『明治財政史』（東京：明治財政史行所、1927）、卷 12、頁 308。高垣寅次郎『明治初期日本金融制度史研究』（東京：清明会、1972）、頁 185。

被形容为"揠苗助长"。[1] 失败后，政府意识到要改变方针，因为货币流通关系到产业盛衰及国家强弱，这个庞大的经济任务在缺乏民间力量的主动参与下，实在难以达成；但是若能将组织公司的基本知识先行普及民间的话，便会像散播出种子一样，日后再推动成立银行或类似银行的公司组织时，自然会有支持和参与者涌现。[2]

于是，政府改用"软销"方式推介公司制度这个新概念，在 1871 年刊行官版《会社辩》和《立会略则》两书，这其实是法国经济书中部分关于银行的章节内容，从那里翻译出来成书的。《会社辩》的"会社"一词虽然在今日的日本是"公司"的意思，但此书所言的还不是现代用语的一般公司意味，而是专门介绍当时政府急于要让民间熟悉的银行，内容有各种银行的经营方法。大藏省官员涩泽荣一更撰写序文，以浅显比喻去解说"与其是个别商人单独营牟小利，不如集合资力一起营牟大利"，努力推动民间资本市场的成立。[3]

另一本书《立会略则》是解释商业法的规则，强调日本劝说民间兴业创立会社，首先是会有利于国家，同

1 / 明治財政史編纂會編『明治財政史』（東京：明治財政史行所、1927）卷 12，頁 334。

2 / 明治財政史編纂會編『明治財政史』（東京：明治財政史行所、1927）卷 12，頁 498。

3 / 福地源一郎『會社辯』（東京：大藏省，1871）。

时也会有利于个人。这种说明方式在次序上尽显政府着重点的先后有别，先要为公，再及私利。[1] 这个阶段可说是政府对民间就公司制度的启蒙时期。

殖美国银行例，成最初公司法

在银行雏形为替会社施行失败的同时，维新政府正派出两组人在海外对银行制度进行考察，一组以伊藤博文为首在美国了解其分权银行制度，另一组以吉田清成为首则在英国了解其中央银行制度。在应该跟随英制还是美制的一番论争之后，政府决定采取伊藤方案，模仿 1864 年美国施行的《国法银行条例》(National Bank Act)，将银行的经营模式和有限责任的公司制度一起移植过来。

明治政府一心想尽快引导民间集合资金去创办银行，但当时国内既没有有限责任股份公司制度，更遑论公司法的存在，所以在模仿制订《国立银行条例》之时，不但是制订银行的经营模式，还一并将银行组织的有限责任公司制度搬进来放在条文内，创业依据显得更为便利。故而实质上日本第一部公司法便是《国立银行条例》，当时的有限责任股份公司就只有银行。

---

1 / 西川俊作、阿部武司编，杨宁一、曹杰译：《日本经济史 4：产业化时代（上）》，北京：三联书店、1998，第 36—41 页。

移植的最大疑问大概就是能否原汁原味、不偏不倚地做得到。先从条例名称开始看，《国法银行条例》在美国本土的原意指的是相对于"州法银行"而订的"国法银行"条例。可是漂洋登陆后，日本在 1872 年公布的却是《国立银行条例》。翻译成为国立银行，实际组织上却是完全的民间私立银行，并不是由国家设立的。单从译名的差别便可知道当时移植准备的匆促和对条例的认识程度。[1]

政府希望学习美国，利用银行去整理当时存在的各种不可兑换纸币，期待最终有统一的能取信于民的流通纸币。开始时的设计是国立银行在有抵押条件下，经过政府准许发行国立银行纸币——有信用的可兑换纸币，能在国立银行兑换实物的金银货币。[2]国立银行通过经营外汇兑换、押汇、借贷、存款、实货金银买卖等业务，

---

1 / 伊丹正博「近代史研究への一つの接近−明治期銀行史研究を例として−」『香川大学一般教育研究』号 8（1975 年 10 月）、頁 12–21。
2 / 1872 年『國立銀行條例』规定银行需要将资本金的六成以市面流通的政府纸币上缴，由政府给予 6% 利息的金札交换公债券，银行再将这些公债抵押给政府，换取同额的银行纸币。当时的银行纸币是统一由政府印刷，唯一分别是加印上个别国立银行的名称。银行有资本金六成的银行纸币去经营业务，另外四成则以金银货币存在行内，作为银行纸币回兑的准备，由于是回兑本位的金银币，所以当时的银行纸币是可兑换纸币性质。明治財政史編纂會編『明治財政史』（東京：明治財政史發行所、1927）卷 11、頁 5。

将发行的纸币投入市场。[1]

《国立银行条例》公布后，只成立了四间银行，便没有后来追随者。当时银行名称以数字排行，分别是 1873 年成立的东京第一国立银行、同年从横滨为替会社过渡而来的横滨第二国立银行、翌年的新潟第四国立银行及大阪第五国立银行。而大阪第三国立银行未开业前便已解散，所以只剩下四间。[2] 原因是实际国情仍未具备足够条件，在国策不断摸索和不断改变的时代，民间对纸币的接受度仍然低下。

在可兑换的条件下，国立银行发行出去的纸币不久又被拿回银行兑成金银币。结果纸币又积存回银行，既达不到增加市面纸币流通和回收旧政府纸币的目的，又要为准备足够金银币去应付回兑疲于奔命。在有限的资金压力下不能随便增加银行纸币的发行额，令国立银行掉入困局，无法营利。政府为国立银行印备了 1500 万日元的纸币，结果四间银行总共才发行了 207 万日元。这数字相对于当时市面流通的旧纸币 5170 万日元而言，只

第七章 探索明治时期有限公司制度出现的背景

---

1 / 1872 年『國立銀行條例』第 10 条第 1 节、内閣官報局編『法令全書』冊 7。

2 / 佐藤義雄「日本最初の会社立法「国立銀行条例」—明治初年の会社立法摸索（五）—」『産大法学』卷 13 号 3（1979 年 12 月）、頁 114–135。

占 4%，根本无法消化和吸收市面的旧政府纸币。[1]

此路不通，政府于是来个大转弯，在 1876 年改订《国立银行条例》，使银行纸币变成不可兑换纸币。[2] 这次反应可不一样了，纸币不能回兑金银货币，消除了准备金的压力，经营银行便会有利可图。所以改例后申请创立者立刻飙升，使政府马上又改变想法，要收紧批核。1877年 12 月修订条例中追加了条款，让大藏卿有权限制银行的纸币发行额，以及可以按各地方情况拒绝批准申请。[3]

在旧例施行的四年内只成立了四间国立银行，这次在纸币基本性质上的改动令国立银行的数目在三年内跳到了 153 间，总资本金达 4211 万多日元，银行纸币发行额 3439 万多日元。反应虽然热烈，可是政府的政策却偏

---

1 / 藤村忠「明治 5 年のわが「国立银行条例」とアメリカ「国法银行法」との癒着関係をさぐる」『経済論集』卷 18 号 3（1971 年 2 月）、頁 51–84。

2 / 1876 年《国立银行条例》修订，第 18 至 20 条规定银行资本金的八成购入指定的政府公债，在发行银行纸币时，以这些公债抵押给政府，换取与公债市价同额的银行纸币来经营业务。其余资本金的两成则以"通货"形式存于行内，作为银行纸币回兑之准备。由于回兑的只是通货，即是政府纸币，而不是旧例规定为本位的金银币，所以银行纸币变成是不可兑换纸币。1876 年『國立銀行條例』、内閣官報局編『法令全書』册 11。

3 / 1877 年 12 月 12 日太政官布告第 83 号《国立银行条例》追加，第 1、2 条。此追加内容后来在 1878 年 3 月 2 日太政官布告第 5 号中被取消，改为修订入原来的第 18 条内。内閣官報局編『法令全書』册 12·13。

离原意，越走越远，乱上加乱。国立银行纸币不但没有成为有信用的可兑换纸币，也没有取缔旧时代的不可兑换纸币。更因为是不可兑换的，政府在有需要时还是在继续加印。1877 年国内西南战争的庞大军费，就是依赖由政府发行的政府纸币及国立银行发行的银行纸币来应付，市面上不可兑换纸币不但没有减少，反而继续增加。[1]

《国立银行条例》在施行后虽然没有达成移植的原来动机，但是却带来了日本第一部公司法。1876 年改订的《国立银行条例》第 2 条记载"银行事业经营的主旨是为一众股东谋利益"，明确指出商业机构的本质，并确立资本主义中资本资源衍生利益的原则。[2] 条例包含两个主要内容，一是监控纸币发行的程序法，对银行发行纸币有规定细则；另一是指引创设银行的组成结构、投资者权责及管理组织。

引进公司制度，摸着石头过河

《国立银行条例》是日本首次出现的有限责任股份公司（简称为有限公司）法制，有限公司制度是发展资本主义的重要基础之一，使分散的资本资源能集中起来作大型

---

1 / 政府为了 1877 年西南战争的军费，发行了 2700 万元的政府纸币，另向当时最大的第十五国立银行借款 1500 万元。明治财政史编纂會编『明治财政史』（東京：明治财政史行所、1927）卷 12、頁 311。

2 / 1876 年『國立銀行條例』第 2 条第 6、内閣官報局编『法令全書』册 11。

投资运用，有限公司模式的四个基本原则是：投资者的有限责任、投资股份可以自由转让、永远存续的法人本质、集权管理。[1]

当时的公司是许可制，需要向政府申请成立。在1893 年《商法》的"会社"部分施行之前，法制下的公司只有银行，在条例规定下招募股东、创设股东大会、选举代表担任董事等，形成了近代化公司的雏形。是时已达至集权管理，由股权分散的股东选出代表来管理，董事必须从股东中选任，管理的最高负责人银行行长则从董事成员中互选出来，这是当时银行的一般通则。

在股东的有限责任方面，条文内容有矛盾之处，不十分清晰：一方面规定股东按持股比例承担营业损益，另一方面也记载股东的损失只限于持股面额。[2] 在 1876 年修订后，仍然留有需要股东追加提供款项的规定：遇到银行纸币回兑、提款、票据兑现等的支付情况，而行内存置的准备金不能应付时，股东必须按持股比例提供款项。但条文说明这只是属于一时对应，银行方面日后需要将此款项归还股东，因为这部分追加款有别于投资股金。

---

1 / Robert C. Clark, *Corporate Law* (Boston: Little, Brown, 1986), 2–22.

2 / 佐藤義雄「日本最初の會社立法「国立銀行条例」―整いはじめた会社制度の一斑（六）―」『産大法学』巻 13 号 4（1980 年 3 月）、頁 62–91。

表 7-2　1876 年改订《国立银行条例》的有限公司模式条文

关连范围	条项	条文内容要点
有限责任	61	遇银行纸币兑换等事情，准备金不足应对时，股东需要按持股比例提供款项，但此款完全是为一时之目的，与股金性质不同，银行要尽快返还与股东。
	101	假如银行有损失或解散时，股东的损失只限于所持股份金额。
股份自由转让	38	股票可按规定手续买卖转让。
法人本质	10	依照此条例由纸币头（纸币课长官）记名盖章的开业许可证、创立证书、银行章程，可以使用于任何裁判所或政府部门作为正确证明文件。
	12	银行在取得开业许可证起有 20 年之经营权，期满可申请继续延期。
所有权与管理权	15	董事（包括其中一名为行长）必须自己持有规定之最低股数。

资料来源：1872 年『國立銀行條例』、内阁官报局编『法令全书』册 11。

表 7-3　1872 年《国立银行条例》的有限公司模式条文

关连范围	条项 （条－节）	条文内容要点
有限责任	5-5	股东均按所持股份负担营业的损益。
	11-5	遇银行纸币兑换等事故时，股东需要按持股比例提供一时之款项，但此款完全是为一时之目的，与股金不同，待银行情况许可时退还各股东。
	18-12	纵然银行有如何之损失，股东的损失只限于所持股份金额为止。

关连范围	条项 （条－节）	条文内容要点
股份自由 转让	5–3	取得行长董事的承认及银行登记下，股份可自由转让。
法人本质	3–5	由纸币寮加盖官印的开业许可证、创立证书、银行章程，可以使用于任何法庭或政府部门作为正确证明文件。
	4–1	银行在取得开业许可证起有 20 年之经营权，期满可申请继续延期。
所有权与 管理权	4–5	董事（包括其中一名为行长）必须最少持有30 股。

资料来源：1872 年『國立銀行條例』、内閣官報局编『法令全書』册 7。

在这个有限公司模式的公司法底下，日本出现历史上首家有限公司，便是 1873 年开业的第一国立银行。银行依照条例内的范本制定公司章程，订立管理组织与运营规则。直至 1893 年部分商法施行为止，《国立银行条例》是唯一的公司法。

《国立银行条例》经过修订后使银行纸币流通增加，再加上应付内战军费而增发的政府纸币，不但没有达到原来要回收市面上旧纸币的目的，反而因纸币暴增，带来严重的通货膨胀。于此，明治政府认为是因市面上金银币供应不足，才引致纸币价值下跌，需要谋求增加金银币的供应。但是开港内的贸易金融被外国银行垄断，不但控制了汇价及供应，更径自发行洋银券左右市场。[1]
情况逼使政府急切寻找对策，而横滨正金银行便乘势一
跃而起。

正金银行是在 1879 年 11 月 10 日依据当时唯一的
公司法《国立银行条例》向政府申请创立的。与此同时，
第一百五十三国立银行刚设立，成为政府停止批准国立
银行前的最后一所，为利用国立银行去部署改革金融制
度的政策正式画上句号。日本政府从为替会社到国立银
行的政策连续受挫，新的寄望是在正金银行身上；而正
金银行就诞生于这样的历史背景下，担任了一个划时代
的角色。

---

1 / 横浜市編『横浜市史』（横浜：横浜市、1958-1982）卷 3 下、
頁 322-324。

附录 1　明治时期横滨正金银行外汇交易额及日本贸易数字

单位：万日元，%

明治	公元	出口金额	入口金额	总贸易额（A）	正金银行外汇交易额（B）	B/A
元年	1868 年	1555	1069	2625		
二年	1869 年	1291	2078	3369		
三年	1870 年	1454	3374	4828		
四年	1871 年	1797	2192	3989		
五年	1872 年	1703	2617	4320		
6 年	1873 年	2164	2811	4974	未开业	
7 年	1874 年	1932	2346	4278		
8 年	1875 年	1861	2998	4859		
9 年	1876 年	2771	2396	5168		
10 年	1877 年	2335	2742	5077		
11 年	1878 年	2599	3287	5886		
12 年	1879 年	2818	3295	6113		

明治	公元	出口金额	入口金额	总贸易额（A）	正金银行外汇交易额（B）	B/A
13 年	1880 年	2840	3663	6502	67	1.0
14 年	1881 年	3106	3119	6225	378	6.1
15 年	1882 年	3772	2945	6717	249	3.7
16 年	1883 年	3627	2844	6471	533	8.2
17 年	1884 年	3387	2967	6354	919	14.5
18 年	1885 年	3715	2936	6650	1525	22.9
19 年	1886 年	4888	3217	8104	2513	31.0
20 年	1887 年	5241	4430	9671	4937	51.1
21 年	1888 年	6571	6546	13116	5433	41.4
22 年	1889 年	7006	6610	13616	5311	39.0
23 年	1890 年	5660	8173	13833	5067	36.6
24 年	1891 年	7953	6293	14245	4625	32.5
25 年	1892 年	9110	7133	16243	4117	25.3
26 年	1893 年	8971	8826	17797	4798	27.0
27 年	1894 年	11325	11748	23073	7526	32.6
28 年	1895 年	13611	12926	26537	8100	30.5
29 年	1896 年	11784	17167	28952	15133	52.3
30 年	1897 年	16314	21930	38244	17651	46.2
31 年	1898 年	16575	27750	44326	25608	57.8
32 年	1899 年	21493	22040	43533	22750	52.3
33 年	1900 年	20443	28726	49169	25997	52.9
34 年	1901 年	25235	25582	50817	26082	51.3

附录一 明治时期横滨正金银行外汇交易额及日本贸易数字

明治	公元	出口金额	入口金额	总贸易额（A）	正金银行外汇交易额（B）	B/A
35 年	1902 年	25830	27173	53003	27085	51.1
36 年	1903 年	28950	31714	60664	25159	41.5
37 年	1904 年	31926	37136	69062	30349	43.9
38 年	1905 年	32153	48854	81007	49359	60.9
39 年	1906 年	42375	41878	84254	46372	55.0
40 年	1907 年	43241	49447	92688	54913	59.2
41 年	1908 年	37825	43626	81450	48182	59.2
42 年	1909 年	41311	39420	80731	47071	58.3
43 年	1910 年	45843	46423	92266	52942	57.4
44 年	1911 年	44743	51381	96124	60114	62.5
45 年 / 大正 1 年	1912 年	52698	61899	114597	69190	60.4

资料来源：「全國貿易對照表」、朝日新聞社編『日本經濟統計總觀』复刻版（東京：並木書房、1999）上卷、頁 238-239。橫濱正金銀行編『橫濱正金銀行史』（東京：坂本経済研究所、1976）、頁 515-517。

附录 2 明治时期横滨正金银行营业收入、纯利与股息

单位：万日元，%

结算期	年／月	营业收入	纯利	股息	股息率（年率）	
					政府	民间股东
1	1880/6	2.3	1.7	–	–	–
2	1880/12	18.4	16.3	12.8	6	9
3	1881/6	19.5	15.1	11.0	6	8
4	1881/12	27.3	15.6	12.0	6	9
5	1882/6	26.0	17.6	12.0	6	9
6	1882/12	20.4	13.7	11.0	6	8
7	1883/6	24.9	19.1	12.0	6	9
8	1883/12	38.4	33.0	17.0	6	14
9	1884/6	47.3	42.0	18.0	6	15
10	1884/12	49.2	43.2	20.0	8	16
11	1885/6	53.1	46.0	20.0	8	16

结算期	年／月	营业收入	纯利	股息	股息率（年率）	
					政府	民间股东
12	1885/12	60.7	53.4	20.0	8	16
13	1886/6	60.6	52.0	20.0	8	16
14	1886/12	59.2	48.8	20.0	8	16
15	1887/6	74.7	65.2	21.0	8	16
16	1887/12	73.1	56.5	37.1	18	
17	1888/6	115.0	96.2	45.0	20	
18	1888/12	82.0	51.0	45.0	20	
19	1889/6	62.3	40.2	36.0	16	
20	1889/12	70.2	44.2	36.0	16	
21	1890/6	67.2	35.6	36.0	16	
22	1890/12	80.1	45.0	36.0	16	
23	1891/6	105.3	60.8	31.5	14	
24	1891/12	85.9	46.6	31.5	14	
25	1892/6	97.6	61.9	31.5	14	
26	1892/12	139.5	59.1	31.5	14	
27	1893/6	104.1	42.2	31.5	14	
28	1893/12	133.6	52.6	31.5	14	
29	1894/6	144.8	48.0	33.7	15	
30	1894/12	168.9	56.6	33.7	15	
31	1895/6	152.9	50.9	33.7	15	
32	1895/12	163.1	59.8	33.7	15	
33	1896/6	182.0	61.6	33.7	15	

结算期	年 / 月	营业收入	纯利	股息	股息率（年率）	
					政府	民间股东
34	1896/12	258.4	87.1	40.3	15	
35	1897/6	477.0	268.3	206.3	15*	
36	1897/12	449.6	105.5	61.8	15	
37	1898/6	467.5	115.9	67.5	15	
38	1898/12	527.2	133.0	78.8	15	
39	1899/6	518.9	115.6	78.8	15	
40	1899/12	847.2	438.9	390.0	15**	
41	1900/6	589.4	92.9	98.5	13	
42	1900/12	580.8	159.0	117.0	13	
43	1901/6	602.0	149.3	117.0	13	
44	1901/12	522.9	138.7	117.0	13	
45	1902/6	668.0	142.1	117.0	13	
46	1902/12	583.8	144.1	108.0	12	
47	1903/6	611.9	147.9	108.0	12	
48	1903/12	666.0	106.3	108.0	12	
49	1904/6	606.1	147.9	108.0	12	
50	1904/12	738.9	138.3	108.0	12	
51	1905/6	781.0	158.0	108.0	12	
52	1905/12	992.2	270.8	108.0	12	
53	1906/6	1247.2	268.6	117.0	12	
54	1906/12	965.3	221.7	126.0	12	
55	1907/6	1127.0	200.4	135.0	12	

结算期	年 / 月	营业收入	纯利	股息	股息率（年率）	
					政府	民间股东
56	1907/12	1283.6	202.6	144.0	12	
57	1908/6	1255.3	196.2	144.0	12	
58	1908/12	968.5	186.8	144.0	12	
59	1909/6	1084.9	185.5	144.0	12	
60	1909/12	1017.5	180.1	144.0	12	
61	1910/6	1189.7	179.6	144.0	12	
62	1910/12	951.9	170.5	144.0	12	
63	1911/6	1051.2	174.5	144.0	12	
64	1911/12	1034.6	209.2	174.0	12	
65	1912/6	1353.6	215.4	180.0	12	
66	1912/12	1463.1	217.0	180.0	12	

注：* 除定期股息外，每股派发特别股息 20 日元。

　　** 除定期股息外，每股派发特别股息 25 日元。

资料来源：東京銀行編『橫濱正金銀行全史』（東京：東京銀行、1980）卷 6、頁 402-403・406-411。

致　谢

　　我土生土长于香港，1970 年代毕业于香港中文大学经济系，知天命后重返母校攻读历史，取得哲学博士学位。这中间无断地上班工作，和其他职业妇女一般，结婚育儿，生活范围钟摆于住宅和办公室之间，数十年如一日。

　　那年代，主修经济、辅修市场学的我，顺理成章进入商界工作，曾在华资公司学习做人处事，在国际机构学习拓宽视野。1980 年代，开始接触与中国大陆的贸易。婚后定居日本，从事中日贸易，近距离见证了中国改革开放及商贸上的连年变化。

　　回顾工作生涯，我庆幸在中日两地认识了不少朋友，能除却生意关系外，建立友谊，保持至今。现在半退休的同时开启第二人生，重拾少年时就酷爱的中文写作，将博士论文改写为风云故事，期待广泛分享。

　　此书能面世，不敢忘恩负义。首先要感谢我的博士论文导师苏基朗教授（现任澳门大学副校长、香港中文大学前历史系系主任），从研究到著书的过程中，他都能在我陷入困境时施以援手，指导有加；我由衷地佩服苏教授对历史的灵敏触觉和对档案的深入透视，这些经常为我带来重要启发。感谢校友关志雄博士贡献出他在野村证券办公室的私人藏书室供我阅览，并以浅显语言解我对深奥理论的困惑。

重返校园的决定不容易，这得感谢我的强大后盾，包括一班"损友"，经常对我不看好的"揶谕"，令我无需敌人，也能坚持到底。5 年的研读课程让我有机会学习以新角度看事物，开放思维去欣赏海阔天空，如沐甘泉，身心一爽。

感谢我的另一半。婚后一起工作，每天 24 小时相对，倍于一般夫妇，实际上早已迈过金婚的考验，当初的誓约落实到多年生活细节上的包容和惯宠。回首固然无悔，今日能与你一起老去仍觉无比幸福。感谢 Adrian 和 Crystal——我的一双宝贝儿女——经常为我加油，是我抵抗与时代脱节的动力来源，你们是上天赐给我的礼物。感谢我兄妹的大家庭，地图上的距离阻隔不了彼此关怀，天南地北，总能排除万难，延续每年团聚的传统。

最后，感谢挚友邝超玲，从 11 岁开始，在我人生里每个阶段，无论顺逆高低，都曾有你的支持和聆听。知道你总会站在不远的角落，守护着我，使我面对未来时，永远充满着勇气，但愿我能有你一半的人生智慧。

迟王明珠

2019 年 11 月，于东京

图书在版编目（CIP）数据

明治金融风云：横滨正金银行的人治与法治／迟王明珠著. -- 北京：社会科学文献出版社，2020.3
ISBN 978 - 7 - 5201 - 5601 - 1

Ⅰ. ①明… Ⅱ. ①迟… Ⅲ. ①外汇银行 - 银行史 - 日本 - 明治时代 Ⅳ. ①F833.139

中国版本图书馆 CIP 数据核字（2019）第 210580 号

明治金融风云：横滨正金银行的人治与法治

著　　者／迟王明珠

出 版 人／谢寿光
组稿编辑／谢蕊芬
责任编辑／隋嘉滨

出　　版／社会科学文献出版社·群学出版分社（010）59366453
　　　　　　地址：北京市北三环中路甲29号院华龙大厦　邮编：100029
　　　　　　网址：www.ssap.com.cn
发　　行／市场营销中心（010）59367081　59367083
印　　装／三河市东方印刷有限公司

规　　格／开本：889mm×1194mm　1/32
　　　　　　印张：9.875　字数：196千字
版　　次／2020年3月第1版　2020年3月第1次印刷
书　　号／ISBN 978 - 7 - 5201 - 5601 - 1
定　　价／98.00元